本书根据刘鸿武教授主讲的国家级精品课程《人文科学概论》
教学内容修改而成

On Humanities

人文学散论

刘鸿武 著

人民出版社

责任编辑：陈建萍

图书在版编目（CIP）数据

人文学散论／刘鸿武著．—北京：人民出版社，2019.10

ISBN 978 - 7 - 01 - 021359 - 0

I. ①人…　II. ①刘…　III. ①人文科学　IV. ① C

中国版本图书馆 CIP 数据核字（2019）第 219955 号

人文学散论
RENWENXUE SANLUN

刘鸿武　著

人 民 出 版 社 出版发行

（100706　北京市东城区隆福寺街 99 号）

天津文林印务有限公司印刷　新华书店经销

2019 年 10 月第 1 版　2019 年 10 月北京第 1 次印刷

开本：710 毫米 ×1000 毫米 1/16　印张：16.25

字数：232 千字

ISBN 978 - 7 - 01 - 021359 - 0　定价：65.00 元

邮购地址 100706　北京市东城区隆福寺街 99 号

人民东方图书销售中心　电话（010）65250042　65289539

目 录 *contents*

绪　论

诗意人生三千年

中华文明是一种人文化世俗性的古老文明。在不完美的现实世界中创造完美的精神世界，在普通的世俗生活里追求高远的精神生活，是中华民族千百年来追求精神的一个基本特点。

一、即心即理致良知

那么，中国人是通过什么方式来建构自己的精神生活和信仰世界的呢？我们知道，与世界上绝大多数国家和民族都信仰某种特定的体制化宗教不同，从古到今的大多数中国人，都没有明确的皈依某种宗教的传统，在日常生活中也多没有每天进教堂做礼拜的宗教生活习惯，中华民族建构自己的精神生活和信仰体系，主要是在内外兼修、知行合一、物我一体的传统中，通过传承自己悠久古老的民族文化，吟诵浩如烟海的人文经典，学习浸染琴棋书画等"心性之学"的修炼磨砺来实现的，所谓的"耕读世家"、"文献名邦"、"书香门第"、"知行合一"，大致都是中国人追求精神生活的形象表述。

在此宏观背景下，千百年来中国的传统学术，知识与思想，就不是一个自外于现实人生的纯抽象理论世界，不是一种远离人生的专门化的学术研究，而是与人生的理想追求与精神生活紧紧结合在一起的，所谓"学术即人生"。就如同在非洲，音乐、舞蹈、宗教从来就是生活的一部分一样，从古到今，在中华文明整体背景下，人文学术与人生从来就是一体之两面，是一种人生的学问，因而在中国的传统学术世界里，真正的学问，高明的学问，都需出自机杼，发自心灵，当因情而造文，有情有意有神。因而，咏读经史子集，操练琴棋书画，游历名山大川，实践生命理想，都多少是中国人精神人生的一种存在方式，是任何一个普通国人的基本精神生活。①

唯其如此，我们便可以说，中国传统人文经典，古老文史著述，多少都扮演了类似西方宗教经典的功能与角色。而中华文化之所以形成这样一种世俗性特点，与中国传统世界里文学、史学、哲学、诗歌、艺术都具有某种程度上建构价值信仰体系、教化人伦功能、支撑心性之学的特点有关联，也与中华文明的国家治理结构和政治理念的人文性有关系。过往岁月，世代传承下来为人吟咏咀嚼的浩如烟海的经史子集，其实就是中国人心底深处的宗教经典，通过"内修外行"的实践哲学而与中国的国家治理理想、与中国人追求的理想王国融合于一体。中国政治制度与国民精神文化的一个突出特点，是两者之间互为支撑。中国很早就形成了以文治国、

---

① 张佩娜、孙竹：《刘鸿武：做有灵魂有情怀的学问》，《浙江师范大学校报》2016 年 4 月 25 日。

重知识重教育以培养选拔人才的独特的文官制度，成为了一个有着完备的中央集权政治体制与郡县制国家治理制度的国家，并形成了与之互为表现的国民文化价值体系与信仰传统。这是政治的国家，也是文化的国家，还是信仰的国家。

在漫长的历史上，中国的国家治理与国家制度，总体上是通过世俗化的知识学习与制度化的官员考核选拔制度来建构国家的政治基础，千百年来，饱读诗书、谙熟经典的起自民间的知识精英与政府官员互为基础，围绕着国家治理、社会建构与文化延续这一核心命题，形成了一套完备的官员培养、选拔、推荐、任用与考核的国家政治制度，人们遵循着一整套传承久远的价值理念与道德规范，将国家的政治、经济、社会、文化、信仰与艺术都融合在一起，形成一种繁复精致的文明形态。而与这一国家的政治形态相适应，中国也很早就形成了聚合性的国家价值体系，形成了多元包容与非宗教取向的社会文化与信仰体系。

因此，政治形态的高度有组织结构，统一国家治理框架的长期存在，世俗理性精神生活的持久建构，是理解中国文化特质的几个关键维度。① 在这样一种文明形态下，借助于对诸子百家经史典籍的世代诵读，借助于古典知识思想的世代浸润感染，中华民族就为自己建构了一个延续不绝、风景独特的精神世界，一个天地人融合、此岸彼岸同一的生活世界，从而世代满足着中国人的精神生活和信仰追求。

人文性而非宗教性，自省的精神性而非神启的精神性，便是中华文明传承数千年的基本形态与特点，这一形态与特点，便使得中国累积起了极发达的传统人文学术与人文学

---

① 刘鸿武：《从中国边疆到非洲大陆——跨文化区域研究行与思》，世界知识出版社 2017 年版，第 16 页。

科，诸如经、史、子、集、乐、易、礼、诗、书等，它们大致相当于今日大学体系中的文学、史学、哲学、艺术学、宗教学、伦理学、美学等学科。在本书中，我们把这些古老的精神思想活动，把这些在现代教育体系中称为文学、史学、哲学、美学、艺术学等的知识领域，统一称之为"人文学科"（在不同的语境下也可以称为"人文科学"，本书大多数情况下采用"人文学科"），大致如中国传统学术之"心性之学"，并从当代中华民族精神生活建构的高度上，对人文学科的基本形态、品格特征、特殊意义做一番专门讨论。

二、身生心生两依持

时常有人把中华文明与其他文明做比较，说中国人没有信仰，没有宗教。其实，这可能是由于对中国文明缺乏了解而形成的一种误解。千百年来，中华民族建构精神信仰生活的一个基本特点，是在普通人的生活世界中发现和提升人的内在良知力量，在世俗生活的世界中建构自己的精神世界，它把精神生活与物质生活统一在一起，既有区别，又有联系，互为支撑，相信每个普通的中国人都可通过追求内在自我超越而自成神圣，所谓"人人皆可为尧舜"。

那中国人如何来达致这样的境界呢？这就要来讨论一下中国人对于人、对于人生的理解与看法。

中国现代学者钱穆说过，人生当有两个维度：一为"身生"，即自然之生命；二为"心生"，即精神之生命。这两者皆为人生之根基，却有不同之存在或表现方式。所谓"身生"者，指"自然之生命"，有形有限，如古人之嗟叹"人生七十古来稀"。而"心生"者，则指"精神之生命"，无形无限，可跨越时空而永存，故而可有"生年不满百，常怀千岁忧"的存在方式。

身生与心生，两相依托而形态不同。我们若从"身生"之维度上看人生，则知此有形之人生行于世，不过数十载的春来而秋往，如江河之水滔滔，去而不返，失不再来，正所谓"人生短如寄，飘如远行客"。而我们若从"心生"的维度上视人生，则知此无形之人生可往来于古今，跨越千秋万载，无边亦无际，不是吗？当你登临穹宇，把酒凌虚，那"数千年往事"瞬间便已"注上心头"，于是，那先贤圣哲的精神生命，那诗人作者的心灵情感，那经典文献的感怀力量，便千古如新，传泽万世。

我们每一个人，那"自然之身"，皆受之于父母，得之于自然，千百年来个体之间相互差异亦甚小，不外乎男女老幼，高矮胖瘦，肤色深浅而已。可是，那"心灵之生"，那内在的心灵生命与精神世界，人与人之间却会如此全然不同，大相迥异。"自然之生命"得之于父母养育，得之于先天的自然遗传；而"心灵之生命"则有待后天的教化，有赖自我塑造，须得靠了那诗意的精神教育和心灵熏陶，按照完美的人生理想，按照人性的精神期待，方可塑造而成。

可是，不是每个人都会自然而然地获得这样的精神自我塑造的意识与能力，这需要有一个主体性觉醒并通过后天教育努力而成长的过程。而这个过程在中国，千百年来就是通过优美高贵的文学、艺术、音乐、诗歌，通过经史子集文献典章的传诵体悟而获得的。

中国晚唐时期，有一个学者叫司空图（837—908年），他写过一篇讨论诗歌品韵的文论《诗品》。他说这诗文辞赋，是有品韵、有境界的。那么，有哪些品韵呢？他列举出了二十四种，诸如雄浑、冲淡、洗练、典雅、绮丽、自然、含蓄、疏野、清奇、飘逸、旷达、悲慨、豪放等，于是这篇文论后人也称之为《二十四诗品》。诗歌有二十四种不同的品韵，是说诗歌的不同境界与精神，而我们知道，诗歌乃由诗人书写之，是人的精神创造，因而这诗歌之境，本来自人心之境，故所谓诗境即心境，诗韵乃心韵。一个诗人，胸中若根本不曾有那"雄浑之气"、"悲慨之意"，怎能创作出有此品韵境界的诗歌？一个作家，生命中若从未有过那"旷达之志"、"豪放之情"，又怎能写下那飘逸超旷豪气干云天的诗文来呢？同样的，我们一般普通大众，虽然当不了诗人，成不了作家，但正所谓"入芝兰之室，久而自芳"，我们若能久读诗歌，长品诗韵，以至最终我们能用心用情用人生赏出那诗歌中之"洗练之态"、"自然之美"，读出诗歌中之"清奇之境"、"典雅之韵"，由此而获得心灵之诗意浸染、艺术熏陶、人文教化，那我们每个人都可以获得一个诗意的精神生命了。此即孔子当年整理《诗经》，倡导"诗教"之用心所在。

因此，有一特殊之精神生命，是人的本质特征，而这个精神生命，是人通过自己的主体追求而塑造起来的。

人的一生，有许多事件都很重要，但早在两千年前，古希腊哲学家柏拉图就曾说过："人生最重要的就是照看好自己的心灵"，在他看来，人本质上是一种心灵的存在，唯有心灵世界得到守护，人才真正得以成为人。中华民族的先贤孔子也认为，人的精神情感世界的内在自我完善与自我修养，乃是人之所以为人的根本所在，他曾说过："仁者，人也"，并说"为仁由己"。你看这"仁"字，左边"人"字旁，表示这自然之人，身生之人，右边"二"字的两横，却表明人不能只有自然身体一个维度，还要有心灵精神这一维度。

只有"身生"与"心生"两者和谐统一，这物质与精神两个世界并存共处，才能达致"仁者之人"的境界。中国的另一位思想家庄子对精神世界的意义有更高的追求。他认为，人是因为精神方显其高贵与真实的，人在天地自然间的精神追寻与自由飞翔所达致的"无待于外"的心灵自足境界，那种心灵世界"击水三千，云搏九万"的自主超越状态，才是人完美存在的根本方式。

总之，在古今中外许多思想家看来，人的内在心灵世界的丰富与完善，人的内在精神世界的提升与塑造，应该成为人最基本的生命状态，成为人类一切努力与奋斗的根本基础。千百年来，人类始终坚持着这样一种信念，这样一个期待，就是相信人类在心灵守护与意义追问的过程中，是可以完善自我，提升自我，实现一个丰富而有意义的人生的。人文学科研究，人文学科教育，对于完美人生的实现，对于社会的健康发展，都有直接的关联和持久的意义。

而这，就是本书所要讨论的人文熏陶、人文感染、人文教育，即人文学科的品格与意义问题。

三、修齐治平内达外

这种基于对人性完善与提升的期待而形成的教育理念及其实践，构成了中华文明数千年以来得以持续发展的一个重要的动力。

早在两千多年前，中国文明的先贤们，已经把他们的思想体系，把他们对人类的基本看法，建立在人的德性、人的良知的可自我塑造、可自我提升这一基本信念之上，并且认为这种塑造与提升实现的根本途径在于一种符合人性的实践教育——一种将人的潜在的德性良知彰显出来的修身教育与心性磨炼。

向人的内心精神世界里去发掘文明进步的持久性资源，通过心灵世界的提升与完善，通过人的内在道德力量的呈现来推进社会进步与发展，来保持文明的可持续发展，是中国儒学思想家、教育家的基本理想。孔子本人便是作为一个伟大的教育家而成为中华文明的奠基者，并深刻地影响了中华文明的基本格局与走向的。作为中华民族的"万世师表"，他坚信人是一切创造的根本，是世间一切进步最根本也最持久的活力所在。在孔子那里，人在本质上是一个精神性的存在。内在的心灵精神与德性良知，是他理解人的出发点与基础。他尊重人，尊重生命，对人的内在心灵的完善和生命境界的提升，有着深深的期待与信心。孔子认为，人可以通过自我修养成为堂堂正正自立于天地间的"君子"，而这种君子所拥有的完善人格，正是人之所以为人的一种理想的生命状态。

在人类漫长历史长河中，人文教育对于人类文明的延续和发展，对于人类自身之进步完善，起着某种基础性的长久作用。无论是在东方还是在西方，在文明史的最初阶段，那些文明史上的先贤智者们就在各自的文明体系中确立了这样一种精神与信念，即教育乃是人性的一个最基本方面，人类可以用充满理想主义与人性情感的教育来追求人的个性的全面发展，以艺术、科学、哲学、文学、美学、史学，以及蕴含包容于这些古老学科背后的经由人类漫长岁月积淀下来的丰富情感、深邃智慧、崇高理想，来提升人的精神境界，净化心灵空间，塑造一个完美而有意义的人生。因此，人文教育对于国家民族之经济增长、科技进步、社会发展始终有着关键性的功能与作用。

人文教育是作用于人的心灵与精神世界的，是塑造灵魂和滋润心灵的。人文教育不仅只是一个传授灌输知识与能力的过程，更应该是一个生命与心灵再造的过程，一个人格提升、心性拓展的过程，是一个将具体的知识、思想、技艺转换成一种有意义的精神形态，提升成一种理想的价值情感，内化到人的心灵中，渗透于人的情感间，与他的生命结合在一起，成为他生命的一部分，成为他生命中发挥持久作用与影响的源泉。

从这样的角度上来看待教育的本质与意义，教育就不仅仅是一种实用的工具，一种谋生的手段，它更是人的一种生活状态，是人性中的一种本质性活动，是人类不断追求完美的努力。通过教育来塑造人的高尚灵魂，丰富人的情感，提升人的境界，完善人的德性，拓展人的能力，实现人的和谐、自由、全面的发展，正是现代教育追求的最高境界。

四、景行行止知行合

这种人本教育精神与理想，也是现代高等教育和大学的基本品格和价值核心。

大学是国家的思想圣地，是作为民族的精神象征、情感港湾而存在的。高等学府除了促进国家科技进步和经济增长外，还应该成为科学精神、理性意识、社会良知、人文理想与人文情怀的生长扩散地，成为国家民族的精神家园和心灵故乡。

从人文教育的角度上看，一所历史悠久的知名大学，在它长期的发展过程中，应该努力形成自己的精神传统和文化遗产，形成自己的治学风格和个性特征。这是一种兼收并蓄、汇纳百川的科学探索精神，是一种百科全书式的求知氛围，是一种对知识、真理、思想做不懈追求的精神努力和执着信念，以及在这种追求与探索中形成的自由的理念、民主的精神、平等的意识、人格的尊严。而这一切精神与信念，如得以世代薪火相传，绵延不绝，它就可日渐深厚博大，最终也就构成了这所历史悠久的大学最具本质意义和价值的所谓"大学精神"与"大学传统"。

我们看一看世界上那些历史悠久的知名大学，都无不把这种精神与传统作为自己最有价值的无形财富，作为自己立校的根基和命脉来加以精心守护，代代相传，并以此来熏陶、塑造、培养它的年轻学子。许多一流大学之所以长盛不衰，培养出一代又一代知识文化界、学术思想界、科学界或政界、商界的杰出人物，正在于在这些典雅的大学校园里，在那些古老建筑群落之间，弥漫着、充溢着一种无形而又深厚博大的精神传统与学术力量，一种既立足时代风云而又具有理想超越精神的对真理、对科学、对思想做永恒追求的理想主义氛围。这是一种从人自身的发展与完善、从以人为本的角度上理解的大学教育精神与大学教育理想，这也正是人文教育所追求的教育精神与教育理想。

大学是社会结构中的一个特殊部分，是一个追求真理、探讨学问、创造知识、培养人才的地方。大学与社会的关系是互动的，一方面，它必须面对社会的需要与期待，对社会开放，服务于社会、服务于国家；另一方面，它本身毕竟不同于社会其他部分，为保持大学自身的发展环境与特性，大学又必须与它周围的社会环境和政治经济力量保持某种程度的距离和独立性，让自己成为一种对社会政治经济力量起到平衡、提升、弥补或批判功能的精神文化力量。

也就是说，一方面，大学要适应国家和社会的政治与经济发展需要，服务于国家的经济建设与百姓民生；另一方面，大学也应该以自己的精神追求和人文情怀，对国家和民族的精神生活和价值选择起积极的影响、提升和规范的特殊作用，成为社会良知和道义的承载者，成为人类精神家园的守护者。大学的一个持久不变的功能，是以它对科学精神、人文意识、价值意义世界的追求而满足人类在精神方面的需要，提供人类安身立命的关于人的生存意义、生存价值的终极解答。世界上各个国家各个民族，都是通过创办一流的大学，来为自己在物质的世界、财富的世界、经济的世界之外，同时构建一个价值和意义的理想世界。

我们需要从这个开阔层面和战略高度上来理解建设国家一流大学的目标与宗旨、内容与形式。一流大学也好，一流学科也罢，既是科学的，也是人文的，既是物质的，也是精神的。

一个社会的正常运作，有赖于它的政治、经济、文化、教育各部门各司其职，发挥各自的独特作用。企业应该有企业的功能，政府机构应该有政府机构的功能。企业应以市场为本位，政府机构应以行政权力运作和社会管理为本位，而大学则应以学术追求、真理追求、科学追求为天职，以思想活动、精神创造、知识创新为本位。大学的其他职能与作用，诸如经济的、政治的、道德的、教化的功能，都是以此为基础或由此而派生出来的。

大学对于社会需求满足的实现，其途径与过程也总是间接的，其意义也是潜在的、长远的，我们不能以一种急功近利的、浮躁的心态去理解和要求大学。对于来自社会或市场生活中的各种需求，大学也不能不加选择地一味去适应、去满足。因为有些看似热闹的社会或市场需求，常常可能会是一种假象，一种由非理性力量支配驱使的流行现象。如盲目的文凭泡沫，虚妄的消费时尚，急功近利的经济行为，喧嚣躁动的物质欲望等。对于这些社会现象与时尚，大学应以自己的科学理性精神和文化品格对其加以引导提升，如果一味地去适应迎合，就会使大学成为市侩文化的传声筒而遗忘了自己的使命。在今日的中国，大学尤其应该担负起这种传播科学意识、弘扬理性精神、倡导人文价值、唤起人性良知、塑造自由理想的职责。

五、虽不能至心往之

从人文教育的角度上看，大学中的自然科学教育也应该具有广泛的精神文化功能。自然科学不仅仅只是实验、测量、计算，不只是一些公式定律和逻辑推理，这些只是自然科学的外显层面上的东西。自然科学的真正本质在于它的科学精神和科学理性，在于它的深厚的哲学思维、科学理念和艺术灵感。实际上，从现代自然科学产生以来，自然科学同时就作为一种精神文化体制为塑造现代社会提供了一些基本的准则。近代以来，许多伟大的科学家，他们的许多重大发现与发明，他们提出的许多基本的科学理论与科学方法，都具有超出科学之外的更加广泛而深远的文化意义。哥白尼的日心说，牛顿的自然观，达尔文的进化论，爱因斯坦的现代物理学，对于传统信念的冲击和对人类精神文化新体系的重建所产生的巨大作用，都是人所共知的事实。对于这些伟大科学发现的文化意义和精神价值，今天还一再成为人们关注阐释的对象，成为哲学、美学、伦理学、历史学研究的内容，而这便是自然科学与人文学科得以汇通的地方。

正是那些从具体的科学发明发现、科学真理中生长起来的科学精神、理性意识，那些从一代代的科学家们的科学实践中生发起来的独立意识、自主意识、创新意识，以及从事科学研究科学事业所必须坚持的求实、宽容、民主、自由、平等、谦虚等科学家共同体的行为规范与价值准则，构成了我们通常所说的与人文精神相沟通的"科学精神"或"科学文化"，构成了现代人类文化价值体系和精神生活的基石。人文学科正是建立在这些价值规范基础上去关注人、关怀人的存在和发展的。

但是，现代大学教育体系中，自然科学的这种人文精神却往往普遍受到了漠视，人们对自然科学往往持一种实用主义的态度，用工具性、功利性的眼光将科学仅仅看成是一种技艺、一种手段、一种生产力，而不是将科学同时也理解成一种精神文化。如果我们仅仅用这种"工具观"、"手段观"来理解自然科学的意义和价值，那么在对待科学时，就有可能置道德、良知和人性于不顾，就难免会造成对科学和技术的滥用及对科学精神的损害，各种打着科学幌子的伪科学便会泛起。

为了纠正自然科学教育中的这种功利化倾向，各国的教育家们都十分强调在自然科学技术的教育中增强学生的人文意识和人道观念，使青年学生树立运用所掌握的自然科学技术服务于人道目标的意识。过于狭窄、过于技术化的专业教育往往造成大学生们缺乏必要的历史使命感、社会责任感和人道主义精神，缺乏运用他们的专业技术知识为社会目标服务的价值观念。自然科学技术的教育必须引入人本主义的教育精神，科学技术专家在运用他们的科学知识时不仅要做出技术上的判断，也应该进行道德和社会的思考，他们必须深刻理解他们所从事的专业技术工作所可能产生的社会伦理与道德影响。爱因斯坦曾说过："只教给人一种专门知识、技术是不够的。专门知识和技术虽然使人成为有用的机器，但不能给他一个和谐的人格。"我们培养的大学毕业生，不仅需要掌握各自专业与学科的知识与理论，还应该有对人的价值与尊严的尊重，对人的情感与希望的理解与同情，这样他们才会成为富于人类情感的、关心理解他人、尊重人类基本价值与道义的科学家、工程师、技术专家、医生和建筑师。

如果大学教育忽视了这方面的内容，就会出现某种根本性的危机。这些年来我国高等教育存在着过于技术化、专业化的弊端，缺乏对大学生的人文学科与人文精神教育，工科医科学生在校期间对人文科学方面的东西接触得很少，对哲学、艺术、文学，对人的价值与情感方面的学科缺乏认识。一个没有哲学素养、艺术灵性、历史意识、文学情感的建筑设计师，可能是一个很蹩脚的建筑设计师，一个缺乏设计个性和文化个性的建筑师。一个优秀的建筑师，应该既是一个杰出的工程技术专家，同时又是一个富于艺术思想才华的人文学者，他的建筑作品才会闪烁出人性的智慧与光辉，才会成为具有历史价值的建筑。

时光流逝，今日的社会，已是一个高科技的技术化社会了，大学教育也经过了工业化时代的所谓"科学化改造"而划分成了数、理、化、天、地、生、政、经、法、工、医、农等诸多分割性的"专业"或"学科"，大学教育因按照工具理性原则而进行的专业化技术化改造，使得大学越来越成为一个如大公司大企业一样的社会机构，成为一个职业化生产知识与技术的场所。大学教授们也在越来越大的程度上变成了以其所拥有的知识产品与社会进行等价交换的职业者，一个职业研究者或教书者。今天的大学，已经可以如同工厂流水线一样批量生产满足社会各种职业需要的产品——掌握某种技术或专业知识的毕业生。在这样一种演进过程中，无论是对于大学教授还是对于学生来说，大学留给人们的个性化空间与精神性领域似乎都越来越小了。

然而，也正是在这样一种背景下，现代社会更需要大学提供一种精神性的信念与价值意义体系，现代社会对大学的精神价值有了更高的期待。现代社会也还需要一个可供人们进行思想自由讨论、可供人们的自由天性得以保存并进行纯粹的精神追求与思想创造的空间。现代大学需要某种统摄一切的内在灵魂与核心精神，需要"以人为本"的教育理想作为一种最高的境界，并将其渗透到大学里的所有专业、所有学科、所有课程的教学过程中，把教育真正作为一种陶冶的过程，开发人的智慧潜力，丰富人的内心情感，激发关爱同情，鼓励人性尊严，理解生命意义，树立人生的信念和社会责任心。我们可以把是否知晓人类历史、熟悉伟大文学名著、了解哲学精神与思维方式、具有健康的艺术审美能力等，是否能将艺术之美、文学之情、史学之境、哲学之思融汇于自己的心灵世界中，来丰富提升这人生的精神生活，来丰富完善这生命的品格境界，作为一个现代人是否受过良好教育的基本标志。

未来的大学教育，应该把培养既懂专业技术，又有人文意识和人文素养的全面发展的人才作为教育追求的目标。接受自然科学技术的教育不仅仅只是为了获得谋生的资本和工具，受教育者将更看重通过科学教育而获得的人生智慧和思维能力，更看重通过接受科学教育而获得的理性与情感完美和谐发展的精神气质和个性品格。我们的大学教育应该使受教育者不仅掌握具体的科学知识与技术，还应该让受教育者对于科学的精神与本质、对于科学服务于高尚伟大目标有内在体认，将人文精神与人文理想内化到他的心灵中去，成为他稳定的人生信念和精神支柱，在他今后的人生岁月中努力去求真、求善、求美。

今天，世界正以从未有过的速度变化着，人类似乎每天都在进步，却也似乎越来越深地陷入了从未有过的困境中。在这个科学高速发展、技术日新月异的时代，人类的未来，文明的前景，正在由于一切都变化太快而越来越难以把握了。这似乎是一辆以自我内在力量驱动并在加速奔驰的列车，没有谁，也没有任何力量，能够阻挡现代技术发展的步伐，人类也不可能放弃已经获得的物质文明而复归古老的田园生活。现代人类正一往无前，似乎越来越无暇稍停一下，回望一眼。以今日世界之令人目眩的变化速度，五十年后，一百年后，这个世界将会怎样？科技将会发展到怎样的格局？它又会把人类带向何方？福兮祸兮，有谁能肯定？又有谁能说得清？或许，在这个变动不居的世界里，我们唯一可以把握的，也许也是在将来唯一可能拯救我们于未知灾难的，便是人性之完善——这一人文理想教育所关注的永恒主题，便是我们对人性演进历史的理性反思和对人性之完善的不懈呼唤与追求，以及我们对于心灵世界和精神家园的加倍珍惜、呵护与守望。

本书就是从这样的意义上，来讨论人文学术与人文教育的价值与意义，思考理解文史哲等人文学科对于现代人类的独特价值和意义的。本书的一个基本特点，是突破文学、史学、哲学间的鸿沟与藩篱，努力将它们联结起来，在与自然科学、社会科学做比较的背景上，阐释人文教育的本真意义与终极目标，理解把握人文教育的内在品格与统一灵魂。

第一章

人文学科的本质

人立身于世，行于天地间，无论世界多辽阔，行走多遥远，总需要一个精神归依之处，心灵安顿之所。这个安放心灵的家园，可能是具象的，是大山深处那清清溪流环绕着的村庄，是远方古镇那弯曲小巷深处的庭院，是他生于斯长于斯的某个遥远的地方；也可能是意象的，是一个存在于他精神意念中的情感世界，支撑其安身立命的价值体系、精神观念，正所谓"我心安处是故乡"。本书讨论的人文学科的知识体系，那世代传承的文学温情、史学境界、哲学思索、艺术美感，就是这样一些人们走向精神家园、回归心灵故乡的通道，照耀在人们故乡回归路上的精神灯火。

一、人类知识体系

人类的现代知识与思想体系，从学科类型上大体可划分成自然科学、社会科学、人文学科（或人文科学）三个大的类型。这三大学科类型，既相互交叉相互联系，又相互有别差异明显，它们共同建构了当代人类知识与思想体系的三足鼎立之势。一个国家，一个民族，只有在这三大学科领域都得到健康而协调的发展，只有它们之间形成了一种合理的相互配合、相互补充的关系，这个民族和国家，才可能建设起一个物质昌盛、科技发达、社会和谐、心灵完美的生活世界。

人类所有的知识与思想——从其所涉及之问题、所关注之对象、所探究之目标来看，大体上无非或是关乎自然的，或是关乎社会的，当然，还有一部分，则是直接关乎人自身，关乎人类的心灵世界，是专门以人类之情感、精神、价值和意义世界为认识研究对象的。本书中，我们将这些专门"照看人类心灵"、"追问生命意义"的精神探索与情感体验活动，以及由这些精神探索与情感体验活动所产生的系统化、理念化的观念、知识、思想与理论，从一种特定的意义上，称之为"人文学科"。

这些学科的一个普遍特点，是以人类自身的内心精神情感世界为研究的中心，以人自身的发展和完善作为学术探索活动的出发点与归属，通过知识的积累与传播、理论的创新与阐释、智慧的追求与积累、情感的体验与升华，为人类正确地理解和把握存在意义、生命本质、生活目的提供相应的知识、思想、观念、情感与智慧。

人在本质上是一种精神性的存在，是一种情感与意义的存在。人不仅关注外部的自然世界，关注他的物质生活与社会生活，同时更关注内在的心灵世界，关注精神生活与心灵情感世界。人类需要努力建设物质世界，也需要努力建设精神世界。而且人类是以这个内在的心灵世界和精神世界，作为认识外部世界的尺度或起点，来观察外部的自然物质世界，来理解人与外部物质世界的关系的。这种对人的精神世界或心灵世界做认识、做反思的种种精神努力，可以表现为种种不同的方式。比如文学的、诗歌的、艺术的、哲学的、美学的、史学的等等，它们构成了人类知识与思想中一个个相对独特的领域，一个个相对于自然科学和社会科学来说更直接地与人的心灵世界、与情感天地相通相连的特殊领域。

作为一个大的学科类型，人文学科与自然科学、社会科学一样，也是由许多相互关联和有内在统一性的学科构成的，其主体是文学、史学、哲学这三大学科。这三大学科，在本质上都是对于人类的心灵世界与精神世界做关注、思考、守护的学科。比如，我们说文学是一种进入审美艺术境界里的诗性体验，史学是人类对过往之岁月往事反思中的情感回归，而哲学则是人类智慧之爱中的意义叩问，这三大学科对于人类精神生活的关注重点或关注方式虽各有侧重，但却有着紧密的内在联系，有统一灵魂与整体性特征，它们共同构成了人文学科的主体，共同成为人类精神家园与心灵故乡的守望者。

除文史哲外，人文学科作为一个大的学科类型，还包括与文史哲这三大基本学科并列或由其衍生而成的其他一些人文学科分支学科，如艺术学、美学、伦理学、宗教学等。作为对诗歌、小说、美术、音乐进行一般性总体性理论探究与哲理思考的理论形态的艺术学，比如艺术理论、艺术批评、艺术史等，也可以与文学一起统称为广义的"文艺学"而作为人文学科来看待。

二、自然科学体系

为了更好地理解人文学科的品格、意义与价值，这里我们先要对自然科学、社会科学做一个基本的比较说明。

先说"自然科学"。我们知道，人是大自然的一部分，生存于天地万物之间，进化于自然宇宙之内。人既为大地之子，亦为万物之精灵。所谓人为"大地之子"，在于人之生存必以天地为基始，以万物为依据，大自然构成了人类一切生存活动的基础与前提，人类受制于斯，仰赖于斯。而所谓人为"万物之精灵"，则在于人有意识、有愿望、有理智，因而必然要去认识了解这天地之奥秘，万物之本原，进而填沧海以为桑田，开河渠以为交通，化天工以为人境。

本书所说的自然科学，便是指那些主要以宇宙自然界之客观物质世界及其规律为研究对象，并为人类提供认识把握自然的理论、工具与技术手段的科学。通常，自然科学大致可以分成理论形态的自然科学（理科）和技术形态的自然科学（工科）两大部分。理论形态的自然科学，基始于人对自然宇宙的"好奇心"，起因于人类探究自然之谜的非功利的纯求知动机及其努力结果，它包括通常所说的数学、物理学、化学、天文学、地理学、生物学等基础理论型学科，即"数理化天地生"。技术形态的自然科学，现在习惯上也统称为"技术科学"或"工程科学"，主要是与上述基础理论性学科相关联或衍生出的工程技术类学科，一些可以较直接地应用于人类生活的工艺型学科，如建筑学、材料学、化工学、测量学、信息学、医学、药学、林学、农学、气象学、环境学、地质学等。

　　一般来说，自然科学是以人类所面对的外部自然物质世界为研究对象的科学探索活动，如果我们将人自身也作为这个自然物质世界的一部分的话，那么人自身也是自然科学研究的对象，比如从生物学、生理学或医学的角度对人的研究等。在当代，这个外部的自然世界，大到宇宙空间，小到基本离子，从宏观到微观，从无机世界到有机世界，从动物世界到人类本身，都是自然科学研究的对象。当然，无论是从理论上来讲，还是从实际的情况来看，自然科学所能研究所能认识的并不是自然界的一切领域，而只是每一个历史时代的科学家们所能认识到观察到的自然界中的那一部分。在这个人所能观察认识的自然世界里，自然科学中的物理学、化学、数学、生物学、天文学等学科，以及它们众多的分支学科和边缘学科，对自然界的种种物理的、化学的、生物的现象进行观察、实验、分析、推论，用实证的、逻辑的、数学的种种方法和手段，去探索自然界各种物理化学与生命现象，探究它们运行变化的原理与规律，使人类得以越来越多地了解认识大自然，增长科学知识，掌握自然规律，并通过技术工艺或工程技术这样的中介，从而得以有效地去适应自然，利用自然，改造自然，创造物质财富。

　　今天，自然科学技术已经成为决定一个国家一个民族强盛富裕的决定性因素，成为国家竞争力的核心与基础，所以，人们往往都会对自然科学与技术的功能与作用，给予高度的重视。

三、社会科学体系

再来看"社会科学"。人都是存在于某个社会中的，是社会的一部分。也就是说，人是以"类"的群体方式生存于世的，或家庭，或社区，或民族，或国家，组成各种形态之"社会"，以从事政治的、经济的、法律的、文化的、教育的活动。本书所说的社会科学，便是指那些主要以人类社会的组织与结构、体制与关系、功能与效率、秩序与规范为研究认识的对象，并通过这种认识活动及其认识结果来为人类社会之有序管理、高效运作提供知识、理论与手段的科学。

在某种意义上可以说，社会科学也可以分成理论形态的社会科学和技术形态的社会科学两大类。理论形态的社会科学，大体有如经济学、政治学、法学、社会学、管理学、人类学、民族学等基础理论型的学科。技术形态的社会科学，现在也可以统称为广义的"管理科学"，主要是与上述基础理论型社会科学相联系或由其所衍生而出、对现实社会生活具有较直接的实际操作和管理功能的应用型学科，诸如财政学、金融学、会计学、统计学、商业学、贸易学、工商管理学、政府学、行政管理学、公共管理学、国际关系学、国际政治学、外交学、民法学、商法学、经济法学、知识产权法学、教育管理学、社会保障与社会工作学、科教文卫体事业管理学、图书情报与档案管理学，等等。也就是说，理论形态的社会科学转化为具有应用特征与工具形态的社会科学时，都可以统称为广义上的"管理学"或"管理科学"。

社会科学是以人类生活的方方面面为研究中心或研究对象的。这些研究社会问题、社会现象的学科，诸如经济学、政治学、法学、社会学、教育学、管理学等，它们之所以都可以称之为"社会科学"，是因为这些学科是从各自不同的角度和层面上，对人类社会的各个方面，包括经济的、政治的、法律的、社会的、教育的、地区的、国家的、民族的等等进行分门别类或整体的思考与探索，对人类社会的组织结构、制度规范、功能作用、变迁动因、稳定机制等等进行理论的、实证的、逻辑的分析、调研、考察，获得关于人类社会之发生、发展、运行和变革的系统化知识和理论，并运用这些理论与知识，使人类得以更"理性"、更"合理"、更"有效"地来管理它的社会生活，使社会的运行、发展、变迁更加平稳，更加协调，更加高效和有序。虽然各门社会科学的研究对象和重点有所不同，有经济的、政治的，有政府的、社会的，有国内的、国际的，但关注结构、秩序、体制、功能、成本，追求效率、有序、合理、稳定、利益，却构成了社会科学的中心目标或核心概念。如果说，各门自然科学的技术形态都可以统称为"工程技术"的话，那么，各门社会科学的技术形态也就可以统称为"管理科学"。今天，社会科学的这种实用功能或管理功能，往往借助于它的技术型学科来加以实现。比如在一般政治学或理论政治学影响下形成的应用形态的"政府学"、"行政管理学"、"公共管理学"等，在一般经济学或理论经济学影响下形成的"企业管理学"、"市场营销学"、"工商贸易学"、"财政金融学"等，在一般法学或理论法学影响下形成的作为务实形态的"经济法学"、"知识产权法学"、"国际经济法与国际贸易法学"等。

在当代，随着人类社会现代化进程的迅速发展，人类社会生活的方方面面，无论是经济的还是政治的，无论是国内的还是国际间的，都已经或正在变得规模越来越庞大，结构越来越复杂，功能越来越专业化，运作越来越知识化。这是一个在越来越大的程度上建立在专业知识与专业技术基础之上的现代社会，一个知识型的现代社会。伴随着这样一个现代社会的日益复杂化、专业化、知识化的进程，伴随着现代社会这样一个"管理"型、"治理"型社会结构的形成，社会科学的功能与作用的务实化与操作性倾向越来越明显，各种实用型或技术型的社会科学分支学科，也就会越来越多地涌现出来了。

今天，在那些有着较高现代化水平的国家和社会里，社会生活的方方面面，越来越依靠各种社会科学的专业化理论与专门化知识，也越来越依靠掌握有这种理论与知识的专门人才。社会科学的重要意义已经是这样的突出，无论是政府机构还是公司企业，无论是学校研究机构还是文化艺术事业单位，无论是家庭还是社区、城市，乃至国家和国际组织、国际社会，都得在越来越大的程度上运用相关的来自经济学、政治学、法学、社会学、民族学、人类学、管理学方面的社会科学理论与知识。因为只有这样，一个国家，一个民族，一家企业，一所学校，甚至一个家庭，才有可能得到有效的治理或管理。

中国是一个高度组织起来的社会，因而关于社会的治理、国家的管理，从来都是中国文明的核心问题，并形成了古老丰富的社会与国家治理知识传统。不过，社会科学的兴起与发展，及它在人类社会世界中地位与重要性的急速上升，却是现代社会与传统社会区别开来的一个重要标志。总的来说，传统社会是依靠压制性的统治权力进行统治的社会，一个主要依靠权威、传统、权力支配人类行为的社会；而现代社会，则是一个依靠知识合理性的专业技术官僚进行治理或管理的社会，一个以知识理性支配人类行为的社会。在这样一个依靠专业知识进行管理与治理的技术化与知识化的现代社会里，社会科学及其知识与技术，已经成为如同传统社会中的权力与土地，如同近代社会中的资本、工艺技术、劳动力一样重要的"资源"，社会科学正在确立起自己在现代社会中的特殊地位。

今天，我们也正是从这样的角度上来理解社会科学的学科本质与学科特征，来理解社会科学与人文学科的相互关系，来把握社会科学、人文学科对于当代人类生活的不同价值与意义的。

四、人文学科体系

那么，什么是本书将要讨论的"人文学科"呢？

人之所以为人，在于人既要认识外部的自然世界与社会环境，更要回过头来"认识自己",认识自己的心灵、精神与情感世界。因为人有一个内在的心灵精神世界,这个内在的心灵精神世界,使他不仅生活着,而且还会对他的生活本身加以反思,对他的生命历程、岁月往事和存在状态的价值与意义加以思考和追问,并因此而努力去把他的生命状态,从现实的、当下的、眼前的、经验的状态,提升到理想的、诗意的、审美的、超然的状态上去,从而获得一个有意义的诗性人生,一个艺术化的完美人生。

人文学科,也可以称之为人文科学,它与自然科学、社会科学的差异主要体现在以下方面。第一,自然科学是对"人所生存的自然环境或自然条件"的研究,社会科学是对"人所组成的社会关系或社会环境"的研究,而人文科学却是直接以"人自身"为研究对象的。第二,自然科学和社会科学都基本上是对自然物质世界和社会现实生活"是什么"的客观说明与描述分析,人文学科却更多的是对人的生活"应该是什么"的理想追问与意义思考。第三,自然科学的目的,在于为人类提供关于自然物质世界(包括天然自然、人工自然以及人的自然生理)的科学真理与知识;社会科学的目的,在于为人类提供关于社会的组织、结构、制度、功能、管理、运行的规律与知识;而人文科学,则试图为人类解答或帮助人类去思考那些关于人的存在、精神、价值、意义、情感等方面的一些"形而上"的、"终极性"的问题,从而将人的生活由自然、现实的层面,提升到审美的理想层面。第四,自然科学和社会科学创造着人类的现实物质生活世界;人文学科为人类构建一个精神的家园,守护一个心灵的故乡,为人类筑造起一个可供心灵"诗意地栖息"的精神与情感世界。

因此,人文学科的世界,是一个关于人类家园和故乡的精神与情感的世界,是一个关于生命价值与本质的"意义追问的世界",是一个对人之生存根本目的做思考的"终极关怀的世界"。总体上来说,这是一个超越了当下的物质生存领域而只能由人的心灵所能达到的所谓"形而上"的"意义的世界",一个摆脱了功利羁绊而只有心灵才能抵达的"精神的世界"。当你去关怀、思考、追求这个"意义与精神的世界",那你就是对人的生存根本意义的关怀，对人的生命本质与生活最终目标的追问、思考、实践了。

这个"形而上"的精神的意义的世界，给了人类一个永恒追求的理想目标和生命意义的归属感，成为人类心灵世界永远向往的境界，也就成了人之所以为人的根本标志。亚里士多德曾说："世间一切事物都是自然所造，而人文艺术则是补自然之所缺"，文学艺术与哲学、史学等人文世界，正是人创造的一个精神意义与情感世界，一个去弥补那自然所不能创造之缺陷的世界，从而使这自然世界"花开若有情，流水似有意"。在现实的生活中，在人的个体行为里，终极意义常常被个人当下的具体生活、被外在的生物适应本能和流行的大众生存方式，以及由此引起的许许多多的实际功利所掩盖、遮蔽，这时，生存意义的混乱和生存目的的盲目性就会暴露出来，人类就可能会成为精神迷失、心灵出走的流浪者。

因此，照看好自己的心灵，关照好自己的精神世界，对人生之是否幸福与快乐，有着根本性的影响。幸福与快乐虽然是人所追求的目标，但什么是幸福，怎样的人生是快乐的人生，却是与人的心灵结构、感悟方式，与人的价值信念与生命期待相联系的。我们是否幸福与快乐，我们的生命是否会感到幸福与快乐，在很大的程度上取决于我们的心灵世界中对于幸福与快乐的理解与感受。努力去提升我们的心灵境界，守护好自己的心灵世界，完善我们的心灵世界对于幸福与快乐的人性化感知能力与方式，对于人生幸福快乐与否，其意义可能要大于人直接去追求幸福快乐本身。

人总需要有生命的归属感和意义感，而这个心灵故乡与精神家园，便是生命的归属与意义的托付所在。这个心灵故乡与精神家园，是人生所不可缺少，走到天涯海角也不能失落的。没有家园的人生将是终生漂泊流浪的人生，忘记了故乡的生命，如断线的风筝，无根的浮萍。在人文学科的世界里，这个"家园"与"故乡"，不是一个具体的、实在的家园故乡，而是一个意象化的心灵境界，一个情感化的精神境界。人文科学各学科，正是分别从文学的、史学的、哲学的、艺术学的、美学的不同角度和层面上，对这个人类的精神家园与心灵故乡所展开的探讨——探讨人的生命价值、生存意义、生活目的，探讨在这些价值理想制约下形成的人类的文学情感、历史意识、哲学观念、艺术旨趣、生命智慧、审美情怀等。

人生活在这个世界上，既要有物质的追求、财富的消费，还要有精神的生活、心灵的关怀和意义的追问；既要关切眼下的生存状态，以务实的态度和脚踏实地的生存努力去面对眼前的自然世界与当下的社会生活，又需要有浪漫的情怀和向往无限的意义追寻去获得心灵的充实与超越。这种心灵的充实与超越，实是一种人生的大智慧大快乐。生命既是平常的，又可能是超凡的，"人生在世，吃穿二字"，是一种对人生意义的理解，它并不与人文的精神情感与理想发生冲突，吃穿固然是人的一种属性，所谓"食色，性也"，但人仅以吃穿为生命全部内容，则可能沦为"行尸走肉"般的生命状态，它就不是人的一种完整的完美的存在状态。人之所以为人，还应有一些更为根本的属性。无论经济怎样的发达，物质财富怎样的丰富，但人在内心情感和精神世界方面的一些本质需要，即那种"形而上"的"终极价值关怀"或"生存意义追问"，还是不可或缺的，也就是说，人总需要在物质与财富的世界之外，构建一个精神与意义的世界，总需要形成某种终极性的价值信仰体系，来使自己的个体有限生命有所安顿，有所托付。

我们既要重视科学中的工具理性，还要更重视科学中的价值理性；不仅要重视科学技术对人的物质生活的改进作用，还要更重视科学精神对人的精神启蒙与心灵完善意义。我们需要把科学当成一种以人为本的人文事业，重视作为科学之灵魂的科学精神、理性精神和价值体系。如果我们仅仅从功利性的角度或以实用主义的眼光来理解科学，把科学视为不过是用来增进财富或发展生产力的一种工具、一种技艺、一种手段，科学就担当不起解答人生终极意义的责任。只有从一种更开阔的视野上来理解科学的多元与开放性质，把科学同时也当作一种精神与文化体系，并不断去阐释科学世界里的价值理性，科学才能成为指导人生、构筑精神家园的基础。

人文学科总是努力从包括自然科学、技术科学、社会科学、管理科学在内的整个科学世界中，从那些具体的科学知识、工艺技术、操作方法背后，去感知、提炼出科学世界里的更为本质性的、永恒性的东西，从而将科学从器物技艺的层面提升到精神文化的层面，从工具理性的层面提升到价值理性的层面。也就是说，人文学科以它所追求的人文精神与人文情怀，去对整个人类的知识与科学世界加以协调平衡，使科学不仅具有严谨的理智、理性，更充满了温馨的情感和完美的人性，使科学真正成为呵护人类心灵、守望人性尊严的文化力量，成为符合人性发展需要的人类精神家园。哲学、文学、诗歌、艺术、历史学、美学、伦理学等人文学科，通过与自然科学、社会科学、技术科学、管理科学中的各学科进行对话沟通，得以阐释出科学对于人类之精神世界、价值体系的特殊意义，人文学科因此而成为人类科学世界中用以直接解答人生问题，最能显示人之本质的人类最古老最恒久的精神生活方式。正是由于人文学科的不断进步与发展，并在这个过程中不断与自然科学、社会科学相互对话沟通和渗透，才使科学不仅成为一种用以达致某种功利性目的的"形而下"的手段与技艺，更成为了引导人生之路、照亮人类心灵世界的"形而上"的精神火炬。

在人类漫长的历史上，人类曾以神话、宗教来构筑精神家园，甚至以种种愚昧和荒诞不经的巫术、迷信、魔法、怪力乱神来满足人类的精神需要，来解答生存意义方面的终极性问题，但靠这一切，人类终不能获得理智之光和人性解放，终不能走出漫漫的精神黑夜。只是在人文学科那里，在这个集中了人类理性智慧、科学精神、情感意志、艺术想象力和哲学思辨力的人文知识世界那里，人类才得以以一种理性与情感相结合、科学与艺术相融通的方式，以一种真正符合人类精神情感本质及其独特性的认知体验方式，去科学地、符合人性地探寻这些永恒性的问题，从而在人的这个精神与价值世界里摒除黑暗、愚昧、偏执与盲目，一步一个脚印地向前迈进。

相对于自然科学和社会科学而言，人文学科也是人类知识与思想世界里一些极为古老的领域，它所涉及的那些问题，它所探究的那些命题，往往都伴随着人类文明的始终而具有开放的性质，故而人文学科亦时常被称为"古典学科"或"古典研究"。这些古老的问题，虽早已为无数之先贤圣哲探究求索，所积累之思想与智慧也已是那样的博大精深，但真正的答案却又是每一时代之人类都必须做出自己的努力去加以探究和解答的，因而人文学科既是最具古典性色彩，同时又是最具"现代性"和"时代性"特征的。

我们说，人的本质特征使人所具有的目的性和创造性，使人在向善与趋恶这两个方向上都有着无限的可能性。人人都既可为天使，为尧舜，亦可为魔魅，为商纣。人文科学漫长的发展进程，实际上也正是人类认识自我、完善自我、超越自我的不懈努力的过程。当人类不断地以高尚美好的文学、哲学、史学、美学来阐释人生的意义，塑造自我之本质，不断克服种种人性之异化与畸形，不断摆脱种种心灵之出走与迷失困境的时候，人本身也就不断地把自己向着人性之完善与发展的方向上提升起来了。人文学科在这方面的独特价值与意义，是其他类型的科学都不能取代的。人文学科给人类提供了一些美好、理想、崇高、神圣而具有永恒性的东西，人们借此来把握生活的目标，理解人生的意义，解读生命的本质。因为有了文学、哲学、艺术学与历史学，我们才得以去构建使我们的心灵得到慰藉荫护的温馨家园。中国古人曾说，"天不生仲尼，万古长如夜"，这是一个带有感情色彩的比拟。难以想象，如果人类的生活世界里没有了纯真温馨的文学、艺术、诗歌、音乐，没有了充满理性智慧和人文情怀的哲学、美学、历史学，那人类的生活世界将会变成怎样的一片死寂荒原或漫漫长夜，人类将怎样可悲地在心灵和精神上沦落为无家可归的流浪放逐者，而各种荒诞不经的邪教、巫术、迷信等精神愚昧又将怎样泛滥成灾，如长长的精神黑幕笼罩住人类心灵的天空。人的这种自由的真正获得及其具体实现，总是必须与人对知识、思想、智慧的掌握为基础，以人的心智之提升、人格之完善为前提的，因为无知者无自由，有的只是盲从与偏执。人文学科的世界，不同于宗教的信仰世界，它既是一个良知与情感的世界，又是一个知识与理性的世界。它是以包含着深刻理性和美好情感的文史哲作品，以理想性情感化的人文科学知识和理论，来对人的心灵作提升、启示、感化和熏陶，恰如和煦的春风，润物的细雨，明丽的阳光，在潜移默化中进入人的心灵世界，祛除无知与愚昧对人之心灵的遮蔽，来提升人之得以正确理解人生意义、正确选择价值信仰体系的可能性，从而真正扩展人的精神自由空间，提升人自主决定自己生活意义和信仰体系的能力。

人文学科致力于研究人类的经济技术赖以运行和发展的人文背景，研究存在于人类文明的深层精神结构之中，存在于人类的物质世界和经济科技背后，潜在而持久地制约着人类的经济、技术、政治、法律行为的人的观念、文化、意识、传统、宗教、价值体系等，揭示这些精神因素的特质、历史、现状和发展趋势。人文学科是以构建和更新人类文化价值体系，唤起人类的理性与良知，提高人类的精神境界，开发人类的心性资源，开拓更博大的人道主义和人格力量等方式来推动历史发展和人类进步的。可以说，人文学科的演进史也就是人性的发展史，是人类不断发现自我、创造自我的历史。

五、知性理性并行

相对于自然科学和社会科学而言，长期以来，作为支撑人类知识与思想大厦砥柱之一的人文学科，其独立之地位，其特殊之价值与作用，时常被遮蔽于迷雾之中而被忽视或曲解。比如，我们在图书馆里可以找到诸如自然科学概论、社会科学概论方面的论著，但类似的关于人文学科方面的书却很难见到。尽管现在人们普遍地使用着"人文学科"这一概念，众多大学亦有所谓的"人文学院"，但真要细问深究起"究竟什么是人文学科"、"哪些学科属人文学科"、"人文学科与社会科学是不是一回事"等这样一些问题，人们的认识恐怕就很模糊甚至混乱了。

无论是对于国家、民族还是对于个人，耕耘精神家园、守望心灵故乡的人文学科，其意义都是十分重要的。因为人文学科的普遍衰落必然导致精神家园的荒芜与杂草丛生，导致国民心灵世界的空虚与迷失混乱。无论怎样，人总需要某种精神价值与意义信念作为人生的依据和生命的根基，或是这样的，或是那样的。科学理性精神与人文情怀的衰落退却所导致的社会价值体系的混乱与精神世界的迷失，必然会由另外一些精神垃圾或精神污垢来填补，种种精神蒙蔽的邪教组织必然会乘虚而入占据人们的心灵空间。近年来，各种邪说、迷信、巫术等历史尘垢如死灰复燃般来势凶猛，犹如长长的精神黑幕笼罩住了一些人的心灵，各种伪科学反科学的神魔怪力一时泛滥成灾，一些看似并不高明的巫术邪教大行其道而屡禁难止。这些混乱现象的出现，并非偶然，亦非某几个下三流的不学无术之徒法力无边，无风可掀三尺浪，它实际上反映出当代中国社会生活世界里存在着的某种不容忽视的精神迷失与意义危机。

需要认识到的是，这种精神迷失与意义危机，并非会随着经济的增长与科技知识的普及而自然归于消失，这主要是因为，科技知识虽然可以揭穿种种迷信巫术和伪科学的骗局，用法律手段也能控制住邪教组织的恣意嚣张活动，但科技知识与法律干预却未必能完全填补人们心灵的空虚，未必能彻底解决人们的精神迷失混乱状态。对于种种封建迷信与伪学科反科学的精神蒙蔽，对于种种危害社会的巫术邪教，固然必须用科技知识与法律手段加以揭露和制裁，但我们认为，改变人文学科受冷落的状况，努力创造出关注人们心灵与精神世界的优秀的（不是粗俗低级和浮躁炒作的）文学、艺术、哲学、史学、美学作品，并以此来丰富人们的精神生活，关怀人们的心灵世界，方是长久之计，固本之策。

长期以来无论是学术界还是教育界，对人文学科的一些基本问题缺乏清晰而深入的理解把握。事实上，时常被学术界称为"古典学术"或"古典科学"的人文学科，是人类知识与思想世界里提供智慧与意义的活水源头，无论是文学还是史学，无论是哲学还是美学，其学术传统、思想体系与理论背景都源远流长，古老而深邃，博大而精深。欲振兴人文学科，使其为其所应为，我们就得以严谨的态度来潜心研究。要使一国民众的精神世界有着丰富的内容，养成高尚美好之人文价值情怀与艺术审美之人生态度，则必使国民有广泛的机会、主动的意愿，去经常且大量地接触、阅读、欣赏优秀的文史哲和艺术作品，这是一个"随风潜入夜，润物细无声"

的心灵感染熏陶的过程，绝非一朝一夕之功可竟其事，必得从长计议，必得有长期的努力。

人生本是一个意义追寻的过程，一个起起落落的痛苦欢乐交织的过程，这个追寻的过程，其实也就是人文学科演进的过程。人们永远行走在追寻精神家园的路途上，希望本书能唤起更多的人对这种追问、思考与期待的关注，使这一将要失落或已在失落的心灵故乡与精神家园，重又走向它的回归之路，走上它的重建之路。

第二章

人文学科的主体

在今天大学教育体系中，人文学科的主体大体是文学、史学、哲学、艺术学、美学等学科。这些学科，中外都有古老的传统，只是中国古代并未完全用今天这样的概念，而是称之为经、史、子、集、诗、书、乐、易等。对于这些知识与思想领域的价值与意义，古人很早就有许多精彩的讨论，如较早的讨论诗歌的《毛诗序》，有所谓"诗者，志之所之也，在心为志，发言为诗，情动于中而形于言，言之不足，故嗟叹之，嗟叹之不足，故咏歌之，咏歌之不足，不知手之舞之足之蹈之也"。另一文论家刘勰在《文心雕龙》的第一篇中也说："夫文之为德也大矣"，因为这有大德的文章世界，是一个可以"与天地并生者"的奇丽世界，它足以"垂丽天之象"、"铺地理之形"，可以如"日月叠璧"、"山川焕绮"般的光彩斑斓。古人对文学的理解，自有其独到之处，而我们在本书中所论述的人文学科，这由文学、史学、哲学、美学、艺术学等诸多学科构成的领域，其实也就是这样一个"文心可雕龙、神思直飞天"的精神与情感世界。

本章将从人类精神家园与心灵故乡守望者的意义上，对构成人文学科主体的文学、史学、哲学诸学科的独特神韵与精神境界做探究说明。我们可以看到，文学、史学、哲学、艺术学这些学科既有共同的品格，又展示着不同的神韵，可谓是"横看成岭侧成峰，远近高低各不同"，它们并肩而立，相互呼应，恰如连绵不尽高原上的座座山峰，共同构成了人文学科世界那气象万千的壮阔图景。

一、花开或有情，流水亦有意

　　文学艺术是什么？文学艺术为何而存在？我们为什么需要文学、诗歌和音乐？对于这样的问题，长期以来人们一直有不同的看法。有人说，文学是生活的镜子；也有人说，文学是对世界的模摹；还有人说，文学艺术是服务于政治目标的意识形态。然而，如果从人文学科的角度上来理解文学艺术的本真意义，我们便可以说，文学艺术其实是一种生命的倾诉，是一条心灵之河流，是人类认识自己的生存状态、追寻自己生命意义的一种诗性表达方式。

　　古往今来，文学艺术始终是人类一个奇丽温馨的精神家园，是人类相依难舍的心灵故乡，在这个精神家园和心灵故乡里，人类超越了生命的平庸和有限，而得以去追求一种有着奇丽风光的艺术化生命状态，去追求一种将心灵与情感提升到诗性境界的自由的生命存在方式。作为塑造自我的一种独特精神努力，文学艺术乃是人追求的另一种自由的生活形式，一种本真的生命状态。在这样一种自由而本真的生命状态或生活形式下，人超越了个体生命物理空间的有限性，而进入那具有无限开阔之境的艺术化、情感化精神空间，与天地精神往来，与宇宙万物交融，心灵因之而飞翔，生命因之而自由。

　　宽广的人道精神与包容情感，对世间万物一切生命的关爱同情与理解，对心灵世界的温柔抚慰与人性守护，是文学艺术恒久不变的一个普遍品格。因此可以说，作为伴随人类永远的一种独特的审美情感活动，文学艺术其实也是一种在人类心灵脆弱孤独的时候总会出现的情感关怀与人性温暖。这种关怀与温暖，是温柔而又刚毅的，细腻而又宽厚的，它给了我们生存的力量与奋斗的动力。而正是文学艺术的产生和存在，这个世界才变得这样富于人性的情感，才变得这样让我们为之心动，为之眷恋。

中国晚唐时期的文艺理论家司空图，曾写有一篇著名的文论《二十四诗品》。对于这篇文论的作者是否真是司空图，人们有不同的看法。在这篇文论中，作者将诗歌分为二十四种不同的品格或境界，诸如"雄浑"、"自然"、"含蓄"、"悲慨"、"典雅"、"洗炼"、"豪放"、"旷达"、"清奇"等。在作者看来，在每首入品的诗歌中，都包含着这样一种品格，这样一种情感与气韵。这篇文论，虽然讨论的是诗歌的风格神韵，讨论的是诗歌的精神境界，但其实我们可以这样来看，即这诗歌本是人的心灵与情感世界的一种表达形式，是人的心灵追求与理想期待的流露，它本质上是人的心灵的诗性化表达方式，是人追求一种艺术化生命状态所做出的努力。因此可以说，这诗境，也就是人境，是人之心灵、情感之境。正是在这样多姿多态的诗歌神韵与境界里，人的心灵与情感得到了飞翔与提升，得到了塑造与拓展。是否可以这样说，一个可以写出"雄浑"气韵风骨的诗人，一个可以感受欣赏诗歌中"雄浑"之境的人，他内心深处本就可能已经蓄养了某种类似的精神品质，可能已经具有某种可欣赏可感受这种诗歌品韵的心灵境界。

诗境与心境，就这样相互塑造，相互构建，就此来说，如果我们有一颗可以感受这诗歌不同品格与境界的心灵，有一份可以欣赏这诗歌神韵与风骨的情感积淀，那我们的生命世界，我们的人格魅力与精神境界，可能也就会获得这样一种诗性的艺术化状态了。换句话说，人们可以通过不断地去阅读、去欣赏那具有"雄浑"、"苍劲"之气的诗歌，那具有"超逸"、"洗炼"之境的诗歌，而逐渐地让自己获得一种雄浑苍劲之气、超逸洗练之境的个性气质。正是在这个意义上，我们可以说，文学艺术，本质上是人的一种生命状态，一种诗性的生命境界。

追求一种艺术化的生命方式，一种诗意的美化的生命境界，是人类一切奋斗一切努力的终极方向或永恒目标。当文学艺术之美之情之意真正进入我们的生命世界，成为我们生命的一部分，当人们将这种艺术化诗化的生命方式与生命境界作为人生的最高目标来追求时，我们现实生活中的一切努力与奋斗，经济的、技术的、教育的行为，就有了一个内在的理想方向，一个恒定不变的人性化的前行目标。当生命中有这样一种追求，有这样一个感受文学艺术之美丽之快乐的心灵时，人生之路可能就会从此有所不同，就会在任何一种生存状态下都能以一种人性的方式立身于世，保持自己人格之尊严和生命之完整，现实的奋斗就不会偏离人性之境。因此文学艺术乃是人类提升生命境界、追求完美生活所必不可少的精神努力与意义追求。

文学艺术的这种审美境界与审美理想，本是人所应该追求的一种方向，一种生命存在的态度，它在本质上与人的社会地位之高低、社会职业之差异无关。无论是位为权贵，还是清贫寒士，就守护人格之平等、人性之尊严来说，都是一样的。生命之境界，人格之尊严，本是一个内在的生命状态。事实上，正是在文学艺术这个精神与情感的世界里，人性的平等与人格的尊严，才得到了无差别的尊重与对待。因此，文学艺术本质上是一种既平民化而又至尊至美的世界，是一个在平凡的世界里追求美，在普通人的生活中发现美，将生命理想与世俗生活融通起来的世界。一个人是否拥有一个艺术化、诗化的心灵世界，是否可以进入文学艺术的精神故乡与情感天地，本质上取决于他所追求的内在的精神境界与生命理想，取决于他内在的心灵结构与生命志向，而与外在的社会地位、职业、身份并无直接的关系。

是人创造了文学艺术这个精神与情感的世界，但也就是在人创造文学艺术这个精神与情感的世界的过程中，人也就把自己向着完美的理想的境界上提升，并因此而塑造了自我，一个不断趋向完善与理想的自我。因此，文学艺术乃是人性之内在部分，是人的一种存在方式，是人的一种生命状态。从这样的意义上来理解文学艺术之本质，才能更深切更直观地把握住人性的根本，也才能更温馨更人性化地把握住生活应有的形态与意义。

人所生存的这个宇宙自然世界，花开本无意，流水亦无情，星移斗转四时交替更是千古如斯，本与人心无涉，但人生活在这个世界上，面对这样的大自然宇宙世界，不能不与这自然世界发生联系，不能不以符合人性的方式去赋予本无情、无意义的天地万物以人性，将这宇宙自然作为人类情感表达与寄托的对象化世界，并由此建立起人与这世界的关系。而文学艺术便是人以自己创造的主体性审美境界，以符合人性和人的心灵结构的方式，使这高山大川、日月星辰、草木禽鸟，都带上诗的色彩、人的情感，变成一个人性化的情感世界。没有这种努力，这世界对人而言就将永远是一个陌生冰冷的无意义的世界，人就将陷入深深的精神孤独与心灵流浪中。

　　文学、诗歌、神话、艺术、史诗，以自己各有特色的艺术审美方式，改造了这世界的性质，使花开有意，流水有情，正所谓"登山则情满于山，观海则意溢于海"，艺术的对象由此变成了美的形象。古往今来，那山中的明月，流淌的清泉，挺立的松柏，高耸的岩石，本是一个无思无情的自然世界，可一旦被诗人以"明月松间照，清泉石上流"、"月出惊山鸟，时鸣春涧中"的诗句引入文学的世界，一旦被作曲家以"流水听松"的曲牌写入艺术的世界，这个自然的世界就已经提升到文学的境界，转化成艺术的意境，就已经与人类的情感意义世界浑然一体，变成了人的精神家园、审美对象，变成为可供人的心灵"诗意地栖居"的天地了。

　　如果我们的心灵有了这样一个可以"诗意地栖居"的地方，现实的人生奋斗就有了不同的性质与意义，终日的生存劳作与生存操持，也就可能带上了一种人性化的情感蕴含，也就可能增强了我们的生存意志和面对苦难的力量。你或许听过长江边上拉纤人的船工号子，或许听过乌苏里江面上的船夫曲，也或许听过大海上男人们的拉网小调，还有那深山密林里赶马人的呼啸对唱。生活与艺术，劳作与诗歌，本是两个不同的世界，可当它们结合在一起，人们或许就能以另外一种心态去面对这平庸苦涩的生存劳作，就能于日常生活中发现美，就能于平淡生存之境中发现美。因而即便是一餐一饭，一衣一衫，一居一室，我们也希望它超越仅果腹暖身之功用，在予我们以温饱之同时，还能带上一丝情感，带上一分美丽，使这衣食劳作，从生存满足之层面上有所提升，有所美化。因此，将我们的人生与生活赋予美感，将我们的心灵境地与情感天地向着审美的方向上提升，将这世界诗意化艺术化，可以说就是文学艺术永恒不变的存在根基了。

艺术化的人生，包含着审美过程与审美追求的人生，也就是向着理想与完美方向努力的人生。审美情感是一种追求理想与自由的情感，是显示人性之丰富本质、显示人性之崇高品格的一个重要方面。对美的追求与创造，既是人类精神发展、文明进步的巨大动因，也是文学和艺术发生发展的内在动力。作为人类的一种审美意识形态，文学与艺术，诗歌与音乐，是用艺术语言、艺术意象、艺术境界组织起来的一个以审美为特征的情感精神世界。这种文学艺术的美，无论是悲剧的美，崇高的美，还是喜剧的美，和谐的美，无论是一种现实的、可能的美，还是一种理想的、彼岸世界的美，都是提升到人类情感的完善境界后的人性的一种表现形式。人之所以需要文学，需要艺术，乃是基于人性的需要，基于美好的人间情怀，基于人类追求一种更富于情感、更美好的人生与生活世界的愿望。

文学艺术有着十分多样化的形式与体裁。借助于丰富而生动的各种文学艺术审美实践活动对人类心灵的感染，借助于感性迸发与理智沉思相统一的文学艺术意象对人类情感的提升，文学艺术使人拥有一颗能在他的生活世界里欣赏美、发现美、创造美的丰富而高尚的心灵。在这种欣赏美、发现美、创造美的过程中，以美求真，以美求善，从而完善人格，发展人性，并把这完善着、发展着的人性，对象化到生活世界中去，改良人生，改造社会，发展文明。所有这一切，便构成了文学艺术对人类而言最基本的价值与意义。

古往今来，优秀美好的文学艺术开启着人的智慧，净化着人的灵魂，拓展着人的生活世界，它带来了人的心智与情感和谐而健康的发展，人的创造力、想象力、表现力的丰富与完善；它会使人类迷失出走的心灵有了一条插满百合花的回归之路；会使人类枯干荒芜的情感世界有了一条温暖滋润的清流。人类的心灵本只是一个混沌粗劣的无差异的自然形态，美好的文学艺术却给了我们一个敏觉细腻而富于美感的心灵，使我们得以更形象直观、更细腻微妙地来观察欣赏这个世界，更具个性的同时也更具人性本质地得以理解人生，得以理解生命的意义。"兼葭苍苍，白露为霜，所谓伊人，在水一方"，这是一段温馨的情感，"寒波澹澹起，白鸟悠悠下"，这是一幅心灵的诗画，"长歌吟松风，曲尽河星稀"，这是一种心境的浪漫。人以文学艺术的方式，建立起了自己与自然世界和生活环境的富于人情味诗意化的关系结构。一种美好的、高尚的、有修养和有意义的人生，不能没有文学艺术。在这个感动人心、拨动心弦的世界里，文学艺术如春风化雨般滋润人的心田，陶冶人的情操，提升人的品格。事实上，从人类文明漫长而曲折的演进历史来看，文学艺术的发展史，也正是人性之不断展开、演进、丰富、完善的历史。

塑造一个人性化的感受快乐与幸福的心灵情感世界，比直接去追求快乐与幸福本身，对于人生而言，可能更加的重要，更加具有根本的意义。文学艺术拓展了人们心灵的空间，给了我们人性化地到那最寻常的天地间去感受追寻生命快乐与美好的无限可能，所谓"一松一竹真朋友，山鸟山花好弟兄"（辛弃疾语）。宋代诗人范仲淹，曾写下"先天下之忧而忧，后天下之乐而乐"这样传诵后世的诗句，他对人生有这样的理解，是因为他有一个广阔的精神情感世界，可以从那天地宇宙之间，从那大自然的一草一木中，感受到美好，感受到快乐。因而人生的快乐与幸福，不是只能来自对于金钱、权位、财富的占有享受。写下"先天下之忧而忧，后天下之乐而乐"的范仲淹，也曾写过《苏幕遮》这样情感细腻的感悟大自然的诗词：

碧云天，黄叶地，秋色连波，波上寒烟翠，山映斜阳天接水，芳菲无情，更在斜阳外。黯乡魂，追旅思，夜夜除非，好梦留人睡，明月楼高休独倚，酒入愁肠，化作相思泪。

我们读一读他写下的那些优美感人的观察体悟大自然生命之美、山川之丽的诗文，就会知道，范仲淹这样的诗人，对于人生快乐与幸福的获得是很广阔、很丰富的，因而能做到"先天下之忧而忧，后天下之乐而乐"。一个人如果缺乏这样的内在心灵修养，缺乏这样内在的人文艺术熏陶而情趣枯乏，不能从天地万物间感受到美好感受到快乐，他就只能在那有限的物质世界里去追求快乐幸福。现在有的人对于金钱财富和物质享受有着无限的追求欲望，在某种程度上，是他们心灵的世界过于狭窄，过于粗劣，几乎不能从那艺术文学和大自然中去感受美好的东西、快乐的东西，他们内心世界可以感受的快乐都被限制在了金钱财富、权势地位或物质本能方面。因此一个美好社会的建立，一种美好制度的形成，必须从人的心灵深处做起，从提升人的心灵境界做起。

文学艺术会不断地拓展人类的精神空间和审美世界，但它需要心灵摆脱功利的羁绊而从至美至善的境界上去体悟感受。真正的文学与艺术，都是非功利的、自由的，不受外在的非文学艺术的力量支配。那艺术的奇妙境界，文学的洁净天空，只有自由的灵魂，非功利的心灵，才能真正走近或进入其中。人要抵达艺术之美的境界，要能够感受美欣赏美，必须首先获得心灵的自由，必得有一颗可以让美让艺术进入的心灵。对于文学艺术，对于文学艺术之美，一旦带上了某种功利的目的来要求，一旦带上某种功利的眼光来看待，心灵的翅膀就变得沉重，就难于达到那艺术审美的境界。优秀的文艺作品虽然往往也蕴含着深刻的哲理与历史的意识，但它将这一切都融入到了诗化或意象化的情感世界里，因而如果你有一颗丰富而善感的心灵，有一个经过生活磨砺与苦难考验而变得深沉与丰富起来的内心世界，一双经过艺术熏陶与艺术训练而变得敏觉细腻的眼睛，你就有可能获得欣赏美体验美的能力，就有可能与艺术世界做心灵的对话沟通，所谓"美不自美，因人而彰"（柳宗元语）。

从人文学科的角度上来说，我们把研究文学的学科统称为文学（确切地说应该叫作"文学学"），研究艺术的学科则统称为艺术学。我们一般将文学与艺术并列，但在许多时候，人们也往往把文学看成是广义概念中的艺术的一部分，因而也往往把文学与艺术学放在一起而统称为"文艺学"。作为人文学科的文艺学，主要由建立在具体的文艺创作与文艺欣赏基础之上的文艺理论、文艺批评（文艺评论）和文学艺术发展史三个分支学科组成。文艺学的理论形态（诸如文艺理论、文艺批评、文艺发展史）与实践形态（诸如小说、诗歌、辞赋、散文、戏剧、音乐、舞蹈、美术等的创作与欣赏）两方面是有机统一的。

文艺理论是以文艺美学的理论和方法为指导，从宏观上对文学艺术的本质、特征、价值与意义，对文学艺术世界里的作品、作家、读者、生活世界之相互关系等等，进行理论上的把握和知性的说明。它主要包括这样一些内容，诸如研究不同时代不同背景的人们对于文艺之价值、功能、作用的看法的"文学观念论"，研究文学艺术家创作过程和规律的"文学创作论"，研究文学艺术作品的语言、体裁、形象、意蕴、风格的"文学作品论"，研究读者阅读、欣赏、消费、传播文学艺术作品的过程和规律的"文学接受论"，等等。文艺批评也称为文艺评论，作为文艺学的另一重要分支学科，它的主要任务是以艺术审美的理想与原则，对作品和作家的艺术特征、艺术风格与思想倾向等给予具体而公正的评价，以总结文艺创作的经验，推动文学创作实践的发展，并且通过这种评价与分析，帮助读者更好地理解作品，从而引导和提升读者的审美情趣和对文艺作品的鉴赏能力。文艺发展史即文艺史学，是用文艺美学与史学相结合的眼光，来回顾梳理文学艺术之发生、发展和演变的具体过程与一般规律，在追本溯源的基础上，对于历史上各个时期的种种文学艺术现象之发生与发展以及各个时期的文艺思潮与文艺流派之传承与嬗变，对于文学艺术与时代、与社会发展进程之互动关系等等，加以系统地科学整理与理论阐述。

我们之所以将文学艺术放到人文学科的背景上来把握，是因为文学和艺术的审美活动，美的教育与熏陶，有其内在的规定性与规律性，有必要也有可能从理论的高度来进行专门的研究与探讨。从人文科学的角度上说，人的审美能力与审美意识，既需要在长期的艺术教育、审美教育的过程中来实现，又需要人们在阅读、赏析、体验各种文艺作品的艺术魅力与丰富情感的过程中来潜移默化地获得，同时，还需要借助文学评论、艺术批评的方式，通过对作品的艺术价值与思想倾向的具体分析，从理性和思辨的高度上来提升大众理解文学艺术作品之价值、赏析文学艺术作品之魅力，以及拒绝抵制各种格调低级、艺术粗糙、思想丑陋的作品的能力。当人类以在文学艺术世界里所追求所创造的美本身作为研究认识的对象，揭示文学艺术的审美特质与审美规律，并进而对人类的审美现象与审美活动做系统而深入的理论上的思考，以专门揭示探讨美的本质、美的特征的时候，文艺理论或文艺学实际上也就衍生出了人文学科的另一个重要分支学科——美学。因此，在许多方面，美学与文艺学是相通的或相重叠的，不过，与文艺学相比较而言，美学是通过艺术世界来专门研究人对现实的审美关系的，它不仅涉及艺术的美，同时也涉及社会的美、自然的美，因而有着更为广阔的关注视野与更为突出的哲学理论色彩。

从人类原始时代的审美意识萌发以来，文学艺术至今已经发展成为一个极为丰富而复杂的人类精神情感世界了，它形成了如此多样性和个性化的体裁形式，诸如诗歌、小说、散文、戏剧、音乐、舞蹈、绘画、雕刻等，形成了系统精深的文艺理论、文艺批评、文艺发展史的学科体系，而文艺的观念、文艺的风格、文艺的审美意识形态及文艺与人类文明的相互关系等等，也经历了源远流长的嬗变。但无论怎样，古往今来，文学和艺术对于人的精神满足，都是以使人获得精神上的启示和情感上的感动，诸如或愉悦或快乐或痛苦或悲伤来实现的。作家、诗人、艺术家们，通过创造各种各样具体的、生动的、意象的审美形式与审美对象，通过对审美理想与审美境界的艺术阐释与艺术追求，为人类提供一个认识美、体验美、审视美的广阔世界，并由此建立起人与自己、人与世界的独特联系。文学艺术通过对美的创造和追求，以美导善，以美促真，将美的特性与原则，诸如崇高之美、理想之美、高尚之美、善良之美、真实之美等等，借助于文学艺术同现实社会生活间的广泛联系和渗透，而影响社会生活的方方面面，并由此派生出文学艺术在现实生活中的其他价值与功能，包括它的娱乐的、教育的、政治的、经济的、道德的种种功能与作用。优秀杰出的文学艺术作品及审美理想，实有益于人生之实践，有益于社会之改造，因为它使人情趣高尚，向善趋美，"高洁之情独存，邪秽之念不作"（鲁迅语）。因为有文学艺术，人类得以自觉地从审美理想的高度来理解人类社会生活与社会制度的完善模式，来追求更符合人性本质的完美的政治制度与经济制度。在人类历史上，文学艺术对人性崇高与伟大的不懈追求与歌颂，对人性荒原与异化的深刻揭示与批判，得以直接地塑造着人生，改造着人性，并由此间接地去推进社会与时代的进步发展。因此，文学艺术对于一个国家、一个民族的进步，对于一个社会的政治变迁、经济发展、科学进步，有着巨大而不可替代的特殊作用。

二、岁月自摇落，长歌可当剑

8 世纪，诗人杜甫曾写下一组咏史诗《咏怀古迹五首》，其中一首咏怀一千多年前的春秋战国时期楚国辞赋家宋玉的诗中有这样几句：

摇落深知宋玉悲，风流儒雅亦吾师。
怅望千秋一洒泪，萧条异代不同时。

在这首诗里，杜甫写下了他对于一千多年前的杰出诗人宋玉的追忆感怀情感，但实际上，诗人在这首诗中提到的这种"怅望千秋"的历史情怀，这追忆岁月感怀往事的深沉情感，正是一个历史悠久的古代民族特有的一种心灵结构与生命方式。这种历史情怀，曾经对中国人的精神生活与心灵世界有过深刻的影响。今天，距诗人当时之"怅望千秋"，又过去一千多年了，不知还有多少当代的中国人，能真正理解杜甫之"怅望千秋"这样一种情感世界。我们正处在一个大规模工业化或现代化时代。在这热浪滚滚的现代化进程中，变化，而且是快速的变化，似乎已经成为生活世界的一个根本属性。都市的扩张就像原野上蔓延四溢的洪水，奇形怪状的高楼却如野草一样在旷野上生长起来。都市化进程中的这个生活世界，到处是眼花缭乱变化无端的流行时尚。新的东西还没让人熟悉就已经过时，因为它很快就被更新更时尚的东西取代了。生活中的流行色和时尚淹没了个人的心灵空间，人似乎无可抗拒地被裹卷而去随时尚而沉浮。我们都面对着一个因为变化越来越快而对所有人来说似乎都是陌生的世界。没有谁，确切地知道明天会有什么事情发生，下一步的变化将是怎样的，更不用说对于更长远的未来世界的生活图景做出准确的把握了。我们都感到，生活世界似乎正突然变得越来越不确定，越来越缺乏稳定感。人们被各种外在的潮流、避之不及的竞争压力驱使着，无可选择地向前冲。在这样一个时代，如果当下的眼前的东西都是快餐式地随时在更换，随意被丢弃，那过去的岁月，那遥远时代的往事与情感，人们就似乎更无暇回望一眼了。

可是，正是这样一种急速变化的现代生活，这样一个与过往的生活和岁月迅速告别的时代，却使我们产生了一种无端的焦虑和困惑。我们身处喧嚣的都市之中，因为它变化太快却产生了一种无家可归的流浪感和陌生感；我们迷失了来时的路而不知道现在究竟身处何地；我们追逐时尚，但时时更新的现代生活却让我们产生了无处安顿心灵的生命不确定感；我们生活在喧嚣都市的茫茫人海中，却会有身处荒原的那种难以排遣的孤独迷离感。那么，我们究竟缺失了什么，失落了什么？在这个喧嚣闹腾的所谓后现代世界里，那积淀着悠悠往事与生命记忆，那浓缩着漫漫岁月与思乡情怀的历史学，它还有没有什么价值与意义？它还能进入现代人类的精神生活世界，进入现代人的心灵空间，让我们重又找到生命的归属感和回归感，获得对生命意义的确证吗？

这就取决于我们怎样来理解历史，来建设一个什么样的历史学了。

那么，什么是历史，什么是历史学？或者说，我们为什么需要历史学，需要什么样的历史学呢？历史学能做什么，应该做什么呢？

历史学在其最本真的意义上，乃是千古以来伴随人类始终的一种家园之思与寻根意识，一种体现人性之本质的故乡之恋与回归情感。也就是说，历史学在其最本真的意义上，是人类的一个情感与意义世界，是人类认识自我、塑造自我的一种心灵回归与岁月反思。

对岁月往事的回首，对生命历程的追忆，是人之所以为人的一种恒久的精神活动，一种显示着人性温暖的意义追求。英国诗人华兹华斯曾说：

"诗起源于平静中回忆起来的情感"，其实，诗歌如此，历史学又何尝不是这样一种回忆起来的情感呢！如果说，诗歌是诗人的诗性回忆，那么，历史学就是一个民族的诗性回忆，是一种文明的诗性回忆了，只不过，历史学的这种回忆情感，应该是更加的宽广，更加的博大，也更加的深邃和富于理性。正是因为有了历史学，正是因为有了历史学的这种超越千古、跨越时空的深邃情感与达观意识，我们的生命世界里才有了这样一个特殊的精神与情感世界，一个向我们提供得以真正理解人生之价值、提升生命之境界的悠远厚重的世界。

历史都刻着民族的灵魂，淌着祖先的血脉，它是我们的精神故乡，生命力的活水源头。在这个精神故乡里，凝聚着每一个民族沥血之路上自己先贤祖辈的光荣与梦想，汇集着每一个民族自己的古圣先哲那经过时间考验的一切伟大智慧和情感。借助于历史认识与历史反思这一古老而常新的精神形态，人类的智慧、理想、经验、情感才得以延续下来，积累起来，传承下去，才不会被滚滚流逝的岁月黑洞吞食噬没，现代人也才不会成为故土迷失无家可归的浪人。历史学作为伴随人类始终的精神追求，每一个民族从这种精神追求中，找到了使自己的情感与心灵得以慰藉得以安顿的庇护所。人们之所以必须守护自己的历史，正在于人们必须守护自己的故土家园，放逐自己的历史，便是埋葬了自己的精神故园。

人类文明犹如滔滔之江河，它从遥远的昨天流淌而来，还要流向明天流向未来，而它之所以永远流淌奔腾向前，在于它有着历史这一永不枯竭的源泉。所谓"欲明大道，必先知史"，没有历史，没有对往昔人类知识与经验的承继与发展，我们并不会比"北京猿人"有更多的智慧。生生不息的历史，智慧与知识日积月累的历史，发展与变化着的历史，使我们得以继承以往一切时代、一切民族的精神、思想和情感，以此来面对当前的生活，应付未来新的挑战。同时，对自己历史的认同与守护，更是每一个民族保持自尊心、自信心和归属感的前提。失去与自己历史联系的民族，忘记或背叛了自己历史的民族，必将沦为一个心灵漂泊的精神放逐者，成为一个无家可归的精神流浪者。这种精神上无根漂泊、无所归依的痛苦，将是一个民族最大的不幸，它会从根本上瓦解这个民族之生存延续所必不可少的认同对象与凝聚根基。所谓"灭人之国必先去其史"（龚自珍语），祖国的意识，爱国的情感，都只能产生于历史的过程之中，都只能奠基于历史的情感之上，而亡国之恨，灭种之灾，都可能起因于自己的历史被切断被埋葬。

古往今来，追问历史的本质与意义，探究历史的变因与动力，在不断与自己的历史进行对话的过程中，在从对自己历史经历的重新体验与反思中，获得对自我个性本质与特征、对自我现实存在状态的真切认识，乃是人类源自内心深处的一种永恒的精神需求，一种悠深久远的人间情怀。我们说，历史是人的历史，是人的实践活动与主体精神外化的结果，这种反思历史、追溯历史之意义的"历史意识"与"历史情感"的生成与展开，正反映着人的主体意识的觉醒与发展，正反映着人性之自觉与展开。因为只有人，才会有以自己的主体创造性活动所创造的历史，也才会有对自己所创造的历史的反思、批判与承继。因此，历史学存在之根本，历史学存在之合理性，实际上来自于人类的主体创造性，来自于人类的自我理解意识，来自于人类的自我反思与自我批判能力。

从形式上看，历史学虽然是以岁月之往事为研究对象的，但研究往昔的历史学，其内在的灵魂却是面向现实、着眼未来的。因为正是意识到了我们今天的一切，都是建立在先辈业绩的基础之上，是历史塑造了今日的我们，而我们的现实人生也将融入到这历史的长河中去成为未来发展的基础，我们才会懂得我们不能不从历史中汲取智慧，不能不通过以往的岁月来真切地理解现实。所谓"对历史负责"，其实也就是对未来负责，对子孙后代负责。

史学是一个由历史学家们根据自己的主体观念和意识构建起来的、高度浓缩了的关于人类过去经历与情感的精神世界。每一个时代的史学，本质上是那个时代的人对历史做理性认识与感性体验所产生的思想、观念和情感，是每一个时代的人在精神生活世界里的一种探索与询问。而这些思想、观念和情感，这些探索与询问，又并非主观臆想空穴来风，它都是建立在史学家对人类以往实践经历和精神智慧的尽可能全面的认识探索基础上的。过往的客观历史，只有进入到了历史认识的范畴内，成为了后人的认识对象，并经过了后人心灵之感悟与情感之体验，对后人而言，它才成为"有意义的历史"。因此，客体与主体的反复对话，理智与情感的有机结合，诗性与理性的携手并行，事实与价值的合理张力，正是历史认识的一个基本特点。

我们知道，历史是由以往时代的许许多多的人及其活动构成的。那么，历史上的这些人和事，是如何演进而来的，是一种什么样的存在状态，其相互间有联系吗？历史对于现代人类有什么意义，这种意义可不可以被认识，如何认识？在历史学家看来，如果我们能把历史上那些看似单个的、孤立的人和事联系起来，发现其相互间的有机关系，发现其对后世特别是对当世的影响与作用，无论这种影响与作用是直接的还是间接的，是经验启示的还是思想启蒙的，那历史本身于现代人而言，就具有了意义，历史就不是死亡的过去，而是现实的一部分。

因此，无论是对历史的创造还是对历史的反思与解释，其实都不过是人理解自我创造自我的一种形式，也是人类面对现实开创未来的一种努力。因为在某种意义上，所谓的"现实"也不过是"历史"的一个前奏而已，因为时光的流动和生命的历程不可抗拒地要使今日成为昨日，要使一切都退隐到时间深处的往昔岁月中去而成为过去，成为历史。逝者如斯，不舍昼夜，可以说历史包容了人类的一切，一切都终将化作历史。这历史的情感，怀旧的情愫，岁月的挽歌，往事的旧梦，正构成了历史学永恒存在的人性基础与哲学背景。

在人性的深处，既有求新、求异、求变的一面，亦有怀旧、追昔、回归的一面。人类文明之演进是有其内在的规定和结构的，正是历史，正是历史本身的连续性，使我们看清了来时的路而得以知道现在的位置。那"我从何处来，我是谁，将向何处去"的追问，那对"天人之际遇，古今之变因"的历史之谜的探究，那对文明之兴亡交替、社会之治乱相因的历史迷雾的解读，总是会牵动着每一时代人的精神世界，拨动每一时代人的情感心弦。唯其如此，古往今来，每一时代的人，那有主体自觉意识、关注自我的现实际遇与未来命运的人，总会被历史上那具有昭示意义的无数惊心动魄之生命往事所吸引，为往昔岁月里那无数沥血生命的欢乐痛苦所情牵魂动。正是在这个意义上，我们可以说，历史学存在之价值与意义，在于它对人类而言乃是一种体现人之本质的对自我精神故园的回归情感，一种对自我个性特征做理性追问和情感认同的寻根意识。

历史学作为具有博大时空胸襟的世界史性质，还是人类超越个体生命时空局限而得以认识感受世界无限丰富性和多样性的一种最基本途径，它也是每个民族摆脱它的民族狭隘局限而得以在世界历史的宏观背景下获得开阔意识和达观胸怀的一个重要途径，因此，浓缩人类文明史长河的历史学，在每个时代人类的精神生活世界里，都占据着一个特殊的位置。

人们时常以为，历史学都是很枯燥的古董，其实，优秀的历史学著作，在本质上应该是与文学、艺术、诗歌相通的，都有着丰富的人性情感与审美价值。在某种意义上，历史学也是一种智慧的想象，一种回忆中的联想与思索。许多时候，它与文学，与诗歌，与艺术，并没有本质上的区别，甚至在形式上我们也难以把它们严格地区别开来。你说，那"西风残照，汉家宫阙"的境界，是史学的还是文学的，是哲思的还是情感的呢？历史与哲学，又怎么不是互为境界的呢？当我们吟咏着"朱雀桥边野草花，乌衣巷口夕阳斜。旧时王谢堂前燕，飞入寻常百姓家"的诗句，当我们于故垒西边"遥想"公瑾当年，曾怎样地雄姿英发，羽扇纶巾，可谈笑间便让那曹魏数十万大军灰飞烟灭，淹没于历史长河的滚滚波涛之中，然而，大江东去，历史长河奔腾不息，这创造伟业的公瑾本人，如今不也同样早已成了大浪淘去的千古人物？正可谓人生如梦，唯有那江月世代永存。这时，我们也便在诗性的艺术中体悟到了什么是历史，体悟到了什么是历史学的情怀。

可是，我们能从历史，从历史学的这种情怀中获得一种高远旷达、开阔超越的逸怀豪气吗？我们能从历史学那通古今而观之的情怀中获得一种人生的通脱，一种人生的大智慧，从而既去执着地追求生命的理想与人格的完善，以"天行健，君子以自强不息"的奋斗精神，上无愧于天，下无憾于地，外无负于人，内无疚于己，去实现和完成一个有意义有作为的人生，同时又能超然于功名利禄成败得失之上，以"行到水穷处，坐看云起时"的豁达生命智慧，保持心灵的自由与宁静，保持人格的完整与尊严，从而获得一种艺术化诗意化的人生吗？所谓"人生若尘露，天道邈悠悠"，我们能将这个体之人生上升到历史时空的高度来观照，能将这当下之生命放置于悠悠岁月的长河中来理解，从而摆脱因陷于蝇头利禄蜗角功名的追逐中而乍喜乍悲、忽忧忽喜的人生窘境吗？你看，多少个世纪，大自然以年年春风，对匆匆过客，正所谓东坡感叹之"人似秋鸿来有信，事如春梦了无痕"。我们曾深陷其中的那种种人生之际遇穷达，个人之得失荣辱，当上升到宏观的历史时空上来而以旷逸的眼光观之，当拓展到岁月的长河中去而以豁达的心胸对之，则或皆不足道，或皆可坦然面对，正是"也无风雨也无晴"。

　　这正是具有人生审美价值的历史学应该给予我们的人格修养与人生境界的提升。事实上，人类的历史是一个如此漫长绵延的过程，我们每一个个体之人，我们短促的生命之旅，只不过是这个漫长历史长河中的一瞬，而这世界之广大，宇宙之浩渺，更使得我们每一个个体之人在这大千世界里不过如同茫茫沙漠之中的一粒尘沙。"年年岁岁花相似，岁岁年年人不同"，在历史之时空无限性下映照出的自己个体生命的短暂微小，那种深深的局促感与悲怆感，既是文学、哲学、艺术世界里永恒的主题，是一代代的诗人、文学家、哲学家体验生命本质、抒发内心情感的主题，也是历史学得以显示出它对于人类精神生活和情感需求之重要意义的根源所在。面对无限之宇宙与历史，有情感有意识的人不能不生发出超越自我、超越当下而去追问无限历史的内在精神冲动，所谓"生年不满百，常怀千岁忧"（《古诗十九首》），咏史而伤今，每一个时代的人都是这样为历史而情动神伤；那英雄之末路，壮士之悲歌，千年往事越上心头，以至"一篇读罢头飞雪"（毛泽东《贺新郎·读史》），读史而白头，可知历史学是一个多么富于人类情感的世界。世路无穷，劳生有限，面对亘古无际的历史，川流如斯的岁月，你是否会生出"念天地之悠悠，独怆然而涕下"的那种岁月情愫与历史情感呢？

其实，这追昔抚今、深沉厚重的历史情感，这审古问今、感时伤怀的历史意识，正是人性之本质的一个突出方面。两千年前，我们的先人就曾唱出"人生天地间，忽如远行客"这样的悲歌，可两千年来人们又何曾甘于让生命就这样如秋风落草了无痕迹。可以说，试图对个体生命的这种时间空间有限性困境做出超越与突破的不懈努力，正构成了历史学产生与发展的一个重要内在动因。每一个个体之人，尽管他的个体生命是短暂的，他的生存空间是局促的，但他的心灵与精神空间却可能是无限广泛的，因为他可以通过历史这个浓缩着人类以往时代丰富智慧与思想的巨大宝藏，通过这幅展示人类整体历史全貌的世界史巨大画面，去认识、去感受、去体验久远时代遥远地域里人类历史的无限恒久性与丰富性。通过历史学，通过历史学家为我们所提供的关于悠悠往昔岁月、关于遥远异国他乡的人类多维生活图景，我们获得了无限丰富的人类的知识、智慧，体验到了其他时代的人们的情感与思想，感受到了大千世界其他民族的欢乐与痛苦。这一切，使我们有可能得以摆脱因为我们的生活经历的有限与生存空间的狭小而导致的目光短浅、心胸狭隘和自以为是。它可以使我们懂得，我们所掌握的知识，我们所积累的经验，我们所获得的真理，我们所形成的制度与文化，都只能是相对的、历史的，都可能存在着时代的或民族的局限。

历史的长河浩浩荡荡，前后相续，正所谓"后人视之，亦犹今人之视昔"。但是，历史的意义从何而来呢？不用说，未经认识的历史，只是一个已逝时空的黑洞，无所谓意义可言。历史的意义只能来自于对历史的认识，来自于历史的可认识性。我们何以获得前人之历史经验而做出正确的判断？何以辨识奔腾的历史潮流而顺应时代？何以汲取前人的历史教训而避免重蹈旧辙呢？在漫漫历史的时空里，留下了太多千载之后依然震撼心灵的欢乐与痛苦。你看那楚汉相争，项羽兵败乌江之时，那英雄的末路，壮士的悲歌，让人久久不能释怀，故而有人说"生当作人杰，死亦为鬼雄。

至今思项羽，不肯过江东"，也有人说"为草当作兰，为木当如松"。你又看那一世英才卧龙孔明，虽然"功成三分国，名成八阵图"，但最终还是壮志难酬，"出师未捷身先死，长使英雄泪满巾"！这是怎样的一种历史情感，怎样的一份历史感叹？它能在你内心深处引起一份生命感动的力量，能在你心灵深处引起一份鲜活的历史良知吗？历史，那记载着生命往事与岁月挽歌的历史，那记载着太多生命的欢乐与痛苦的往事，本当让你变得深沉起来而不是消沉下去，本当使你更深切地感觉到你现在生命的存在并因此而寻求它的意义。我们是否可以这样说，如果历史还会使你感动，如果历史还会引发你的思考，那你心中或许还留有一份纯真，或许还拥有一颗向往未来的年轻心灵。

你曾经尝试过这样一种心灵与情感的体验过程吗——在每一个静谧安详的夜晚，在每一个皓月当空的深夜，每当你打开一本本伟大的历史学著作，对之细心研读，与之真情对话，那悠悠数千年的文明史长河，那广阔世界史背景下的各民族生活涓流，或许便已流淌在你的心中，蜿蜒于你的面前。这样一种细心研读，真情对话，足以丰富你的人生经历，开阔你的人生视野，使你不是简单地只生活在你自己的时代，自己的国度里，而是生活在一个时间与空间都更为广阔更为漫长的"世界历史时空"里。你的心灵因此而拓展，你的生命因此而延伸，你因此而得以同过去以往时代、同所有地域的人进行跨文化跨时空的对话交流，你因此而得以与那悠悠岁月、遥遥世纪里的人相识相知，汲取他们的智慧与经验，把自己短暂局促的个体生命融入到世界历史的无限进程中去，获得对自我个体有限性的超越和升华。

不仅如此，在漫长的古今中外史学发展史上，那一代代杰出史学家为追求真实而秉笔直书，甚至为此而献出生命的光辉人格，那一代代优秀史学家上下求索洞察世事的思想智慧，更具有熏陶人格、垂训后世的审美价值与审美意义。而那些传之后世为人们所世代传诵之史学名著名篇，大多或文笔优美，语言流畅，形象生动感人，或结构谨严，文体典雅，闪烁理智光芒，它们也都能给人以美好的精神愉悦与情感体验。因为，历史学的情感本应是很丰富厚重的，虽然历史学家表达情感方式与诗人和作家有所不同，可能会更内敛些，会更多一些反思与提升，甚至会把他对历史的情感不露痕迹地隐藏到他的著述中去，但不管怎样，如果没有了对于人类历史的心灵感悟与理想期待，没有了对于人类命运的哲理思考与意义叩问，历史学就成了没有内在灵魂的一种意义缺失的技术性操作。

由此我们便可以明白，历史学对人类精神与情感世界具有的独特意义，来自于它对人类历史做理性认识与情感体验相结合、思辨分析与事实记述相统一的特点——它试图以所有时代、所有民族、所有国家、所有文化作为认识对象，它试图继承积累起人类以往时代创造的一切有价值的智慧、思想、情感，它也试图展示出世界历史进程中的最为广阔最为丰富的恢宏画面。这个由全体人类的以往智慧所绘就而成的恢宏画面，可以直接地观照出每一个民族与国家的现实与未来。这种"历史角度"或"历史视野"的观照，正显示出历史学的思维方式在解决"存在与思维相统一"问题上的特殊优势。所谓"不识庐山真面目，只缘身在此山中"，只有透过积淀了悠悠往事的历史，我们方得以从身处其中的现实中摆脱出来，与现实保持一定的距离，而正是这个必要的"历史"距离，才使我们有可能真正看清身在何处，现状如何。因此，我们才可以说，历史是一种智慧、一种力量，历史也是我们通向未来的道路。

回顾数千年人类文明史的进程，古往今来，那些能够把握现实、能够不断开创未来的民族，总是一个真正能够懂得历史、正视历史，能够从本民族和其他民族的历史中汲取智慧或总结教训的民族。因为人类文明的内在有机连续性，使得我们除非知道我们曾在何处，除非我们看清了我们来时的路，否则就不能理解我们现在的处境，更不会知道我们正向何处去。一个民族、一个国家，如果不能正确认识、反思、总结和批判历史，它往往也是不能正确把握现实和开创未来的。因为所谓的"历史理性"或"历史意识"本是一种反思精神、一种批判精神。继承与发展的有机统一，在继承历史的基础上对历史加以发展、加以变革，正是历史与现实关系的本质，也是历史学真理追求的内在灵魂。如果说"继承"、"回归"是历史学的形式特征，那么"变易"、"革新"就是历史学的内在灵魂。所以说，"继往"与"开来"的有机统一，由"温故"而"知新"的认知态度，正是历史学的永恒品格。

在人类历史上，几乎所有的国家和民族都自觉或不自觉地对历史给予了关注和记载。但由于文明结构与文化传统方面的差异，各民族对于历史的态度，对于历史的关注程度，对于历史的解释方式，却又是很不一样的。这种差异，这种对待历史的不同态度，反过来又对各民族的历史进程产生了不同的影响。就中华文明来说，可以这样认为，中华文明之所以历经数千年沧海桑田而生生不息延续至今，之所以历经无数之艰难困苦而一次次复兴重振，一个重要原因，在于中华民族是一个有着深邃的历史忧患意识并擅长历史理性思维的民族，在于中华民族历来重视历史经验对于现实的垂训作用。早在两三千年前，我们的先人就懂得了"史之为鉴"，而且"得可资，失亦可资"的道理，所谓"殷鉴不远，在夏后之世"（《诗经·大雅·荡》），"我不可不监于有夏，亦不可不监于有殷"（《尚书·召诰》）。为取鉴以经世，疏通以知远，陆贾作《楚汉春秋》12篇，贾宜作《过秦论》与《治安策》，再有司马迁之《史记》百篇，一代又一代史学家们原始察终，见盛观衰，上下探索千年文明之演进规律，提出"治天下者以史为鉴，治郡国者以志为鉴"。在他们看来，商周更替，秦亡汉兴，"虽曰天命，岂非人事"，将"天命"诠释为"人事"，以总结"人事"之得失来解释兴亡之运，盛衰之迹，从而"垂鉴戒、定褒贬"，在总结历史经验教训、顺应历史潮流的基础上创造历史。

对于中华民族来说，历史，乃是一个可认知、可理解、可把握、可变通、可创造的过程，一个由人自己的活动所创造的人的世界，而不是一个由历史之外的某种神秘力量支配控制的不可知的世界。这历史长河中的种种兴亡盛衰，祸福得失，都是可以得到合理的解释与说明的。这是一种由浩浩荡荡的连续性漫长历史才可积沉凝练而成的深邃理性智慧与人间情怀，因为有了这样的理想智慧与人间情怀，才使中华文明在其形成的初始阶段就冲出了原始巫术与神学迷狂的阴影，而将可理解、可融汇、可通变的历史理性与人文情怀确立到了中华文明核心位置上，正因为此，才使中华文明在经历了古典时代之繁荣后未曾像西方、印度文明那样转入宗教神学主导的漫长中世纪，而始终使自己的文明架构保持了世俗理性的基本格局，这实为中华民族之幸，实为中华传统智慧的精妙之处。

受这种重视历史智慧、历史经验教训的观念的影响，中华文明的历朝历代均汇集天下知识精英，良史之才，记载先人事功，评价前人得失，所修之史典史册，所著之经籍典志，可谓如烟如海，湟湟泱泱，使古代中华实无愧于"文献名邦"、"文明古国"这一称誉。可以这样说，中国古代史学之成熟发达，历史记载之系统完备，史学传统之世代相续，在世界文化史上是独一无二的。正如梁启超所说："中国于各种学问中，惟史学为最发达；史学在世界各国中，惟中国最为发达。"这是一份厚重而特殊的文明遗产，一份值得现代人类珍视的文明财富。除这些专门化的史典史册经籍典志之外，进入历史领域的还有那将深沉的理性反思与真挚的诗性感情结合起来的大量"咏史诗"，那些在漫长历史年代无数诗人作家留存下来的那些怀古叹今的文学作品，更将中国古代先人对悠悠历史、对往事岁月的感悟思索，提升到了如此细腻精致的境界，并深深影响了古代中华文明的核心精神与中华民族的心灵世界。

也正是在这样一种深沉厚重的历史情怀历史意识熏陶下，中华民族对待自己的文献经典，对待先人们留传下来的文献遗产，才会有一种必须使之代代相传相续的使命感与责任感。那在千百年岁月沧桑中流传下来的历史文献、经籍典志，正凝聚着民族的精神，流淌着民族的血脉，它薪火相传，世代延续，构成了民族生命力的活水源头，每一代人都有责任将它传承下来，并根据时代的变化而加以疏通和丰富，再传递给后世。如果它流淌到了你这一代人那里中断了，失落了，那你就是中华民族的不孝之人，你就上愧于先人，下负于子孙了。正是这种对于民族与国家历史的责任感，孔子才会毕一生时光与心血去整理古老年代流传下来的那些文献，修成《易》、《书》、《春秋》、《礼》、《诗》、《乐》等传世经典；司马迁才会在遭受人生巨大的屈辱苦难而万念俱灰的时候，却因想到还身负当年父亲留下的记载孔子死后五百年历史的重托，忍辱负重，完成了《史记》编撰工作，将过往三千年的中国古代历史全部整理出来，贯通起来，留下一部传世之不朽著作。而这些文献著作，它们所记载的历史，所包含的情感、观念、理想，后来成为了中华民族思想与情感世界里的一些核心或结晶体，它对中华民族的形成，对中华民族内在心灵世界的形成与发展，产生了深远的影响。

在这种充满深沉理智与丰富情感的历史情怀观照下，岁月如歌，往事弥珍，历史成为滋润心灵的甘泉，照亮人心的灯火，洗刷耻辱的明镜，唤起自尊的动力。一代又一代，中华民族的先贤们用他们的智慧想象力与情感包容性，努力去"观乎天文、察乎时变"，"究天人之际，通古今之变"，将数千年沧桑往事沉积通贯于眼前而观之，统揽于胸中而究之，并进而将过往之一切成功经验与失败教训总结升华成为种种关于"变易通久"、"祸福相因"、"天理人欲"、"和合中庸"的智慧思考，积淀生成为"自强不息"、"多难兴邦"、"厚德载物"的民族忧患意识与民族奋斗精神。正是这种基于人性光芒人间情怀的历史情感与历史胸怀，正是这种开阔宏达通观古今的历史理性与历史胆识，使得华夏文明数千年来得以聚集一代代知识精英的才能与智慧，通过对过往历史经验教训的总结汲取而启人心智、感人情怀，提升民族之精神境界，并因此而去安邦治国，经世致用，去创造"经国之大业，不朽之盛事"（曹丕语），以追求彪炳于千秋，名垂于青史。

从这样的意义上可以说，历史在中国人精神生活中的意义与作用，某种程度上正类似于宗教在西方人的精神生活中的意义与作用。你看，中国有着如此久远漫长而又不曾中断的历史，有着如此生生不息、前后相续、连绵不绝的历史。而这历史，却是鲜活的有机体，它不是死亡了的无意义的过去，而是每一个时代生活的一部分，是生活常青藤下的大地，是流淌江河的源头。这常青藤，生长在后世一代又一代人的心中；这江河，流淌在后世一代又一代人的心上。因此，对于中国人来说，人就可以在历史的延续和传承中来追求个体生命的价值与不朽，在生生不息的历史长河中来实现有限人生的意义与永恒，正所谓"人生自古谁无死，留取丹心照汗青"。这是一种世俗主义与超越精神合而为一的历史观,一种青山与我长在、江河并我共流的人性化历史情感,因为它相信历史将一直延续下去,而历史进程来自于人的活动。而对历史的解释,只能来自于对历史的真情体验与理性反思。你是否明白"吴王事事堪忘国,未必西施胜六宫"?你是否想过"坑灰未冷山东乱,刘项原来不读书"?你又是否听说过"龙舟未过彭城阁,义旗已入长安宫"(白居易《隋堤柳》)?这兴亡成败的千古悠悠往事,自有其因,自有其源,若追因溯源,自当对后人的理性之获得、智慧之积累有特殊的增益作用。同时,这千古兴亡的悠悠往事,这成败得失的漫漫岁月,更包容着多少可供后人去体悟感怀的情感与意义。回首历史,多少丰功伟业如今可留下几个断碣残碑?怅望千秋,无数滚滚英雄如今又在何处可寻可见?遥看那西风残照下的汉家宫阙,怅望夕阳暮幕下的隋堤烟柳,你是否会感叹"六朝如梦"、"往事如烟",是否会有"关河无限清愁,不堪临鉴"的生命感叹,甚至会写下"赢,都作了土;输,都作了土"这样撼动心灵的诗句来呢?其实,这份感叹,这份情怀,本是一个心灵世界幽曲深邃、情感天地积沉厚重的古老民族,面对历史时总会涌起的生命感怀与历史追思。而正是这份感叹、这份情感,会让你心灵世界多一分深沉、多一分超然、多一分智慧,不会让你走向一种万念俱灰心如槁木的弃世主义,因为你在感叹之同时,却又十分明白,这国家之兴亡成败,民族之荣辱祸福,其实是可以也只能到历史中去理解把握,是可以用人事之得失制度之成败来探究解释,而非用什么天命之摆布神意之安排等某种非历史的因素去说明的。

所谓千秋功过,自有历史评说;是非曲直,公道自在人心。对于中华民族来说,历史有如明镜,可昭示善恶彰显美丑;历史亦如淘沙之大浪,吹尽狂沙真金始出;历史也如滔滔江河,洗涤耻辱唤起自尊;历史还如天道,千曲百回终流东海,正所谓"无边落木萧萧下,不尽长江滚滚来"。于是,对历史的信心,对历史内在力量与正义精神的思考与期待,便成为千百年来中国人精神生活的一种特殊方式了。

正是在这样一种文明背景下,让英名留青史,使浩气传春秋,成为中华仁人志士追求生命无限、人格永存的最高境界。生命当追求不朽，但这不朽是因你的英名长留于后人心中而不朽，生命当追求光彩，但这光彩是因你成就的一番事业彪炳史册而"虽与日月可争光"（《史记·屈原列传》）。即便是一个普通百姓，也时常会说"雁过留声，人过留名"，你是堂堂正正立身于世传名于后，还是浑浑噩噩虚度此生？你是立功立德立言泽被后人而流芳百世，还是不仁不义遗臭万年而钉于历史之耻辱柱上？正是在这个意义上，你可能才真正明白为什么我们的先人会"生年不满百，常怀千岁忧"了，因为其实这"忧"，在某种意义上也是一种"乐"，一种追问生命意义人生价值的苦中之乐，忧而后乐了。

因为有了这样的历史情感与历史良知，因为有了这样的历史意识与历史眼光，中华民族对待生命的态度就有了一种世俗主义与理想主义浑然交织的倾向，中华民族对待生命的方式就有了一种内在的自尊与责任感，他就不会轻易地遁入空门，仅寻求自我之解脱，而应去承担民族之苦难与历史之大任。唯其如此，这华夏文明才得以"江山代有人才出，各领风骚数百年"，这九州大地才会"虽多难而兴邦"，变易而通久，历数千年而长青。对于有此信念的中国人来说，人当然应该追求理想、追求意义、追求永恒，但人无须另寻世外之天国去获得永生，不须另造超人之神界来获得生命的意义，因为永恒就在此生，天国就在此世。人可以脚踩大地而心通九天，身立此世却情系千秋，躯体消失但精神永存。这是一种将个体生命的价值与意义融汇于民族生命的历史长河之中，一代代人前仆后继、生生不息的历史信念与历史期待，一种尘世与天道浑然一体、此生与万世两相融汇的历史智慧与历史情感。正是这样一种历史信念与历史期待，这样一种历史智慧与历史情感，华夏文明在古代世界才得以独领风骚而长盛不衰，在现代世界又得以浴火重生而再度复兴，提供了一种最为深沉、一种最为具有长久影响力的文明史根基与精神史背景，这实为中华文明史的精义所在。

同样的，西方一些历史学家也有这样的认识，李维在《罗马史》中说，"研究一下过去的事可以得到非常有用的教益……可以把这些事例作为参照：如果是好的，那么你就照着去做；如果是罪恶昭彰而最后是身败名裂的，那么你就引为大戒竭力避免"，正所谓"前事不忘，后事之师"。

然而不幸的是，在人类历史上，人们常常忘记历史的教训，常常以为可以戏弄历史，以至企图将历史上浓浓的血腥美化作淡淡的胭脂，将累累的罪恶粉饰成欺人的善事，结果终难免重蹈覆辙，受到历史的惩罚。唯其如此，在人类的历史上，也从来没有一个民族和国家，可以在忘记或背叛历史，在粉饰、瞒骗、歪曲甚至否定历史的时候，还又能真正拥有现实并再开创未来的。历史，本是你无可选择的生命根基，本是你无可背弃的故土家园。

三、会当凌绝顶，一览众山小

两千多年前，中国春秋时代的思想家庄周，写了一部叫作《庄子》的著作，里面讲了许多或美丽动人或神奇幻化的故事。在这些寓言式的故事的背后，往往包含着这位思想家对于天地宇宙和世间生命的哲理思考与情感体验。在书中的第一篇里，庄周讲了一只飞鸟的故事。说这是一只由生长在北方大海深处的叫作鲲的鱼变成的巨鸟。这只鸟是多么的与众不同，它不仅有着若垂天之云一样的翅膀，而且它总是向往着高远的天空，辽阔的宇宙。当它选定了生命追寻的理想之地时，便会从那北方的清冷之地振翅南飞。它开阔巨大的垂天之翅可击水三千里，卷起万丈气浪，再怒而高飞，抟扶摇而上九万里。当它到达这个高远无边空灵飞动的极乐宇宙之上时，它已是这样的逍遥自在，无所困惑，无所束缚，天地万物全在它的通观把握之下了。

其实，这只"绝云气，负青天"的神鸟，这只"水击三千里、扶摇上九万"的精灵，它所达到的那种"乘天地之正，而御六气之辩，以游无穷"的逍遥境界，正是庄子追求的一种生命境界，一种心灵超越了外在羁绊而自由飞翔的生命状态。在庄子看来，如果人的生命世界里有这样一种飞动的精神境界，如果人能经心灵的提升飞翔而实现了生命的自我内在完成，他就能神游天地，仰俯宇宙，合天地之本性，顺天地之正气，遨游于无边无际的宇宙天地间，他就能"足乎内"而"无待于外"，成为一个真正自由的生命，不再依赖什么，也没有什么外在的东西可以控制他，支配他。这将是一个与天地万物化而为一，精神与情感获得真正超越与完成的生命。因为有了这样一种心灵的自由与超越，天地万物，世间一切，都是美丽的，可亲可赏的，永恒的了。在庄子看来，一个人，如果有如这大鹏一样的志向与情感，如果有如这大鹏一样的心灵与精神，那就不会有什么不快乐的事，就不会有什么不能够面对的困难了。

在某种意义上，我们是否可以说，作为人文科学意义上的哲学，正是这样一只"云搏上九万，击水当三千"的精神之鸟，正是这样一只翩然而起舞、心灵如飞云的梦蝶，它带给我们的是一种生命超然物外、精神飞翔宇宙的智慧之思，一种"抚四海于一瞬，揽宇宙于胸臆"的通观天下万物的开阔情怀。

这样一种智慧之思，这样一种超然情怀，实是人生幸福与快乐的基础。在这个意义上，哲学，其实本是一种生命的智慧与情感，一种人生的追问与反思，而只有当你去思考你的生命意义的时候，你的生命可能才会获得意义。正如古希腊哲学家苏格拉底所说："未经省察的人生是无意义的人生"。当然，这样一种思考，这样一种追问，并不是一件十分轻松的事。不过，尽管人们常常以为哲学或是一种高深莫测的学问，或是一些枯燥乏味的概念，其实我们还是可以说，哲学中那些看似艰深抽象的概念与思想，并非无本之木，无源之水，它们实际上都是从日常生活实践中提炼出来的，只不过它经过了人类心灵长期反复的思考提升而与日常生活形成了一定的距离。事实上，哲学与一般人的生活并没有想象的那么遥远，因为我们每一个人，对于自己，对于他人，对于自己与他人的关系，对于自己所生存的这个世界，总会有一些基本的看法和想法。哲学不过是将生活中的这些基本的看法和想法以一种条理化、概念化的方式，上升到理性和反思的层面上来所做的精神努力。

哲学是人类精神世界里的一块古老的天地，它来自于人类对于自我、对于宇宙自然的好奇，来自于人类对于智慧、思想、知识的热爱与追求。哲学既是一个知识的世界，更是一个智慧的世界。知识与智慧既有联系，又有区别。哲学知识可以像自然科学、社会科学知识那样去学习掌握，但哲学智慧却要用心灵、情感和生活去体验和把握。如果说知识告诉了我们许多东西，那智慧是让我们找到那许多东西背后共同的、本质的、普遍的某种联系或精神。也许，对于人类而言，哲学作为一个智慧的世界更具有价值与意义。这种哲学的智慧，集中表现在古往今来，人类总在以哲学的方式提出一些关于人、关于宇宙和人生的基本而永恒的问题，总在激励人们去关注去思考这些基本而永恒的问题，当然它也总在为人类更好地理解认识这些问题提供着一些最基本的原则、思路与方法。而这些提问、思考、解答，正是使人类精神得以升华、人性得以丰富完善的重要推动力量。

哲学对于人类的意义应该说是多方面的，但总体上我们可以把哲学理解为人类"智慧之爱中的意义叩问"，它大体上可以归纳为"爱智慧"与"终极关怀"两个互为基础互为支撑的方面。这"智慧"，可以是一种生命的智慧，生活的智慧，也可以是一种思想的智慧，认知的智慧；而这"终极关怀"，可以是对人生之意义的感悟，对生命之本质的追问，也可以是对宇宙世界之终极本原的探究，对天地万物之根本依据的思考。这种智慧之爱中的意义叩问，或者是重在认识论、知识论方面，重在对世界、对知识、对认识活动做哲学层面上的本体论、认识论和方法论的理性探究，或者是重在生活理想与生活目的的探究方面，重在为人提供一种哲学层面上的关于生命意义与生命本质的价值论、人生论的意义解答。不过，这两个方面在本质上又是相通相应，互为转化的。

专业化的哲学家，常常将哲学分成这样几部分：（1）探讨世界本原问题的"本体论"或"形而上学"，它探讨关于存在及其本质，关于世界的起源、结构和法则，以及人与世界的关系等等问题；（2）探讨认识与思维问题的"认识论"或"知识论"，它探讨知识的性质、意义、来源及其可靠性；（3）探讨价值与意义问题的"价值论"，它主要从人性的角度来探讨如何评价善恶、美丑、情感、意志、道德、理性、欲念等问题，它更多关注的是人的生存价值与意义问题；（4）探究人的历史与实践活动及其实现方式与制约因素的"实践论"或"历史哲学"，它重在探究人类如何以自己的主体性活动，在与自然、社会关系相互作用的结构中创造、改变和发展自己的属性。

不过，就人类的精神与情感需要而言，哲学则可以归结为在"爱智慧"与"人生终极关怀"两个主要的方面满足着人类的最高层次上的精神需要。一方面，哲学是关于存在、思维、知识与理性的探讨，它为人类提供获得思维智慧和理性精神的最一般性原则与方式，它告诉人类如何运用理性、理智和正确的认知方法，去排除精神生活中的愚昧、偏执、独断等思维黑暗误区，一步步地去获得对世界、对自然、对自我的正确认识和理解。在这方面，哲学是一种使人类变得聪明的学问，一种帮助人更有效地获得知识运用知识、辨别真理与错误的智慧。良好的哲学素养与思维训练，可以使人的思想变得清晰、完整、严密，富于条理与逻辑性，可以使人准确地运用语言和概念去建立起人与外界的关系。同时，从哲学精神和哲学气质中获得的理性思维能力，可以使人不会轻易地被常识、现象和习惯迷惑，可以使人有不同于习惯的认识事物的新角度和新视野，从而不会轻易地随波逐流盲目从众。良好的哲学思维训练提升着人的认知能力，使人思维敏捷，或条分缕析或综合归纳，于寻常处见到深刻真理。因此哲学往往是现代科学发展的理论基础与思维前提，一个在哲学方面有深厚传统、擅长于抽象理论思维与思辨精神的民族，往往可以在现代理论科学的发展方面做出重大的贡献。在这方面，哲学的主要成就往往是以逻辑学和科学哲学为表现形式，并与数学紧密联系在一起的。

另一方面，哲学又是一种关于人生智慧的科学，是以哲学的方式对人性、人的情感、人的本能与欲望进行把握的科学。哲学为人如何理解人生、选择正确的人生目标和把握人生的幸福，提供一些最为根本性或一般性的智慧原则。在这方面，哲学是一种使人获得幸福的智慧，它使人对人生的理解，对人生意义和人生价值的理解，都得以建立在一种理性的、合理的思维模式上，用理性的思维和智慧去把握人生的价值与意义，而不是用愚妄的、巫术魔怪的非理性方式去理解人生。就此来说，哲学与宗教似乎有相同的一面，因为宗教也关注人生，也为人提供安身立命的精神情感慰藉。不过，哲学与宗教在本质上还是不一样的。比如，宗教对人的关怀是以非理性的、信仰的方式来建立精神情感世界，而且往往容易走向偏执与独断，将人引向信仰蒙昧主义。而哲学则是建立在科学、理性、知识的基础上的，当然哲学并不排斥人的直觉、感悟、体验、灵感激情等非理性的思维活动方式，但这些非理性思维方式实际上是在大量的、长期的理性思维活动基础上形成的，并且它们也还受着理性思维活动的调控。因此，哲学与宗教之不同，在于哲学既提供着关于人生、关于生命、关于世界的终极性精神关怀，却又是一种世俗与超越相结合的、理智与情感相平衡的关怀。就此来说，一个在人生哲学方面有深厚传统，擅长处理人生问题，擅长处理与己、与人、与社会、与自然关系的民族，往往可以使自己的文明在和谐的氛围中得以长久地延续。

哲学还从根本上为人类提供了一种超越个体生活局限和世俗生活的精神力量，提供了一种追求崇高与圣洁的精神理想。唯其如此，哲学乃是一个民族的精神与灵魂，一个没有哲学意识和哲学传统的民族是很难创造出伟大的艺术、科学、历史和宗教的，正如黑格尔所说，一个国家没有哲学，就像一座雄伟壮观的庙中没有神像一样，空空荡荡，徒有其表，因为它没有可信仰的东西，可尊敬的东西。就此来说，哲学其实只不过是人类将自己的思想与精神提升起来的一种努力。

人的一生，会面对许多的问题，但许多问题都是一时一地的、具体的，真正贯穿到了你的整个生命进程中，让你一生都要面对的问题其实并不多，就那么一两个，而这一两个问题，可能就是哲学性的问题了。比如，关于生死的问题，生命意义的问题，世界现象背后的本原问题等，这些问题，就成了哲学滋生的土壤。在世界哲学发展史上，相比较而言，西

第二章 人文学科的主体

方哲学长于思维哲学或科学哲学，哲学成为获得思维智慧、认知智慧的方式，而东方哲学却偏重于人生哲学或生命哲学，哲学成为获得人生幸福、生命智慧的方式。当然这种区别只具有相对的意义而不是绝对的，比如古希腊的柏拉图、苏格拉底哲学更多的是一种人生哲学，中国的诸子之学中也有关于思维智慧和对世界本原探究的内容。不过我们还是可以看到，西方哲学在古希腊时期已逐渐形成了"爱智慧、善思辨、学以致知"的传统，而东方哲学则比较早地形成了"究人伦、重践履，学以致用"的传统。就此来说，西方哲学中的逻辑学倾向或特征较为明显，而东方哲学中的伦理学倾向或特征更为突出，而我们知道，逻辑学和伦理学既可看成是哲学的分支学科或衍生学科，在某种意义上也可以看成是与哲学并列的独立的学科。

在古希腊，哲学被认为是"爱智之学"，其目的在于通过理性认知的努力获得对世界和宇宙之本源的知识。柏拉图曾把哲学家称为"一心一意思考事物本质的人"，亚里士多德则说哲学其实是一门专以求知而非实用为目的自由的学问。古希腊的哲学家，往往把对于世界因果关系的探究看作是生命的最高使命，所以有的哲学家才会说："我宁肯得到一个因果关系的解释，也不愿作一个波斯的国王。"所谓波斯的国王，其实是财富、权势、地位的象征，在追求智慧比生命更重要更有意义的哲学家看来，这国王的地位权势其实是不值一提的。那时，如何获得对自然世界和宇宙奥秘的认识，如何探究到世界运行发展的规律和原因，成了希腊哲学家的核心问题。后来，苏格拉底进一步把哲学智慧的追求与理想人生联系起来，希望人们更好地去认识自己，认识自己的心灵世界，而获得有意义的人生。他认为，从理想人生状态的角度上看，知识与道德是联系在一起的，理性和知识被看成是道德的基础，也是道德的表现形式，有知识与理性的人，才可能是一种精神完美、心智健全的人。获得对世界的认识和了解，成为有知识有理性的人，便是实现完美人生的过程。在这样一种背景下，西方哲学的一大传统是对纯认知活动的偏好，认识的目的并非主要是基于实用的考虑，并非是为了运用知识达致现实的具体功用，认识本身就成为一种有价值的人生目标，获得真理或智慧本身便已成为认识的最高也是最基本的目标。也就是说，哲学认识是为了获得真理，真理本身就是认识活动的最高也是最后的目标。这是一种纯探究与好奇力量驱动下产生的对世界进行认识和了解的认知活动。在这种对世界对自然的探究中获得知识，本身就是一种人生的美好境界，是一种人生的精神享受。通过哲学上的理性思辨而感受到人的本质和力量，哲学因此成为一种最高层次上的精神享受和生命乐趣。正是在这样一种文化背景下，西方哲学不仅对自然哲学有着较为久远的历史与传统，就是对生命问题、人性问题做探讨的人生哲学，也有较为突出的理性色彩，比如苏格拉底提出"知识即美德"的命题，将理智、知性作为道德的基础，突出思想和知识在人格完善中的基础地位。

在东方，特别是在中国，学问从来不曾作为一种单纯的求知行为，凡为学，旨在明道求人，与人生理想联系在一起。因而中国传统哲人，其精神努力与思想追寻，更多的是从现实人生的角度来考虑的，哲学是一种人生哲学，一种生命哲学，是达到人生幸福和完美的方式。因而从哲学的角度来关注历史、关注社会人伦与道德秩序，从现实人生的角度来探究具体的社会伦理与社会道德问题，成为中国传统哲学的一大特色，也构成了中国传统哲学的主要内容。同样，中国传统哲学还特别看重理论认识的实际功效问题，重视人生理性思考的实用性和现实性。重个人的践履而不长于纯理念的思辨是中国传统哲学的一大特点。认识的目标是为了现实的人生，是为了解决现实人生和社会的具体问题。所谓"究人伦、重践履、学以致用"，以及"知行合一"，正是中国哲学对知识和智慧意义的理解与要求。中国传统哲学并非完全不关注现实人生以外的纯知识性问题，但却认为知识的价值总是应该与世俗的人生和现实的社会需要发生紧密联系才得以显示出来的。儒家哲学关注的是世俗人生的基本道德与伦理问题，而对自然世界和科学逻辑思维并不太看重。所谓"知行合一"的"知"，是"良知"的"知"，是一种心灵世界里的道德自觉，应该是既知且仁，正如《中庸》所说的"尊德性而道学问"的仁德兼备境界。因而中国哲学体系中最为发达的是与道德和伦理有关的知识，而不是关于科学认知活动和自然奥秘与规律方面的。就此来说，中国传统哲学有着更明显的向伦理哲学或道德哲学倾斜的特征。在对道德的追求方面，与希腊苏格拉底哲学强调认知、知识来自人的理性有所不同，中国哲学对于道德的追求更看重"内省"、"感化"和"身教"，更看重道德人格力量的潜移默化与示范垂训。哲学并不只是一种抽象思辨的"形而上"之学，而是一种可以实际操作和运用的人生知识与智慧。如何通过这种道德上的内省与自觉，通过人格的完善与心性的修养去解决社会和人生问题，是中国哲学家们的主要旨趣所在。同时，在儒家传统那里，个人无法个别地完成人格的升华与修养，个人必须在忠、孝、诚、信的社会人伦关系中才可实现个人的价值。这样，在中国和东方哲学那里，哲学成为人生的实践活动，成为建设社会道德秩序和伦理秩序的方式。中国哲学的这一传统，有助于集中全社会的智慧与才能运用于国家和社会的治理，从而形成中国传统社会中发达的政治智慧和管理智慧，这是中国文明长期延续和持续发展的重要原因。

虽然东西方哲学的关注重点有所偏重，但哲学在本质上都有一种形而上的、探究世界本原与人生意义的特点，它是一种人的生活不可缺少的精神活动。在现代条件下，尽管人类的生活世界正在发生巨大的变化，现代科学技术的突飞猛进和人类精神世界的深刻变化使传统哲学面临许多挑战，哲学本身的重点在近代以来也经历了本体论、认识论、价值论、实践论的几次大的转换，特别是它在20世纪以来还曾受到种种"后现代主义"的各种消解哲学的挑战，但作为一种最能反映人类本质属性的精神活动，哲学对于现代人类，对于现代人生而言，依然具有特别的意义。虽然哲学本身会随着时代的变迁与社会生活的变化而相应地变化，哲学的基础与指向也会相应有所调整，但哲学的价值，哲学的意义，哲学存在的合理性与必要性，等等，并不会因此而消失或被完全消解。当代哲学综合了古代和近现代东西方哲学在科学哲学和人生哲学方面的优势与传统，在实现自身转换的同时，在一个更广泛的层面上成为人类现代科学与人生智慧的基础。就现代人而言，通过哲学精神、哲学启迪、哲学思维的修养与熏陶，将更好地得以理解人生的意义和世界的本质，理解生命的价值与生活的目标，将生活中的经验与实践加以整合提升，获得一种对人生、对世界的基本看法，找到人生的终极性目标与安身立命的根本。虽然真正成为一个职业哲学家的，在现代社会中只可能是极少的一部分人，但获得良好的哲学素养与哲学熏陶，却是理想人生的一个重要而不可或缺的部分，因为它可以使人得以超越人生的许多局限而在一个广阔的精神世界里使生命得到升华。

同时，哲学还是一种对所有的科学研究都必不可少的理论根基与文化底蕴。这种厚重坚实的理论根基与文化底蕴，不仅为各个学科构建自己的学科理论体系与方法论体系提供了最一般的思维框架与原则，而且有助于我们摒除科学研究与学术活动中那种浮躁肤浅、浅尝辄止、急功近利、追逐时髦的风气。这对于科学研究事业，对于任何一所大学或任何一位科学家而言，都具有特殊的意义。因为无论是从事自然科学研究，还是从事人文科学、社会科学的研究，都需要有方法论、认识论方面的训练，都需要有超越常识误区、日常经验陷阱的抽象思辨和理论概括，都需要形成规范、严谨、和谐的科学认知结构与治学风格。而哲学，正是使人的认识从常识和现象进入到理论和本质的通道。获得良好的哲学理性与逻辑思维的熏陶，将使科学研究具有一种持久发展的源泉与动力。

如果我们从这样的意义上理解哲学对于人类知识与思想发展的特殊意义，那么我们可以看到，对于一所追求最高学术境界的大学来说，它要想产生自己的杰出学术人才，它要想产生自己一流的思想家和学者，它要想形成自己深厚而富于创新性的学术精神与治学传统，它就需要在它的学术传统中形成某种哲学精神或哲学气质。一流的综合性大学，应该建设一个一流的哲学学科或哲学专业，培养或延揽具有思想原创力和个性气质的真正意义上的哲学教授，为大学里的所有教师和学生不断注入哲学的素养和理念，提升这所大学的理论思维能力，培实垫厚这所大学的理论土壤及它的师生对科学真理的执着信念与献身精神。深厚的哲学精神可以为一所大学提供一种不懈追求智慧、寻找思想、捍卫真理、守护崇高的内在激情和

第二章 人文学科的主体

恒定力量，可以使一所大学充满对科学之无限世界的永恒而不懈的好奇、惊诧、怀疑并执着追问的精神。

同时，哲学所具有的那种不拘泥于任何具体知识领域的自由精神和开放原则，使它还可以以一种哲学的方式把综合大学里众多差异极大甚至看似完全不同的专业、学科沟通起来，使人看到众多学科和专业差异背后的在科学精神与学术原则方面的本质性联系与普遍规律，看到自然科学、社会科学、人文科学、技术科学之间的共同基础，从而突破一切知识与思想的壁垒鸿沟而把握到科学、艺术、理性、情感之间的内在统一性，达致一种"观会通而握玄珠"的完美境界。而这一切，对于提升一所大学"汇纳百川、兼容万家"的学术品格与学术胸襟，对于筑造一所大学的学术尊严和学术规范，对于摒除那种一味随波逐流、迎合时尚、急功近利的浮躁浅薄风气，具有特殊的意义。

当然，人们也还可以从哲学理想思维和逻辑体系的严密、完整、统一气质中感受到一种独特的精神之美，体会到理论思维和抽象理论的优美与和谐，感受到理性智慧启蒙了生命、思维之光照亮了心灵时的那种激动。就此而言，哲学实际上还包含着丰富的美学价值与艺术价值，它也能给人带来独特的精神审美享受，一种源自心灵深处的真正的精神愉悦和快乐。正因为此，哲学这一古老的人类精神追求，也就成为"人之所以为人"的一种人的生存方式。

第三章

人文学科的境界

宋代文学家苏轼，年轻时熟读经史，既深受儒家理想的影响，同时又对老庄哲学和佛学禅理有深入见识。无论是学术还是人生，他都努力将理想信念的坚持与心灵自由的超然结合起来，他强调学问与人生得有一种内在的旷达开阔意气与通览精神。他曾对人说："天下之事，散在经、子、史中，不可徒得。必有一物以摄之，然后为己用。所谓一物者，'意'是也"（葛立方《韵语阳秋》）。在我们看来，这"意"就是苏轼的生命境界，是他得以在诗文辞赋、书法绘画诸多方面成就卓著的内在神思气韵。他的《念奴娇·赤壁怀古》、《赤壁赋》等诗文辞赋，都是因为将诗之美、文之情、史之境、哲之思融为一体而成为不朽作品的。因为有这样一种心灵意气，苏轼的文章辞赋，任情而行，随意而止，"虽嬉笑怒骂之辞，皆可书而诵之"（《宋史·苏轼传》）。正所谓"石蕴玉而山辉，水怀珠而川媚"（陆机《文赋》），有诸内而形于外。

文学、史学、哲学等诸多学科，虽然各有自己的学科形态，有各自独特的表达形式，但有一个共同的内在灵魂，就像青藏高原那雪峰连绵的雪域世界，虽然千峰耸立，各有神韵，却又诸峰相连，相呼相应，浑然天成，这才共同构成了气势磅礴震人心魂的苍茫雪域世界。在这统一的天地宇宙间，人文学者尽可以纵横其才情，驰骋其志意，正所谓"天地入胸臆，吁嗟生风雷。文章得其微，物象由我载"（孟郊《赠郑夫子鲂》）。

今天，我们需要重建人文学科的这一整体精神与品格神韵，跨越在文史哲诸学科间人为构筑的那些有形无形的界限，拆除造成各学科相互封闭隔绝的藩篱，重建其内在的联系，从而使文学、史学、哲学重又回归到它作为人类精神家园与心灵故乡守望者的本真意义上来。

一、天地人浑然天成

中国古代思想家庄子，曾讲过一个奇异的故事，说远古之时，这世上有一个生命叫"混沌"，说它是中央之帝，它本是一个完整的浑然一体的生命，但因无四肢七窍，被认为不合常理，南海之帝倏和北海之帝忽便将其凿以七窍。可日凿一窍，七窍凿成之日，这"混沌"便死去了。这则寓言，其实是想说，这世上有些东西，本只能是一种整体性的联系性的存在状态，只有在这种有内在联系的状态下，它才是它自己，它才有它的特质与本性。如果你把它凿空了，成了残片，它就只剩下一个空壳，它的鲜活魂灵与本真生命就失落了。人文学科大体也是这样一个整体性的世界，虽然可以把它分成文学、史学、哲学、艺术学等几个部分，但这几个部分只有在一种整体性的联系性的状态下存在，它才有生命力，才能成为人类的精神家园与心灵故乡。

我们看历史上，一个思想家、诗人、作家和史学家，往往因为有这样一种文史哲贯通的心胸志意和才华，才会有不凡的成就。中国儒家文化的奠基者孔子，是一位学识开阔、志意高远的人，他在诗歌、音乐、史学、哲学、政治、军事、外交等方面，都有广博的志趣与见识。他创办私人学府，聚众讲学时，"弟子盖三千焉，身通六艺者七十有二人"（司马迁《史记·孔子世家》）。孔子本人既学识开阔，更有这么多精通六艺（礼、乐、射、御、书、数）的学生门徒，所以他才能整理集文、史、哲、艺为一体的"六经"——《诗》、《书》、《礼》、《乐》、《易》、《春秋》，在诗歌、文学、史学、哲学、艺术、伦理学诸方面多有创造，完成百科全书式的儒家思想文化体系的创建工作。

人类的精神意义世界，人类的心灵情感世界，是一个气象万千却又浑然一体的统一世界。虽然这个精神与情感世界，可以表现为不同的文学情感、诗性艺术、历史意识、哲学智慧、美学观念等，但一个以人类的精神情感世界为关注对象，以人文理想为生命根基的学者，会有一个宽广而丰富的心灵，会有一个敏觉而多思的志趣，他不会认定自己是某个专业的固定职业者，不会把自己的情感与理想、自己的治学兴趣与研究工作限定于人为划定的某个学科领域内，他会凭他的情感与理性，凭他的对于人生的理解与期待，在他的心灵感受视野所涉及的一切关乎到人类心灵情感的地方，做出自己的理性思考与情感体验。

在中国文化发展史上，司马迁是一位光照后世的史学家。他的史学著作《史记》被鲁迅称为"史家之绝唱，无韵之离骚"，因为这部奠定中国古代史学基本品格的著作，融汇了诗之艺、文之情、史之境、哲之思诸多品格神韵为一体。其艺之美，其情之切，其境之远，其思之深，达到了将诗人之丰富细腻情感，史学家之通达开阔视野，哲学家之深邃理性智慧，浑然天成地融合在一起的境界。如果我们了解司马迁的生平和志向，我们就会知道，司马迁本是一个有着诗人纤敏气质和文学家横阔才气的理想主义者，一个有着哲学家严密思维与冷静理智的古哲先贤。正因为如此，《史记》才得以在中国古代文学史占有特殊的一席之地，其在中国古代哲学史上也有特别的影响。他著书修史，其实不过是要借了史学这一文化形式，来建造他对于宇宙，对于人生，对于人类之文明做总体理性思考与情感体验的一个精神世界，达到"究天人之际，通古今之变，成一家之言"的境界。因而，他不会将自己的思想与情感表达方式局限于纯史学的范围内，只要需要和可能，文学的、诗歌的、艺术的、哲学的各种情感与智慧，都会进入他的视野中，进入他的作品中。优美的文笔，宏阔的才情，通变的思想，生命与著述互为根基的生存方式，正是司马迁及其《史记》垂范后世名留千秋的魅力所在。

　　继司马迁之后另一个杰出的史学家班固，写下的《汉书》可以看成是中国古代史学史上与《史记》双峰并峙的另一作品。班固作为一个官方化的历史学家，在思想的自由与治史之理想方面，较之司马迁已经显示出某种境界上的消退，但总的来说，班固依然是一个才华横溢视野广阔的学者，这是他的《汉书》得以流传后世并得到广泛赞誉的重要原因。在中国文化发展史上，班固并不仅仅只是作为一个史学家而名留史册的，他是一个在文学方面有重要成就，一个在中国诗歌史上有特殊地位的诗人。班固创作的五言诗，被认为是中国五言诗歌发展史上最早的作品，他对五言诗的形成和发展，起过重要的作用。特别值得注意的是，班固还写下了中国文学发展史上第一首《咏史》诗，正是从班固开始，最能体现中国古代诗歌之民族精神与审美品格的"咏史诗"，就作为中国古代文学一个伟大传统，一个文史哲浑然一体的光辉传统，煌煌地发展起来了。

　　如果司马迁、班固没有贯通文史的才华情志，没有诗人那样的丰富心灵，没有对人类历史与命运的深沉哲思，他们的作品就不会那样地感动人心，那样地为后人所世代传诵。

　　后代的学者们，都努力去继承这一融通文史哲的学术传统与精神品格，往往在文史诸领域都多有建树。唐宋文坛的各位代表人物，无论是"古文八大家"还是刘知几、朱熹等人，其实也都多是在经史子集等文史哲诸领域深有造诣和成就的学者。北宋文坛领袖欧阳修，"文备众体，变化开阖，因物命意，各极其工"（吴充《欧阳公行状》），是一位在散文、诗歌、词曲等方面都有很高成就的大家，他领导了北宋诗文革新运动，开创了宋代诗坛的新局面，其词也对后世产生重要影响。欧阳修其实是一个专业历史学家，文学诗歌不过是他业余的爱好。他主持编修的《新五代史》，不仅有很高的史学成就，而且他对于历史，对于历史学，也有许多重要思想，有着独到的治史方法与经验。然而，正如这位自称为"醉翁"太守的欧阳修自己所说的那样，"醉翁之意不在酒，在乎山水之间也，山水之乐，得之于心而寓之于酒也"（欧阳修《醉翁亭记》），他所兼备之文章众体，诗文也罢，史学也罢，词曲也罢，都不过是用来表达他的思想、志向、情感的手段或形式而已，所以只要能表达这种思想情感，用何种文体也就不必太在意了。大可不必如今人那样，将自己限制在某个学科之中。而说到最后，我们其实应该说欧阳修是一个政治家，一个一生将其思想、知识、学识运用于国家治理和政治实践中的人，他的所有学术研究都不是自外于人生实践之外的，而是一个知行合一、行中求知的行动者。

再如宋代学者苏轼，人们都将他看成是一个文学家，一个诗词大家，其实，苏轼一生关注天下，报效国家，写得最多的是关于治国治世的论史文献和政论文赋。围绕着国家治理与社会民生问题，他一生写下了大量的论史评古、思索生命与天地宇宙的文章诗词，我们从《贾谊论》、《晁错论》诸文中，便可看出这位才情不凡的诗文大家对历史治乱兴亡的独到见识。而他的"人生到处知何似，应似飞鸿踏雪泥；泥上偶然留指爪，鸿飞那复计东西"（《和子由渑池怀旧》）、"横看成岭侧成峰，远近高低各不同。不识庐山真面目，只缘身在此山中"（《题西林壁》）等诗文，却正是一个诗性的哲思世界，一个融通天地人的世界。与苏轼并称为"苏黄"的宋代另一诗人黄庭坚，其诗词才气和艺术灵魂，常常来自《史记》、《汉书》所构造出的开阔深远的精神境界的感染与滋养，他甚至说："三日不读《汉书》，便觉俗气逼人，照镜，则面目可憎；对人，亦语言无味也"（《汉书评林》）。另一著名诗人秦观，与黄庭坚同属"苏门四学士"，他在诗词上的成就也很突出，他写下的"自在飞花轻似梦，无边丝雨细如愁"、"可堪孤馆闭春寒，杜鹃声里斜阳暮"等诗句，是中国古代诗歌里美丽清幽的艺术境界。而他与黄庭坚一样，在历史领域有深厚的基础，他们都曾熟读经史，在朝中从事过文献编纂之类的工作。深厚的儒学功底、历史眼光与经史才识，对他们在文学诗词上的成就，实有着重要的影响。秦观《踏莎行》中的"雾失楼台，月迷津渡。桃源望断无寻处"的生命感叹，《望海潮》中的"无奈归心，暗随流水到天涯"的岁月挽歌，正透着诗人深沉的历史情怀。

总之，人文世界本是一个有着内在统一精神气质的知识与思想领域，虽然现在我们可以把它划分成文学、史学、哲学等学科或专业，但它们在本质上应该是血脉相连浑然一体的。所谓天地有灵本心境，万物有情皆在心，文史哲内在的灵魂与精神，必须用心灵去整体把握去体悟。一个优秀的史学家，不仅应有深厚的史学功底，还同时应该有丰富的文学情感、深沉的理性哲思，需得有细腻的诗人气质、超然的哲人心胸。

同样的，一个文学家，一个哲学家，他所面对的人文情感与意义世界也是这样一个统一的世界。你读屈原的长诗《天问》，"曰遂古之初，谁传道之？上下未形，何由考之？冥昭瞢暗，谁能极之？……"诗人在这三百多句的长诗中，一连提出了一百七十多个问题，内容涉及自然、宇宙、历史、哲学、政治、伦理，展示了一个浪漫诗人博大而深广的心胸视野。如果你再读苏东坡的《念奴娇·赤壁怀古》，"大江东去，浪淘尽，千古风流人物……人生如梦，一樽还酹江月"，这诗文辞赋，是文学的还是史学的？是哲学的还是艺术的？其实，它们都天然融合在了一起，它不过是用了诗性的语言与艺术的意象，通过对一段段的生命往事与历史旧梦，做出对于天地宇宙，对于生命意义，对于兴亡成败的哲思追问。

苏轼曾说，对于人生，对于这宇宙世界，其实都是经过了人的内在心灵世界才变得可以把握，才变得有意义的，所谓"自其变者而观之，则天地曾不能以一瞬；自其不变者而观之，则物与我皆无尽也"（苏轼《前赤壁赋》）。人们都把老子、庄子看作是中国春秋战国时代的著名哲学家，智慧的追求者，但他们的哲学思想或哲学观念，却也可以看成是一个文学艺术的世界，一个有诗歌之美的哲学世界。老子对人生，对宇宙，对生命与天地的哲学思考，与他曾是一个史官有着莫大的关系。对历史内在精神的思考，对过往时代兴亡成败的参透洞悉，是老子哲学思想形成的基础。所谓"木体实而花萼振"（刘勰《文心雕龙·情采》），这正如禅宗对佛性之获得，不能一点一点分割开去获得，而只能以一种"顿悟"的方式，从心灵上整体去把握佛性一样。

我们知道中华民族是一个特别具有历史意识，重视历史经验教训的总结以作为垂训后世资源的民族。中国有着世界上最为源远流长的专门化历史学、方志学和文献学的传统，来作为实现这种历史垂训功用的基础。在中华文化的发展进程中，许多诗歌、文学、哲学和音乐也是与历史联系在一起的。那些伟大的诗人，那些在文坛、诗坛上长久留下身影的诗人、作家和文豪们，大多都有这样的历史情感与历史意识。他们将自己的文学情感与艺术才华，同对人类，对生命，对国家、民族、同胞的关爱联系在一起，融合在一起。他们是一些能自由来往于文学与史学、诗歌与史学、艺术与史学之间，能自由地从文学、诗歌、艺术的领域进入史学天地或历史领域，并做出理性思考与情感体验的人。那些优秀的历史学家们，也往往有着优秀的艺术才华与文学诗歌素质，不仅在文学史艺术史上留下他们的一席之地，而且还把他们的文学艺术才华，把他们细腻丰富的文学情感与诗人气质，天然地融合在他们的史学著作里，内在地结合于他们的历史思考中。

在中国传统学术史上，文学诗歌的神思气韵与抒情领域，始终是内在地与中国深远的史学传统，与中华民族特有的那份历史情感联系一起的。对于在中华大地上生长的诗人与作家来说，他有着一个世界其他国家其他民族的诗人往往不具备的诗歌创作背景，那就是他是生长在这样一个有着上下几千年不曾中断历史的国家里的作家诗人，他生来就是作为这个数千年文明史长河中的一员，而进行他们的艺术追求与情感体验的。在这样历史文化背景下生长的作家诗人，他内在的心灵结构与情感天地，会被这数千年的历史所塑造。而在他一生的艺术追求与文学创作过程中，他也不可能不面对这份巨大的历史文化遗产，不可能不对这份依然对现实、对作家个体生命产生影响的历史有所思考，有所体验。这悠悠往事，漫漫岁月，这数千年兴亡之迹，盛衰之运，积淀了多少情感，包容了多少内容，它可以向诗人向作家提供那么多的感受生命、体悟人生并用以进行文学诗歌创作的素材与背景，它足以激起任何一个有才华有细腻情感的作家与诗人的创作激情与诗文灵感。这使得文学与诗歌，在中华文明这个独特的精神情感与意义世界里，天然地与中华厚重的历史往事，形成了一种难以分解的内在联系。唐代刘禹锡的一首《石头城》咏史诗曰："山围故国周遭在，潮打空城寂寞回。淮水东边旧时月，夜深还过女墙来。"诗中似乎并没有说太多的东西，但无尽的岁月沧桑悠悠情怀，却已尽在其中，正如后人所评："只写山水明月，而六代豪华俱归乌有，盛衰之慨令人于言外思之"（沈德潜语）。就这样，多少个世纪，一代又一代的文史学者，作家诗人，往往把历史当作了呈示他们的文学情感，展示他们的文学才华，满足他们的文学创作愿望的广泛空间与坚实平台。而正是因为他们深沉细腻的情感与动人心弦的艺术，使得这些直接关注社会、关注历史、关注人生的咏史诗歌，这些与国家民族兴衰成败相联系的思古抚今、感时伤怀的咏史作品，不再是空泛的政治议论和说教，而是感动人心、有着审美价值的文史作品。唯其如此，方使得中国古代的文学与诗歌，具有了另外一种特殊的人文意义和社会意义。如果我们不了解这一点，就难以真正把握住中国文学艺术的独特意义和精神价值，难以真正体悟到中国古代文学诗歌中那有别于世界其他民族文学诗歌的美学神韵，也就难以真正理解中华民族的独特性格与生命追求。

就一般的情形来说，文学与史学在中国古代文化发展史上是相互有别的，早在春秋战国时代，就逐渐地分成了经史子集等不同的学术与思想领域。司马迁之《史记》，自不同于曹雪芹的《红楼梦》，刘勰的《文心雕龙》亦有别于刘知几的《史通》。但我们却又知道，在中国学术史上，人们常常将《史记》与《红楼梦》对举，将《文心雕龙》与《史通》对举。之所以如此，不仅在于它们都是中国古代文史发展史上最重要的著作，而且在于它们都有一种共同的内在灵魂，一种共同的精神与情感。《史记》与《红楼梦》之所以成为中国古代文史领域两座并峙的山峰，就在于它们有一个共同的特点，那就是这两部著作都是它的作者用自己的心灵，用自己的生命，用自己生命的血与泪写成的。这两部书的背后，都有一个鲜活的生命，有一个情感丰富才志高远的心灵。其实，千百年来，中国文学和史学有一个共同的传统，就是从来不把自己从对方那里严格地隔离开来，而提倡"文史不分家"，这可以说是中国学术传统的一大特点。如果说刘知几的《史通》相对于刘勰的《文心雕龙》有什么不同的话，那就是刘知几因过于强调史学与文学的区别而不能像刘勰那样将文史贯通起来，因而刘知几的《史通》就在思想高度与情感丰富的境界上，比刘勰的《文心雕龙》低了一层。而刘勰著《文心雕龙》，对"文"的理解与见识，开阔而高远，他把经史辞章等各类文体都放置到广义的"文章"领域当中来考察，统一来把握各种古代经典文献的内在统一精神与共同品格。他说："圣贤书辞，总称文章，非采而何？"他认为所有文章，都应该有深挚情感，有音色文采，而他对"史传"、"诸子"的论述，对后世的历史学家、哲学家也都有重要的影响。

如何理解古代中国文学与史学间的这一既分又合、既合又分的看似矛盾的现象呢？其实中国文化的一个特点，中国文化的一大魅力，就是差异中的和谐，对立面的统一，就是可以把看似有差异的，不同的，甚至矛盾的两个事物统一在一起，联系在一起，并存在一起。对于中国传统精神与思维方式来说，合，不是绝对统一，你我不分；分，也不是互不相干，两不相容。分与合都是相对与辩证的，是共存的状况，是在追求差异中的统一，多样性中的和谐，差异中的并存，差异中的互补性共存。从这样的思维角度上来理解文史哲不分，这三者是一种差异中的统一，统一中的个性差异共存。我们说文史不分，追求两者的统一，不是说两者就是一回事，混淆在一起，而是追求一种精神上的统一，一种灵魂上的统一境界，也即是神合而不是形同。

在中国古代学术史上，"文史不分家"的理想，可以从外在形式与内在精神两个方面来理解。现在人们讲到"文史不分"，往往只是孤立地从文章形式或表达语言这样的层面上理解，认为史学应该有文学一样的文采，有文学那样动人的语言和情节，这样历史学才可以被普通的大众所接受。这种"文史不分"其实只是技术层面上的不分，是形式与方法上的不分。这种"文史不分"当然也是有意义的。从史学的角度来说，史学在不影响它的记事功能、叙事功能的前提下，应该有这样的魅力。像司马迁的《史记》，被鲁迅称誉为像屈原的《离骚》一样，因为它记事记人、叙物叙事不仅准确，而且语言本身确也写得那样优美、动人，是"无韵之离骚"，因此《史记》也就成了"史家之绝唱"，流传千古。司马迁成为中国"史学之父"，与《史记》在文学史上也占有一席之地，而且是特殊的一席之地，是有很大关系的。这是就史学应该有文学的文采而言来谈"文史不分"的。

如果只是从这样的意义上来理解文学对于史学的意义，那它更多看重的主要是文学中的辞章辞藻。但在这个角度上所说到的"文学"，只是强调了文学中的"文"（文者，纹也，美丽的纹路，即语言之文采），还不是文学中的"学"，即文学中的内在精神、灵魂、理想、意义与价值。要使这文学中的"学"成为可能，就必须不仅仅停留在"文采"的境界上，而是有"文采"但更超越了"文采"，而进入"史"的领域，将"文"与"史"在理想、意义、价值、道、精神这样的层面上结合起来。

中国传统学术中所强调的"文史不分家"，自有着另一番深刻的历史情感历史意义的哲思与追求在里面。这种哲思与追求，是把历史意识、历史情感、历史思维看成是中国学术的特殊内核，不仅是史学要有文学的文采，有文学的情感，同时，文学作品也应该有历史意识和历史眼光。文学情感应该有历史理性的思考与意义的追求的提升，才能成为伟大的文学作品。从文学角度上来说，中国文学发展史上的"诗言志"品格，便是主张文学作品须以历史之往事为言志的对象与抒发情感的基础，以历史之智慧、历史之情感、历史之超越，来作为这文学情感的文化底蕴，以深沉的历史意识与历史哲思，来言自己的志，来抒自己的情，来感受生命的力量与意义。因而在中国历史上，从事文学的人，更强调如要在文学创作、文学研究甚至文学阅读与文学鉴赏中有所成就，有所收获，不仅要"文史不分"，更有必要"出文入史"和"由史入文"，即走出纯文学的天地，带着文学的情感进入史学的理性世界中去，以史学之理性、哲学之运思来提升文学之情感，以史学的开阔眼光和哲学的理性智慧来审视文学之个人生命，将个人之命运、情感种种上升到人类历史高度上来，上升到宇宙与道的哲思境界上来，那文学中的情感，既是个体人性的，又是宇宙普遍的，既是当下眼前的，又是永恒长存的，如此，文学之境界才高，品格才超然出众，那才可成为文学之"大家"、"上品"。我们读陶渊明的《饮酒》诗，那"此中有真意，欲辨已忘言"的无语境界，我们读苏东坡的词赋，那"人生如梦，一樽还酹江月"的生命感慨，都是将个人之生命境遇，个人之文学情感，提升到一个更高远开阔的历史理性与哲学运思高度上来的努力。

在中国传统学术的世界里，"出文入史"或"由史入文"，是说应该在精神境界上将文学、史学、哲学内在地联系沟通起来，把那文学之美、文学之情、文学之景，以历史为底蕴而提升于一个更高远、更旷达、更深邃的境界上去。从形式来说，文史哲是各有不同的，即便是在文学、史学、哲学内部，其体裁、结构、文体、结构也分化明显，比如在文学内部，诗、词、赋、戏剧、小说、杂文，就各有不同的形式，史学、哲学内部这种区别也一样，但从精神境界与心灵结构上来说，文史哲三者又必须互为根基，互为底蕴。

在中国传统学术那里，一个文学家如果没有历史学的学养，没有历史学特有的那种看待事物的深刻眼光、宏观眼光、整体眼光和达观通览眼光，没有历史学的那种理性、智慧、超越，就会过多地沉湎于个人感情化的世界里，他的这份情感就难以提升到一个更高远更开阔的境界上去，就缺失了某种更为普遍和永恒的东西。而一个史学家如果缺乏文学修养、艺术熏陶，如果没有哲学素养、理性思维，他的史学可能会少了一分感动人心的情感蕴涵，少了一分启人心灵的哲思与智慧，从而成为一堆仅仅记载往事的流水旧账，一堆失去灵魂的陈年旧事。同样的道理，一个哲学家如果缺乏文学之情、诗歌之美、史学之境，他的哲学可能因少了一分人性的因素而成为某种外在于人之心灵与情感的冰冷知识，成为一种脱离了历史与人生的冷漠概念推演，成为一种缺乏心灵感动与情感提升的纯哲学知识堆砌。对于哲学家来说，所谓掌握历史学的背景与眼光，还表现为他应该有一个很好的思想史或哲学史视野，一个对于人类心灵成长与智慧演进做通达把握的历史眼光，一种来自于历史背景与历史岁月的对人类多元化理想与信念的宽容眼光、包容意识与赏析心胸，而这一切，对于一个哲学家免于思想的决断与偏执，免于思想的极端与绝对，也是十分重要的。

二、咏史诗文史合一

文史哲浑然而一体的思想与情感境界，我们可以在中国古代源远流长的咏史诗传统中，得到具体而感性的体验。

咏史诗，也可称之为"咏史哲理诗"，它是用那诗性的语言，用那诗性的艺术来对过往历史之沧桑岁月，来对过往历史之如烟往事做哲理的思问与情感的体验。那些流传千古的咏史诗，往往是将那艺术之审美、文学之情意、史学之时空、哲学之问思，融为一体，化而为一，在相互交融中对人类的精神情感世界做整体性的体验感悟。所以当你读一首咏史诗时，你不能仅从文学的角度来看它的文学成就，也不能仅从史学的角度来看它记载了什么史实，当然也不能仅从哲学的角度来看它有什么哲思议论，你只有把它们结合在一起，放到一个更高的层面去整体把握，你才能真正理解这诗的美，理解它的深意与境界。可以说，咏史诗不仅真正体现了中国古代学术传统"文史哲不分离"的境界，而且还构成了古代中国一个最有民族个性与民族精神的文化现象，也是理解中华文明独特的心灵结构、情感空间、思维特征的一个关键。

古代中国，有"诗的国度"的称誉。诗歌，乃是中国古代文学的基本形式，而咏史诗，则是中国古代诗歌世界里的一个特别的组成部分。特别值得注意的是，中国文学史上有过许多杰出的咏史诗人，而这些诗人，以今天的标准来看，其实他们既是诗人，又可以看成是史学家、哲学家。他们的诗歌，往往将那文之情、史之境、哲之思，做整体的把握与运用，来思考追寻人类命运与生命意义。读这些诗歌作品，你会感到，古代中国人的思想与情感已经达到了怎样精细、深沉、浑然一体的成熟程度。这些咏史诗的作者们，不仅有杰出的文学才华、诗歌创作艺术，不仅对如烟往事悠悠岁月了然于心，而且对于人类的命运，对于国家的兴亡，也从来就有着深深的忧思与关注。历史究竟是什么？是可以把握的吗？"兴废由人事，山川空地形"（刘禹锡《金陵怀古》），历史是可以认识的，却也是让人感叹的，你怅望千秋，只觉"人世几回伤心事，山形依旧枕寒流"（刘禹锡《西塞山怀古》），诗人们以文学之情、艺术之美、哲学之思来反思历史，通过对过往的如烟往事和岁月的反思回望，来寄托内心那份幽深细腻曲折蜿蜒的情感，来探究和思考历朝历代的兴衰成败，并对人类寄予深沉的关爱。唯其如此，这些咏史诗作品才得以成为千古绝句，成为万世警言，成为一个提升起来的纯精神理念世界，而深深感动后人，启示后人，流传久远。

每一个民族的心灵结构，往往是由它的历史塑造而成的。如果你是一个对中国古代历史有所了解的人，你或许应该对于"家国兴亡自有时，吴人何苦怨西施。西施若解倾吴国，越国亡来又是谁"（罗隐《西施》）这样的咏史警句的深意会然于心，会懂得诗人为何说"后王何以鉴前王，请看隋堤亡国树"（白居易《隋堤柳》）；你也或许应该为"入郭登桥出郭船，红楼日日柳年年。君王忍把平陈业，只博雷塘数亩田"（罗隐《炀帝陵》）这样的历史哲思而心灵有所触动，可能会对"意态由来画不成，当时枉杀毛延寿"（王安石《明妃曲》）、"虽能杀画工，于事竟何益！耳目所及尚如此，万里安能制夷敌"（王安石《再和明妃曲》）这样的历史思问深为认同；你也或许会为"生当作人杰，死亦为鬼雄。至今思项羽，不肯过江东"（李清照《绝句》）这样的历史挽歌深为叹怀，会被"寂寂江山摇落处，怜君何事到天涯"（刘长卿《长沙过贾谊宅》）这样的咏史情感所牵动，会为"遗庙丹青落，空山草木长。犹闻辞后主，不复卧南阳"（杜甫《武侯庙》）这样的赤诚丹心而感动。你又是否会在读了"人事有代谢，往来成古今。江山留胜迹，我辈复登临"（孟浩然《与诸子登岘山》）这样的诗句而心有所感，行有所动，去努力成就一番自己的事业以无愧于生命呢？

有的咏史诗，也可称之为"感怀诗"，它并不以某件具体史实为咏叹对象，也不必明确涉及某个明确的历史背景，而只是从一种最普遍的角度上，来对历史，对人生，对历史的本质与人生的意义，做心灵的感怀与体悟。唐代诗人李峤一首《念奴娇》："山川满目泪沾衣，富贵荣华能几时。不见只今汾水上，唯有年年秋雁飞"，一生尽享荣华富贵却最终眼见国败人亡的唐玄宗，听了此诗，凄然而叹曰："李峤真才子也！"其实这不过是一首普通的咏史感怀诗，只不过因为它写出了一种千古不变的人的生命困境，因而可以让所有的人都有所感触。许多时候，我们面对茫茫往事，悠悠岁月，一种怅望千秋抚古叹今的情怀自会涌上心头。昔者往矣，今我来兮，可"前不见古人，后不见来者。念天地之悠悠，独怆然而涕下"（陈子昂《登幽州台歌》），那无端而起的思古幽怀，那无法排遣的心灵孤寂，就这样常常充溢于我们的心中。生命本苦短，岁月亦无痕，那"千古兴亡多少事"（辛弃疾《南乡子登京口北固亭有怀》），有谁说得清，有谁能参透，真是人生如梦，唯有一樽还酹那千古之江月。多少个世纪，一代又一代，那来去无踪的生命感叹，那幽思难寻的岁月挽歌，就这样时时在不经意间悄然涌上人们的心头。

中国文学史上的咏史诗，并不是欧洲古代希腊那样的"史诗"，它不是以叙事长诗的形式来记载历史，也不是以叙述性的长诗来记载一些大型的传说故事与神话，如欧洲古希腊的《荷马史诗》等。中国古代，"史"与"诗"在形式上是比较早地就分开了的。述事记言的功能，更多地交给了比较早地就独立发展起来的史学。中国古代史学的发展有一个明显的特点，即它比较早地摆脱了神话和宗教的影响而成为一种独立的文化形式，并以述事记言之功能去追求信史的目标。中国古代的史学家们，追求"信史"的境界而不是停留在神话传说的框架内，甚至要把古老的神话传说也改造成可理解可把握的历史，如孔子对古代神话传说的人文理性阐释，把那些超人力的神话与传说都还原为人的世俗生活，解释为符合中国儒家观念的人文理性状态。另外，中国古代的文学即"诗"则又更多地是向抒情诗方向发展而不是向叙事诗方向发展，因为叙事记事已经主要由史学来承担了。当叙事载物记言的任务更多地让给了史学，抒情言志感怀也就成为诗歌的核心，成为诗歌的基本内容。因而在古代中国，史以记事、诗以言志的传统就比较早地形成了。文史所关注的对象，所采取的形式，其重点与区别是明显的，它们各有了自己的特定对象与表达形式。其实，这种分化与区别，也正是文学与史学走向成熟的一个重要标志。当然，中国古代的诗歌，也并非完全不记事，不记物，但诗歌中涉及之事与物，却是与言志抒情相联系相统一的，所谓"托物言志"、"借事抒情"，即是如此。

但是中国古代史学与文学（诗歌）的分，只是在形式上作了区别，而在内容上，在精神上，在追求的境界与理想上，却又始终有着本质上的联系与统一，始终追求着共同的理想与精神。这种统一的具体表现，就是中国文学中形成的一大主题——咏史诗。咏史诗当然与史学相联系，但它是咏史而不是记史，是怀古而不是叙史。它不是像"史诗"那样用诗歌去记载历史，而是以诗歌的语言、诗歌的情感、诗歌的境界，去感悟、咏怀、吟唱、反思历史趋势、历史潮流、历史精神、历史命运、历史智慧、历史经验、历史教训，进而去思考人生的意义、追问历史的本质，去体会感受历史给人的智慧和情感。咏史诗可以说是史与诗的一种特殊结合，是历史与现实的一种特殊结合，就此来说，古代中国，文学与史学又是从来不曾真正分离过的，而是始终结合在一起的，只不过，在中国文化史上，史学与文学的结合，结合的基础与方式，却是自有其独特之处，自有其内在的神韵与哲思。

在中国文学史上，不少的诗人、作家、史学家都写过咏史诗。这些诗歌，往往将诗性与理性、诗情与史实、哲思与感悟融为一体，借景抒情，托事言志，以感怀生命，褒贬善恶，扬抑美丑，评价兴衰，探究得失。许多时候，咏史怀古诗与山水田园诗、送别忆旧诗往往并无明显区别。在同一首咏史诗歌里，写景与写情，景语与情语，理性哲思与诗性感怀，往往是水乳交融般相互结合在一起，形成了一个集文史哲为一体的审美境界。

在中国古代文学史上，有许多诗歌体裁或曲牌，比如民歌《杨柳枝》，都曾被广泛用来写咏史哲理诗。《杨柳枝》是一种很早就出现了的民间诗歌形式，在六朝时期称为《折柳枝》，后人可以不断填新词翻唱。诗人和作家往往借写杨花柳絮，来写岁月沧桑人世情感。唐代诗人白居易曾写有《杨柳枝》组词赠刘禹锡，第一首诗云："六幺水调家家唱，白雪梅花处处吹。古歌旧曲君休听，听取新翻杨柳枝"，刘禹锡和诗云："请君莫奏前朝曲，听唱新翻杨柳枝"。在中国古代文学传统中，烟柳飞絮，往往多与离别送友、劝留友人这样的情景联系在一起。刘禹锡《杨柳枝》之八："城外春风吹酒旗，行人挥袂日西时。长安陌上无穷树，唯有垂杨管别离。"为什么世上那么多树，中国古人却将离别情感更多地赋予杨柳枝，赋予漫天之柳絮呢？我们知道，中国古代，人们饯行辞别之处，多是在城门外之驿站或酒肆，这些地方，大多种有杨柳，或已形成柳林。如王维诗《阳关曲》："渭城朝雨浥轻尘，客舍青青柳色新，劝君更尽一杯酒，西出阳关无故人"，诗中写清晨的古城门外，一场春雨刚过，柳色新新，人们在此送别，依依难舍，或折杨柳以赠，或攀柳而悲。你看那杨柳依依，轻抚人心，本惹人感伤，而"柳"与"留"谐音，也有借柳表达劝留、留念友人之意。白居易《杨柳枝》之八"人言柳叶似愁眉，更有愁肠似柳丝。柳丝挽断肠牵断，彼此应无续得期"，之三"依依袅袅复青青，勾引春风无限情"，之九"一树春风千万枝，嫩于金色软于丝"，都写尽柳叶、柳枝、柳条、柳絮之千般姿态在人心中引起的种种感怀。这样，经漫长岁月里的生命积淀，古代中国的文化世界里也就形成了这样一种渗合着岁月感怀与生命哲思的文学情感，因而人们一说到柳，一看到柳，便会与送别、离别、思念等情感联系起来。所以刘禹锡才说长安道上树木虽多，管别离者，唯有垂杨耳。这里，刘诗中用了一个"管"字，是十分精妙的。本来，这大自然之柳枝柳絮，本是无情无思之草木、自生自长之植物，何来人之千种情感万般心事？一个"管"字，其实本是人外加于柳枝柳树的。柳绿柳枯，絮飞飘浮，本是大自然气候变化所致，与人心伤别感离有何干系？但诗人却不愿这样认为，而是要赋予它情感，不仅赋予它一种情感，还赋予它一种关怀人类情感的职责，管人类的生离死别相思相恋。可是，细腻敏感的古代诗人还会这样想，这柳枝也是有生命之物，柳枝虽可折，也有折尽的时候。离人送别时总折柳相送，黄周星便问："想垂杨亦不胜攀折，正见苦无替代耳"，白居易《杨柳枝》之七有"叶含浓露如啼眼，枝袅轻风似舞腰。小树不禁攀折苦，乞君留取两三枝"。你看，古代诗人的情感是多么丰富，想象是多么独特。

大千世界万事万物，一切都要经过心灵这个中介过滤才得以进入人的世界。古代诗人的情感世界已经发展到十分精细曲折幽深的程度，可以去观察理解这么细腻的情感世界。诗人不是用身体感官的自然本能来把握这世界，不是以外部直接刺激人的本能欲望与生理应激来认识这世界，这是中国古代文化的一个特点。千百年来，柳、竹、梅、兰、菊、松、荷等，都已经被诗人赋予特别的情感色彩与品格神韵，已经成了一个情感与意义的精神世界，它们自有内在的艺术化诗化追求。而当这些诗化的自然生命进入诗人的作品中时，它们往往是与诗人对历史、对岁月的追思感怀联系在一起的。我们都知道苏轼写过许多感怀历史与生命的诗歌，而他通览古今的达观豪放心胸，其实是与他热爱生命热爱自然且丰富细腻的艺术情感互为基础的。他不仅写过"大江东去，浪淘尽，千古风流人物"这样直抒历史情怀的咏史诗，也写过曲幽委婉咏叹柳絮杨花的诗："似花还似非花，也无人惜从教坠。抛家傍路，思量却是，无情有思。萦损柔肠，困酣娇眼，欲开还闭。梦随风万里，寻郎去处，又还被莺呼起。不恨此花飞尽，恨西园、落红难缀。晓来雨过，遗踪何在？一池萍碎。春色三分，二分尘土，一分流水。细看来，不是杨花，点点是离人泪"（苏轼《水龙吟》）。在这首词里，苏轼把柳絮杨花那花非花、雾非雾，似花又是雾，似雾又是花的神态写了出来，是一首写得细腻而情致缠绵的咏物诗，从中我们可以看出，一个伟大的诗人，其情其意，其志其思，本是既幽微曲折而又通达宏阔的。

　　唐代诗人刘禹锡写的《杨柳枝》十二首组词，也是这样一个将文学之审美情感、史学之岁月往事、哲学之追问反思融为一体的情感世界。其中有一首是这样的："炀帝行宫汴水滨，数株残柳不胜春。晚来风起花如雪，飞入宫墙不见人。"这首诗是借当年隋炀帝行宫外漫天飞舞之残柳败絮，来写作者对隋朝历史的感怀评价，以警示后人。诗人借写轻柔飘荡的柳絮来感怀历史，但写出了让人想不到的另一种深层情感，一种内在的气节与悲慨。在诗人看来，炀帝荒淫不君，导致国亡身失，如今当年的隋朝行宫外，只留得残柳数株。而这些残柳败枝，已是如此柔弱，不胜春风之摇荡。那春风中扬起的柳花如漫天大雪，都纷纷然飞入宫墙内躲避，似若羞见时人矣。诗人说，你看这柔弱轻盈的柳絮，因想到自己乃当年亡国之昏君所植之物，尚自觉羞见后人，纷纷躲入宫中，而那些当年的隋朝旧臣，在隋朝灭亡后，根本不曾想到国亡主灭，你我都有一份责任，有一份内疚，反而纷纷入唐做官，真是扬扬然无羞恶之心，比之轻盈的柳花，这些隋朝旧臣也应该深感羞愧矣。真是柳絮虽轻，却巍巍然有泰山之千钧，睨世之傲骨；权臣虽贵，却昏昏然轻如腐木浊气。

以这样一种诗性的语言和情感来反思追问历史，自有一种感动心灵的力量。我们知道，以历史上之荒淫君主失国身亡的教训为题材作思考探究，既是历代历朝的历史学家们所持久关注的主题，同时也是中国咏史诗的一大传统。夏之桀、商之纣、秦之嬴、隋之炀，其亡国之旧事，都是史家和诗人们追思咏叹的对象。刘禹锡这首诗以柳絮、柳堤、柳林来咏叹隋亡史迹，感思历史教训，是有一个特殊的历史背景的。当年，隋炀帝修大运河，曾在运河堤岸上种了许多的柳树，隋朝灭亡了，但运河柳堤上却依然年年清水长流，岁岁春绿秋黄，种种景物，都存留了下来，后人见景而怀，感叹前朝往事，写下许多以隋堤河柳来托物言志、感物咏史的诗篇。刘禹锡的这首咏史诗，如果只从审美的角度来看，也是很感动人心的。你看那旧城墙外烟柳氤氲、漫天飞絮本就会惹人心生怅然，再联想到隋朝灭亡、宫中无人的事象，更让人感叹嗟息。在这里，对历史的思考与批判，就因为有了这样一种诗性情感与理性哲思的进入，而变得更加有力，更加富于人性情感了。

三、才情意融通品格

文史哲的核心品格，文史哲的恒久魅力，在于它必须是美的，是有情感，能感动心灵，启人心智的，故刘勰才说"情者文之经"（刘勰《文心雕龙·情采》）。文史哲之所以有这样一个内在的统一灵魂与整体精神，是因为人类的心灵世界本是一个可感动的有情的世界，所谓"因情而造文"，"文缘于情"，本是人文世界的本质属性与基本品格。千百年来，人文的世界无论怎样变化，无论学者们有怎样的治学风格与旨趣，却有一个亘古不变的原则，那就是只能是"因情而造文"，而不可"为文而造情"（刘勰《文心雕龙·情采》），没有情，没有心灵的感动，没有人间的真情，就不会有人文的世界。你若没有情，你是为文而造情，那文章一定是卖弄的，虚假浅浮的。当然，在文史哲的世界里，仅有情是不够的，这情，即便它很真，也需要艺术化的提升，需要诗性的美化，需要哲思的提升与历史的观照，它才可以成为艺术之情，文学、史学、哲学之情。同是一份情，同是人生的忧伤愁绪，为何有的就成为了千古传咏的感人绝唱呢？回溯人文科学漫漫的发展史，我们便可以知道，这人的情感，确实也是可以提升到一种艺术的审美的境界上去，提升到一个更高远的历史时空境界上去的。这里，我们要简单地说一下中国古代诗人表达自己心灵世界与情感的特殊方式，这将有助于我们更好地理解文史哲的这一内在统一灵魂。

中国古代的诗人、作家，包括史学家们在内，往往有一种古老文明熏染下生成的心灵结构与感受能力。凡自然宇宙间之一草一木，一山一石，一鸟一蝉，凡岁月长河里之一人一事，一景一物，一得一失，诗人都赋予了人文之意义和情感之色彩，由此而建立起了中国人那个人性化的生命世界。这个人性化之自然世界与人文世界，也就成了一个可理解可亲近可把握的有情世界。当然，在中国古代诗人和艺术家的眼里，这外部世界的意义，即是由诗人心灵来感知来赋予，那么因为不同的诗人有不同的生命体验，有不同的情感世界，因而这外部的世界也就会因诗人的内心世界之不同而不同，它由此而变得那样丰富，那样千姿百态。所谓"感时花溅泪，恨别鸟惊心"（杜甫《春望》），其实正是心中有感，心中有恨，花才溅泪，鸟才惊心；所谓"露从今夜白，月是故乡明"（杜甫《月夜忆舍弟》），其实露何夜不白，月何处不明，只因你今夜心有所念，情有所哀，才觉露白凄冷，故乡月明。这正是以心观世界，心之不同，世界亦相异。又有诗人说，"应知早飘落，故逐上春来"（何逊《咏早梅》），把诗人心灵当作梅花之心灵，不说这是我的心灵，而说是梅花的心灵。诗人说，梅花大概也知道自己飘落得早，所以赶在正月就开起花来了，如果梅花不知道自己会早早地飘零，它怎么会这么早就开，怎么会努力去追逐这春天的脚步呢？这其实是诗人对一种美好事物终难长久的感伤情感，但诗人不是直接说出自己心中这种情感。为什么呢？我们常说，中华民族是一个重情的民族，但中国人的情感既是丰富的，又是委婉的；既是强烈的，又是深幽的。在中国特有的这种文化世界下，人的情感的表达，应该有一种境界，它应该是一种诗化的形式，一种艺术化的形式，而不能是一种粗俗浅薄的形式。如果你有一份深深的感情，直接地本能地说出来，当然也可以，但在艺术化生存的境界上来看，它就失去了人之情感应该有的一种美丽与动人之处，一种诗意的审美境界，别人也就感受不出你的情感的美好。当然，如果是一个普通人，在日常生活中，这样直接地表达就行了，可是在诗人的情感里，在诗歌的世界里，就应该有所提升，否则就不可能有诗的世界。诗人正要把这种感情美化，要把常人都有的情感提升到可以具有诗歌和审美属性的境界上来。怎样来提升这情感的境界，怎样来使这普通的情感具有审美的特征呢？诗人常常是将人的那份情感与一种美好的事物联系起来，比如，与梅花联系起来，通过写梅花来写心中的情感。诗人在诗歌里说，梅花是多么感情丰富细腻的生命，它也多么珍惜自己的青春，知道自己生命的短暂，美丽不能长久。它因为知道自己的生命短暂，所以追逐着春天，早早地就开了。其实，梅花哪里有这种情感，梅花只是一种植物，它花开花落，只因季节气候变化引起，是大自然中的一种自然现象。不是梅花知道自己会早早凋零，而是人知道梅花会早早凋零，这梅花在孟春时节早早就开了，是因为人知道这早早开的梅，也会早早地凋谢。

对美丽生命短暂难久的感伤，对美好事物终将消逝的忧愁，是人的一种情感，但现在诗人不是直接说，而是以写梅花来写人的这种情感，这就是人的情感的艺术化与诗化，也就是海德格尔期盼的那种"人诗意地栖居大地上"的人之情感化生存方式与生存状态，也就是我们说的人的艺术化生存。艺术化生存是一种美化的生存，是人之所以为人的一种美好的理想的生存状态。可是，这美好的生命却是必定要失去的，必定是短暂难留的。面对现在这美好的梅花，人们就会想到它凋零残败时的未来。也就是说，在现实人生中，艺术化生存，诗化的生存，永远是一种不可企及的梦想，或许它从来就不曾出现，也许它也会短暂出现，但最终有的只是美梦破灭英华消损的现实。而当这美丽终于无可挽留地逝去，当诗人早就忧愁的生命凋残无可阻挡地到来的时候，诗人心中的幻灭感就深深如海了。故有诗人说"惜春长怕花开早，何况落红无数"（辛弃疾《摸鱼儿》），我喜爱这春天，希望春天的到来，可是我又知道这春天是短暂的，我因为珍惜这春天而怕（甚至不愿）春天来得太早，因为它来得早可能也就去得更早去得更快。这是一种多么无奈的对生命状态的感受。现在，春天还是无可挽留地匆匆而去了，落红满地，飘零四方，正是"春去也，飞红万点愁如海"（秦观《千秋岁》）。无情飞红如是，这有情的生命与往事，伴着漫漫岁月之情，和着悠悠历史之魂，同样是这样无可挽留地流逝而去了。

天地宇宙，生命岁月，本就是这样一个浑然而一的世界，那内在灵魂与精神，对于作家、诗人、史学家、哲学家、艺术家来说，本是同一个世界，同一精神与情感的世界。其实并非梅花有忧伤，而是你心中有忧伤。你心中无忧伤，怎么可能托与梅花？所谓"托物言志"，"借景抒情"，无志怎以托物，无情何需借景？所以，梅花盛开可以使正思乡怀远的游子见之而有感落泪，也可以使钟情的人触景兴怀而充满喜悦，"感时花溅泪，恨别鸟惊心"，花开何以触泪？是因为你心中本有感伤！鸟鸣何以惊心，是因为你心中正有恨别！"国破山河在，城春草木深"，山河依旧，但家国已亡，所以觉得旧日山河与城郭都是伤感的世界了。如果是一个达观的诗人，一个面对逆境与失败能坦然应对的诗人，一个为了理想与美好事物而甘愿牺牲自己的人，一个相信未来还会孕育着希望与春天的诗人，可能会说"落花不是无情物，化作春泥更护花"，也可能会说"无可奈何花落去，似曾相识燕归来"。这就是人的心灵世界的无限丰富性，这就是所谓的"境由心造"、"因情而造文"，而这也正是人文科学学科特征形成的重要原因。

如果我们理解了中国人构建的这个特殊的"自然—心灵—历史"一体

化的情感意义世界，我们才可能读懂中国古代那些将自然、历史、生命、情感融合为一个整体的咏史诗，才能将这情感与意义的世界作为一个统一的整体，并用你自己的心灵和情感来体悟，把它化作你生命的一部分，将学问与人生、学术与生命结合在一起。有了文学滋润的史学才会真正是人的史学，才会有感动人心的岁月情怀与现实观照。有了文学之美和史学之境的哲学，才会是一种真正启智心性、提升心灵的智慧之思。从个体之人生完善与幸福来说，如果能将那艺术之美、文学之情、史学之境、哲学之思汇集于一体，融会于一身，共同来滋润熏陶心灵世界，共同来感染丰富心灵结构，那就会拥有一颗既丰富又有个性、既鲜活又深沉的健全心灵，成为一个优雅的智者。

四、文史哲统一灵魂

进入现代社会以来，随着知识与教育的工具理性与实用倾向日益明显，人类的知识、科学及思想，逐渐被分化成不同的学科。在关乎人类精神与情感世界的知识与思想的人文领域，也同样逐渐形成了文学、史学、哲学等学科，并按照这样的学科组织成大学学院里的不同专业，按照学科或专业进行教学、科研、人才培养，从而形成了职业化专门化的文学、史学、哲学等学科领域内的研究人员、教师、学者，及相关学科或专业培养出来的各文史哲专业毕业生。这些各专业的毕业生，基本上都是按照社会实际工作的需要，从职业角度来培养的，因而大学里的文学、史学、哲学的学科研究与教育也就更多地带上了一种职业教育或专业教育的色彩，其学科的内在灵魂与精神也就越来越多地从一种纯精神性的理想追求向追求实用价值与交换价值方向转化了。出于教学与人才专业化培养的需要，在专业化职业化教育过程中，在文学、史学、哲学内部，也还进一步分化成更为具体细小的学科，比如在文学内部，划分成了文学理论、文学批评、诗歌、小说、戏剧，划分成了国别文学、断代文学、专题类文学等。在史学和哲学内部，也一样划分成了众多的二级学科或三级学科，划分成了不同的研究领域和教学专业。

文史哲的相互分离，分支学科的增多，内部划分越来越细，反映了人文世界里认识领域的扩展，认识能力的提高，认识模式的具体微观化。学科划分实际上是在研究工作日益专业化和职业化的背景下进行的。人们把认识对象按照某种标准或是按照研究工作的需要与方便，划分成一些不同的领域，对其做具体的深入的研究。这样做，有助于人文科学家们有重点有选择地积累知识、掌握专业性的研究方法与技术手段，并更多地从个案的、微观的、实证的方法与角度上去把握研究对象，从而在某个相对稳定的，同时也是比较具体有限的领域内使研究工作深入下去，达致对认识对象真实图景的准确把握与细腻描述。这样一种变化与发展，它的积极意义是多方面的，首先它有助于克服传统人文科学那种可能有的笼统模糊、大而化之的缺陷，克服那种似是而非、缺乏专业意识与知识学特征而沦为一种闲谈泛论的通病。在我国，长期以来，在文史哲领域这种大而化之、总在一些无意义的话题上打转空谈的弊端，是需要学科的这种专业化实证化发展来加以纠正的。同时，我们也还应该看到，学科分化与专业化的发展，实际上也反映出今天的人文科学知识和理论的急速增长扩张，以至于今天的大多数人文科学家只能成为某个领域的专家，而较难成为古代和文艺复兴时期那样的百科全书式的人文学者，因为现代人似乎越来越难以通晓文史哲各个领域人类已经积累起来的如此之巨大浩繁的知识与学问了。

人文科学的学科与专业划分越来越细这一现象，在很大程度上也是在研究方法与研究手段上通过社会科学这一中介而过多地受到自然科学的影响造成的。从近代以来，不少人一直在力图把人文科学改造成类似于社会科学那样的"分析的"科学，那种可实证的和有严格逻辑体系的"硬科学"，由此造成人文科学对自然科学和社会科学的东施效颦式的不适当简单模仿。因为将研究对象划分为不同的部分，进行分门别类的专业性研究，是近代自然科学在其早期发展过程中的普遍趋势。它是近代工业化社会里社会分工和职业分化在科学研究领域中的反映，也是自然科学家们对自然物质世界的认识日益深入具体的表现，可以这样说，近代早期的自然科学是在学科分化的基础上建立和发展起来的。后来兴起的社会科学，由于在方法论和认识论方面本是移植于自然科学，深受自然科学的影响，也形成了将认识研究对象作类别划分的学科结构。人文科学的社会科学化所产生的影响是复杂的，从积极的方面来说，它可以改变传统人文科学那种过多偏重于思辨方法的局限，提高人文科学的规范性和严谨性，有利于人文科学适应现代社会高度专业化和职业化的需要，并使高等学校可以按不同的学科与专业设立，按照现代教育的办学模式规范地培养出一批批的文学、哲学、历史学、艺术学专门人才。

随着人类统一的精神情感世界被人为地划分成诸如文学、史学、哲学等越来越细密且相互分割封闭的学科和知识领域后，今天在文学与史学之间，在史学与哲学之间，在哲学与文学之间，形成了那样一些有形无形但却巨大的鸿沟高墙，它们不仅各行其道，互不往来，而且互不关注，越来越隔膜疏离。一个认定自己是历史学家的人，可能会渐渐地对哲学、文学失去了兴趣与关注，以为真的可以那么明显地将自己与哲学家和文学家区别开来。更有甚者，在文史哲各个学科内部，这种分割依然还在进行，无论是文学还是史学或哲学，也已经被分割成更多更细的学科了。无论是教师还是学生，学术旨趣与情感空间，越来越被这种学科界线和专业规则所束缚。比如在史学内部，搞中国史的对世界史不再关注，将作为世界一部分的中国，人为地从世界中分割出来，孤立地来研究中国史，因而对中国历史问题的理解与把握，其视野可能就是比较狭窄的。同样的，一个搞世界史的人，对中国史也缺乏兴趣，不能从中国史的角度来理解关注世界史，因而也可能少了一个比较的角度。中国史与世界史两个学科间的这种分离状态，使史学工作者做研究，搞教学，理解和观察历史，往往不能贯通中外，既不能从世界的眼光来看中国，也不能以中国的角度去理解世界，结果无论是中国史还是世界史，都往往就事论事，难于透过繁芜纷杂的现象把握住根本的问题。这应该说是长期以来我国史学界面临的一个根本性的问题。甚至，在中国史内部，在世界史内部，也分成更细的学科，中国史分成了各断代史，专门史，民族史，地方史，世界史内部亦分割成国别史、区域史等等，加之各专门化研究领域相互间往往互不往来，狭窄封闭，研究者的境界与见识都严重受限了。这种情况在哲学、文学和艺术等学科中也是存在的。

在这样一种状态下，文史哲这个人类统一的精神与情感世界，会因为支离破碎而偏离它的总体精神与本真属性，会因为过度职业化专业化而遗忘自己的根本使命，甚至可能会向着非文学、非史学、非哲学的方向异化和沉沦。比如，失去鲜活文学情感浇灌和哲学智慧作底蕴的史学，可能会退化成一堆冷漠而不近人情的故纸堆，会退化成一种没有灵性的古玩技术操作，鲜活的历史成了一堆失去生命的史实，成了教科书上那一个个干巴巴的名词解释，成了一种仅仅徒增记忆负担的让学生去死记硬背的东西。我们说，历史现象纷繁芜杂，史实史料如烟如海，一个史学家如果没有哲学的素养，没有理性思维能力，怎么能于那繁芜之历史现象背后发现真理，感受人类历史的本质呢？而就文学来说，缺失了历史厚重意识与深邃眼界作底蕴的文学，难免会陷于浅薄狭窄的自闭境地，作家和诗人的情感会成为轻飘飘的、自怨自艾的飞花流絮，文学成为一种矫揉造作的情感游戏，一种琐碎痞俗的快餐文学、调侃文学，一种浅浮矫情的所谓美女文学，这样的文学，真就少了一种境界，一种内在的品格精神与力量，文学对人性的观照也可能就缺失了一种普遍的意义与深度了。就哲学来说，没有了文学情感与史学境界作支撑的哲学，可能演变成一种冰冷的概念游戏与文字符号推演，成为貌似艰深但却已不能给人以智慧之光的所谓文本分析、语言分析、结构分析的操作过程。文史哲的世界退化成一个冷漠的、由专业行话与概念堆砌起来的纯知识世界，成了一个各个细密学科用行话自说自话的专业圈子。这样的文史哲，已经像庄子寓言中那个被凿空了灵魂的混沌那样，近乎死亡了。

当这种严重的学科分割和封闭，最终造成了人类思想的分割与断裂，那人文科学可能也就越来越远离自己的本真意义了。你看，那学科划分越来越细，而学者们的学养可能也就日益枯竭沉沦了，人们相互间画地为牢，各不相扰，各不越界。急于求成的学风，急功近利的治学态度，也往往使学者和学生难于潜下心来做贯通文史哲的长期学术积累和思想积累，而是做一些现买现卖的便于操作的简单化工作。学科的分工和分划往往造成了思想的分工，精神的分工，由此造成的思想与精神的阻隔，会使自由而崇高的人文精神与灵魂境界，迷失在界垒森严四分五裂的狭窄学科中。灵魂既失，精神既毁，情感既枯，那无论形体再庞大，结构再复杂，也可能只不过是成了一具僵硬的躯壳。于是，在人文科学的领域中会出现越来越多的谨守规则和研究领域的"工匠式"的专家教授，而古典时代的那种"任自由性情"的人文学者、人文思想家却日益少见。这样，人文科学家越来越变成一种"微观化"、"知识型"、"技术型"、"工匠型"的职业专家，而不是一种富于人文精神气质和人文关爱情感的人文学者了。

在这种情况下，按学科与专业从事具体工作的职业化、专业化文史哲教学科研工作的人，往往不会再去关注人类精神世界和价值意义世界那些对人类而言具有根本性、终极性意义的主题，而是各自在自己的狭窄专业领域内做着学究式的雕琢打磨，关注的是一些具体的学科知识问题。加上片面强调实证性研究造成研究课题"细碎化"、"微观化"、"个案化"，人类完整的精神价值世界被来自近代自然科学的那种"分析工具"和"解剖工具"条分缕析成碎片。人的情感与精神世界本是一个无形之整体，却也如人的躯体一样被外科手术分解成不同的"器官"。充满激情、理想、想象和自由精神的文史哲研究，变成一种冷漠的、受常规与惯性支配的技术性操作，一种模式化、公式化的机械运作。这样的分割，固然可能对人文世界的某些微观领域有了深入的认识，但它也可能最终使人文学科失去那种任性情、尚浪漫而作思想自由飞扬、精神幻想驰骋的特有气质。对此，研究中国古代文化史的著名学者张光直曾这样说过，"中国古史这个题目，常常依照史料的性质而分为专业。有人专搞古文字，有人专搞历史，有人专搞美术，有人专搞考古。搞古文字的人还分为甲骨文、金文。这样一来，中国古史搞得四分五裂，当时文化社会各方面之间的有机联系便不容易看出来了"（张光直：《中国青铜时代》，生活·读书·新知三联书店2013年版，第2页）。

这种状况，在整个文史哲研究领域中都是普遍存在着的，所以人们常常感叹，现在我们的大学里有了越来越多的历史学教授、文学教授、哲学教授，但却缺少那种具有精神与思想原创力的人文学者或人文思想家。对于现代人文学术研究中这种日益明显的"职业化"、"专家化"分割的现象，钱穆先生也有批评，他说中国古代学术本是一个整体，会通把握才可真正理解中国学术的精神，"但今日所谓分门别类之专家学"，治学则务为专家，"再不求融通体会"，他认为，"求为一专家，不如求为一通人，比较异同，乃可批评得失"（钱穆：《现代中国学术论衡》，岳麓书社2005年版，第5页）。

应该说，在现代这个知识急剧增长的信息化时代，现代人文学科的分化与专门化进程，在某种意义上，是有其合理性与必然性的，要想完全改变这种趋势，要求人文学者都是古典时代或文艺复兴时期那样百科全书式的大学者，也是不现实的。今天，在人文学科日益分化和专门化的同时，如何避免它的消极影响，不要画地为牢，人为地切断人类精神世界的内在的统一性与整体性，从而保持人类精神文化世界的统一性与整体性，也已经成为现代人文学科发展的一个不容忽视的问题。加强学科的沟通、融汇、整合，重新建立起被人为切断了的文史哲一体化格局，培养能将文史哲等人文学科融会贯通、不仅具有广博的人文知识，同时也对人文精神理想有深切体认的现代人文科学人才，应该成为我国今后高等学校人文学科教育改革与发展的重要内容。

第四章

人文学者的才情

3世纪，西晋作家陆机写了一篇《文赋》，说作家之创作和研究，应有"观古今于须臾，抚四海于一瞬"的心胸志向，不仅以"收百世之阙文，采千载之遗韵"为人生使命，还须有"悲落叶于劲秋，喜柔条于芳春"的易感情怀，有"精骛八极，心游万仞"的丰盈才思。在陆机看来，这易感情怀，这丰盈才思，既是文章风格之境，也是作家心灵之境，是文史学者独特的生命存在方式。后来，南朝另一著名文论家刘勰在《文心雕龙》中进一步说，文史学家和诗人，他们的生命存在方式，他们的才情志意与心灵结构，应该是这样的有所不同，他们须得有"思接千载"、"视通万里"之飘逸神思，有"澡雪之精神"，可在"吟咏之间，吐纳珠玉之声；眉睫之间，卷舒风云之色。"在刘勰期待的理想境界中，这样的诗人作家，这样的文史学者，其才其志之高远，可"与风云而并驱"，其情其意之丰富，必"登山则情满于山，观海则意溢于海"。同时，他也说，有如此锐感心灵和才情志意的诗人作家和文史学者，往往因追寻那高远清明之境而一生知音难遇，托身无所，他曾深深感叹："知音其难哉！音实难知，知实难逢；逢其知音，千载其一乎！"（《文心雕龙·知音》）

古往今来，那些以人类的心灵世界为关注对象的作家和诗人，那些以追寻精神理想、情感家园为生命归属的人文学者，他们的个性气质，他们的才情志意，他们的生命方式，往往会有一些独特之处，有一些不同于大众的地方。他们可能对世间一切生命万物都有深切的关爱之情，赏析之意，有"民吾同胞，物吾与也"（张载语）之心，视"一松一竹真朋友，山鸟山花好弟兄"（辛弃疾语），他们也或者如同释迦牟尼、基督那样，一生怀着"担荷人类罪恶之意"（王国维语），探寻生命超然之径，灵魂得救之途。他们可能特立独行而不合于时尚正统，个性张扬甚至惊世骇俗，他们可能立身尘世而心通九天，脚踏大地而游心太玄，虽"结庐在人境，而无车马喧"。他们也可能因其超凡绝伦之才情志意与不朽作品，而尽享"白衣卿相"、"桂冠诗人"之荣耀，恰如"但饮井水处，便咏柳永词"之盛景。更多的时候，他们也可能一生孤寂清寒，无人知其心志，无人明其追寻，似幽人独处无人见，如孤鸿寂寞无人省，正所谓"厉响思清远，去来何依依"（陶渊明《饮酒诗》）。唯其如此，一生超然飘逸的苏轼，也曾写下"谁见幽人独往来，缥缈孤鸿影"（苏轼《卜算子》）这样幽眇慨然的感伤诗句。

　　这样的诗人作家，这样的学者思想者，他们在心灵世界中感受到的生命快乐，他们在精神理想追寻过程中获得的心灵快乐，可能是日常生活中体验不到，但却又是人生值得去追寻去体会的。在本章中，我们就人文学者的个性气质与才情志意，就作家诗人与哲学家史学家的生命方式与生命境界，做些探究说明。千百年来，那些杰出的诗人作家，那些优秀的文学家、史学家和哲学家，他们的生命境遇本身，就构成了一幅特殊的人类精神生活图景。人类存在的价值与意义，人类生命的高贵与独特，往往就是通过这一代代殉身无悔的精神追寻者的生命本身体现出来的。

一、思接千载心游万仞

　　所谓"人文学者的个性气质与生命境界"，是我们对人文学者的生命方式、人格魅力的一种追问，是对人文学者治学风格、创作动力的一种期待向往。并不是说任何一个从事人文学术创作与研究的人，都具有这种理想主义的气质和境界。我们所关注的，是一个真正意义上的诗人、作家、哲学家和历史学家，应该有怎样的一种生命状态与才情志意，他应该如何将他的学问与他的人生，以某种适当的方式内在地结合在一起。

许多时候，人们都以为那些在精神文化史上留下不朽作品的诗人作家和思想家们，都是一些不同于普通大众的圣人。其实，就世俗生活或社会地位来说，他们也多是一些普通的人，一些寻常的人，更多的时候，他们往往可能还一生沉沦社会底层，生活贫寒清苦，所谓"天恐文人未尽才，常教零落在蒿莱"（陆游《读唐人愁诗戏作》），所谓"诗必穷而后工"（欧阳修语），"文章憎命达"（杜甫语）。诗人作家之不凡，人文思想者之高尚，本是一种内在的精神与心灵的境界，与人的外在的社会地位与权势并没有什么关系。

正因为如此，一个文史哲工作者、历史学家和哲学家，他具有怎样的一种心灵结构，他具有什么样的一种才情志意，对他的学问与事业而言，实在具有某种根本性的意义。如果对他的工作性质与意义的理解，只限于职业的谋生的层面，那他就未必具有一个人文学者的个性气质与生命境界，他从事文史哲之教学、科研、创作工作，只是一种职业行为，一种谋生行为，那他就只能是一个以人文学科为职业或谋生之技的文化人。

文史哲当然可以是一种职业，一种谋生之道，从社会之百行百业的角度来说，作为一种职业一种工作的文史哲，并不比别的职业别的工作高贵，也不过是社会三百六十行之一行而已。其实，真正具有人文精神与境界的人文学者，对普通大众更有一种关爱之情，一种起自民间的平民意识，他从不居高临下地来看待普通大众。但是，他又确实必须立足大地而仰望星空，身处民间而有一种高贵之精神。那是一种精神之兀傲与尊严，一种"兀立在沉实大地上的高贵翱翔"（莎士比亚语），如杜诗"飘飘何所似，天地一沙鸥"那在苍茫天地间孤渺而自由飞扬的高贵灵魂。

在现实世界中，一些以文史哲等人文学科为职业的人，未必具有那样的精神气质与人格特征，而一些自然科学家和社会科学家，却可能具有深厚的人文情感或人文气质。因此，所谓"人文学者的才情志意与生命境界"，是一种内在的生命追求，而不是一种外在的职业属性。因而，可能有缺乏人文情怀的文史哲教授，也可能有充满人文理想的物理学教授、经济学教授。爱因斯坦既是一个物理学家，一个伟大的自然科学家，但他更是一个有着深厚人文情感人文关怀的人，一个对于人类的命运，对于人类的精神提升与完善有着深深期待的人文思想者。唯其如此，今天世界上还有一些著名大学，给那些在物理学、天文学等自然科学领域有优秀成就的人授予的是"哲学博士"的荣誉，而不是物理学博士或天文学博士的学位。

独特的个性气质与才情志意，对于人文学者总是有着特殊的意义。人文学科本是一种唤起人类良知的精神力量，一种在人的生命世界里培植起宽厚人道精神与人性温暖的力量。而一个人文学者，一个诗人，一个作家，能否在这个心灵与精神的独特世界里有所追求，有所成就，在很大程度上取决于在他的生命世界中是否有一种可与这个精神情感相通相感的超然之志、慷慨之气，在于他能否从个体之有限生命境地中超越而起，还取决于他是否有一颗敏感、细腻、丰富的心灵，一个宽广深沉而又包容性的人文情怀，去个性化地感悟体验人的情感世界的无限丰富性和多样性，去对世界各国各民族那极为多元化与多样性的宗教情感、价值理想、道德信念、民族精神，做出理解关爱，著书立说。

从这个意义上说，文史哲等人文学科的创作与研究，虽然也需要物质上的投入，也要有基本的研究条件，但它更依赖于形成一种极富多样性和个性化的学术传统与治学风格，更依赖于人文学者保持一种好奇的、充满青年般活力的心态，保持一种超越性的理想与自由精神，从而在人的精神和情感这个无限丰富性和个体性的世界里去漫游探索，让心灵和思想自由地驰骋、幻想、飞扬、流动，追求一种在世界上"诗意地栖居"的存在境界。

中国古代的学术传统，强调知行合一的学术精神和治学原则，认为做学问也就是做人生。艺术的世界、哲学的世界、文学的世界、史学的世界，也就是作者自己的心灵世界、精神世界，是他自己的个性志向与生命理想的一种外在表达形式或存在方式。所谓"为天地立心，为生民立命，为往圣继绝学，为万世开太平"，乃是中国古代知识分子和人文思想家追求的事业理想与人生使命。这种以天下为己任的事业理想，并不是超然于思想家的生活之外的纯学术追求与知识探究，它同时也是学者们自己生命存在的基础与动力，是指导自己人生实践的一种理想与精神气节。人们强调重践履、重修身、重气节的知行合一的学术之道与生命原则，强调学者当养一浩然之气，堂堂正正立于人世。这种精神正气，这种生命理想，这种志向精神，是优秀作品产生的基础与前提。蝇营狗苟的人生，唯唯诺诺的性格，创作不出气势雄浑的作品，产生不了超凡脱俗的思想。杜甫追求的"语不惊人死不休"创作理想，并不只是个诗歌创造技巧、修辞学、语言学方面的问题，更是一个诗歌的个性气质与精神灵魂方面的问题。在西方，从苏格拉底、柏拉图的人生实践中形成的将学术与人生统一起来的传统，也影响了后世西方的学术思想史的基本走向，对后世西方知识分子的人格尊严产生了深远的垂训作用。

　　人文学者的个性气质和精神禀赋，与他的作品之间的关系，并不是一种简单对应的关系，这两者间的关系实际上要曲折隐晦和复杂得多。苍凉浑厚的边塞诗歌，可能出自一纤弱文质的闺秀之手，伟大高尚的作品背后，也可能站着一个性格低俗的作者。这是因为文史哲的作品本身，可以在精神世界的理想性追求方面展开自由的翅膀，但人文学者本人，却是生活在实实在在的社会里，他与其他人一样会表现出世俗人间之种种善恶美丑品性。尽管如此，从根本上还是可以说，一个人文学者如果没有一种独立自由精神，没有一个宽厚仁爱和富于同情心之个性禀赋，如果他的精神世界里没有蓄养一浩然之气，要写出惊天地、泣鬼神、流传千古的伟大作品来，恐怕是不太可能的。

　　一个有所追求有所成就的人文学者，他的个性气质与心灵志向，可能是清晰如水的，也可能是深藏幽深的，甚至可能是矛盾困惑的。他们也可能兼有科学理性和艺术灵性两种心灵结构与个性气质。他或者思维缜密、逻辑严谨，或者神思飞扬、任性浪漫，或两者兼而有之，但无论性情是庄重理智，还是狂放不羁，是刚劲强烈，还是含蓄典雅，人文学者要在这个以人的精神、情感、理想、意义为感悟体验对象的人文世界里留下传世的作品，感人的论著，他总会形成某种独特的个性气质与价值信念，一种超越现实向往无性的生命理想，一个情感深沉博爱而细腻敏慧的内心世界。如果没有这种人文气质、人文情怀与人文理想，哪怕有一流硬件设施和资金的投入，哪怕他受过严格的专业训练，获得过硕士、博士学位，也难以创作出感动人心的人文科学作品。唯其如此，在人文科学发展史上，那些在文学、史学、哲学、艺术领域留下传世之作的伟大学者、思想家，往往有一种卓然不群、特立独行的性格，一种"世人皆浊我独清"的圣哲先贤的孤寂人生经历和情感痛苦。

我们在人文学科的世界里，常常还会看到有一种似乎反常的现象，即那些在人文学科世界里留下传世之作，在史学、文学、哲学学科领域留下长久身影的人文学者或人文思想家，有许多并不是科班出身的职业性、专业性的历史学家、文学家、哲学家，而是一些"非学院派"或非专业科班出身的人。施宾格勒是一个哲学家，但却是对20世纪西方历史学产生重大影响的非学院派历史学家，尽管他在基本史实方面常常出错而为当时的学院派历史学家所蔑视。郭沫若本是学自然科学的，但他后来对中国现代历史学的影响却如此之大。维特根斯坦并未受过什么规范的专业哲学教育，却成为20世纪最有影响力的哲学家之一。这或许是这些"圈外的人"，"站在史学之外来看史学"，"以非哲学的目光来看哲学"，少有正统学究或学统积习的束缚，才得以放思想之自由神飞，任性情之畅快漂流，无所羁绊，无所顾虑，合上了人文科学本有的那自由精神与浪漫气质，才写出了人文科学的杰出珍品。

二、慷慨任气磊落使才

人文学科本身具有一种"自由的"、"个性化的"艺术气质（Liberal Arts），它是一个可以让人文学者们"慷慨以任气，磊落以使才"（刘勰《文心雕龙》）的精神天地与心灵世界。在这个自由的世界里，那些有着高远志向、敏觉心智、超凡才情的作家和学者，尽可以纵横其才情，驰骋其志意，他们可以在"目送归鸿，手挥五弦。俯仰自得，游心太玄"（嵇康《赠秀才入军》）的心灵状态下，"观古今于须臾，抚四海于一瞬"。因此，杰出的人文学者，优秀的作家诗人，往往都不会将自己的思想与视野限于某个十分专业的狭窄领域，人类的一切精神情感，天地宇宙间的万般景物，都会引发他的关爱，引发他的志趣。他总是这样对世界对人生充满着幻想、好奇、惊异与想象，他总会在人类精神情感的一切学术领域里出现，施展抱负，追求率性而本真的世界。

因此，尽管在现代社会，人类的知识与科学领域的专业化与分工已是这样明显，但在人文学术世界里，总是会出现百科全书式的思想者，视野开阔的人文学者，他们是人文学术世界里的"自由人"、"边缘者"，从不将自己的学术研究定位于某一点上，从不将自己的思想与目光限制在某个主流领域。而他们的个性化治学风格，他们的丰富而细腻的思想情感，也会对人们精神生活的许多方面产生影响。比如，在中国古代，春秋战国时代的孔子、老子、庄子、孟子，两汉魏晋南北朝时期的司马迁、扬雄、班固、王充、陆机、刘勰，隋唐时代的刘知几、陈子昂、李白、杜甫，"唐宋八大家"的韩愈、柳宗元、欧阳修、苏轼等，大都可以说是熟读六经、贯通文史哲的人。在西方，古典时代的苏格拉底、柏拉图、亚里士多德，近现代的莎士比亚、但丁、达芬奇、歌德、伏尔泰、维柯、赫尔德、克罗齐、柯林伍德，都是一些在众多学科领域留下有意义成果的人文学者，他们既是杰出的哲学家、诗人、文学家、历史学家，又往往可能是在文学艺术诸多领域都有突出成就和学术个性的文艺理论家、文艺批评家和美学家。同样的，在现代中国学术史上，也曾出现了王国维、梁启超、胡适、鲁迅、冯友兰、陈寅恪、钱穆等大学问家，他们都是在继承中国学术传统、贯通中外学术方面有造诣有成就的杰出学者和作家。考察他们的学术与人生，总可以感受到他们的知识与思想，他们的学术与研究，他们的才情与志意，大都有一种纵横古今、开阔高远的境界与情怀。

同时，由于人文学科领域的创作与研究，是一种具有较强主体构建性和渗透性的精神情感活动，因此每一个人文学者或人文科学家，都不可避免地会把自己的精神气质与丰富情感，把自己的爱憎好恶和喜怒哀乐等，以富于个性化的方式，直接地或者间接地，明显地或者隐而不见地渗透到他的创作过程或研究成果中去。而他的创作研究活动，他的成果作品，也可能就构成了人文学者内在心灵世界的外部表现。特别是对于那些以人文精神创作为生命意义之归属的人来说，他的文史活动自然会与他自己的生活直接对话，他的学问与人生两者间一定会相互影响、相互渗透。

在人文学科的世界里，无论这个作品是以什么样的形式出现，诗词歌赋、散文小说、经籍典志、著述文章等，总隐藏着人文学者自己的身影。他的世界观、价值观、文化观、历史观，他承继的文化传统、民族个性等等，会对他的学术活动产生复杂的影响。在某种程度上可以说，文史哲作品不过是人文学者内心精神世界的一种外在呈示。一部史学文学名著，一份传世哲学手稿，一篇美学艺术史名篇，往往离不开作者本人的价值选择与意义思考，甚至可以看成是人文学者个体生命独特性的一个外在象征。人们常说的"风格即人"、"文如其人"，正是人文学者与作品世界关系的特点。如果文史哲作品是一种"千人一面，众口一词"的统一模式，是一种无个性的标准化、普遍化、通用化、模式化形态的话，人文学术的内在灵魂与精神也就失落了。

司马迁的《史记》之不同于班固的《汉书》，汤因比的《历史研究》之有异于施宾格勒的《西方的没落》，一个重要的方面，在于作者之思想、情感、价值与文化观念方面的差异。我们读《史记》，从太史公对那些英雄人物及其悲剧命运的叙述中，从他对历史兴衰、文明更替之复杂原因的揭示中，总可以看到一个不屈权贵、人格高尚、充满批判精神的古代学者的身影。法国人文学者卢梭少年时过着一种贫困流浪的生活，经历过许多人间苦难，这使他形成了对社会不平等的强烈反抗精神，写出了《社会契约论》《论人类不平等的起源和基础》等著作。同时，卢梭又是一个从小生活在乡村小镇的所谓"外省年轻人"，宁静的乡村，小城镇闭塞的乡风民俗，给了他许多影响他一生的情感与人生信念，因而在他的思想与精神世界里有许多十分固执于乡村生活和自然天性的精神追求。那种感伤的、怀旧的、抑郁的个性气质与纤细敏感的心灵，使他写出了追求自然天性、"重返自然"的教育论著《爱弥尔》《新爱洛伊丝》，他写的《论科学和艺术》等众多揭露现代工业文明对人类天性侵蚀的论著，都与卢梭本人的人生经历有紧密关系，是他自己内心情感的自然表露。卢梭自己也认为，他的作品都是他个人内心世界与精神体验的忠实描写，而小说《忏悔录》则被认为是卢梭本人的个人传记小说。

我们说文如其人，或者说风格即人，是因为在每一部人文作品背后，都应该站着一个活生生、有情感、有意志的人，每一部作品都曲折地体现着作者的人格精神与人格特征，都浸透着作者的心血与魂灵。正如中国古代诗人白居易所说："言者心之苗，行者文之根，所以读君诗，亦知君为人。"人文世界的无限丰富性，人文学者作品的万千风格流派的差异性或作品个性的形成，在于作者人格特征的差异性与精神世界的丰富性。钱锺书说："大学问家的学问跟他的整个心情陶融为一片，不仅有丰富的数量，还添上了个别的性质。每一个琐细的事实，都在他的心血里沉浸滋养，长了神经和脉络，是你所学不会，学不到的。"在这里，钱锺书所说这他人"学不会，学不到"的，主要是指那种基于人文学者的个体经历、个性气质而产生的作品风格，你可以模仿、效法，但总会与原作有差别。

人文学者所获得的人生体验与生活经历，不一定全部都来自自己的人生经历和个体体验，也可以从时代的经历中，从人类共同经历与体验中获得必要养分和创作动力。比如，20世纪的许多西方文学家、哲学家作品中反映出的那种心灵荒原的现实，加缪、贝克特、海德格尔、萨特等作家诗人描述的那种无家可归的"颓废"、"孤独"、"恐惧"、"恶心"、"虚无"、"毁灭"，那种不可理喻的人生荒诞感和无以摆脱的精神压迫感，可能来自他们自己的个人经历，是他们对时代普遍社会精神状况的反映。如果说社会科学更多地是从外部的社会与环境规范的制约角度来把握人的精神状况，那么人文学科更多地是通过人文学者的内心世界和精神天地才得以反映外部的生活世界和社会。

因此，人文学者自己的生活积累，人生经历，岁月磨难，是其从事创作与研究工作最有价值的知识储备与专业训练。就与自然科学家相比较而言，人文学家往往大器晚成，往往厚积而薄发。事实上，人文学家的成长模式与过程似乎更加富于多样性和矛盾性。这是因为人文学术本身是高度个性化和多样性的，在人文学家将自己的人生经历与情感体验融入他的研究作品的过程中，存在着一系列复杂的中介环节和制约因素。人文学家对世界的认识和体验，可以是直接的，也可以是间接的。读万卷书与行万里路都是人文学家认识世界体验人生的重要方式，秀才不出门，能知天下事也并非怪论。所以我们知道，近代史上的德国哲学家和思想家康德，一生几乎不曾离开他出生的那个小镇，却成为一个杰出学者和思想家。这些都是人文科学家的成长模式与个性气质所表现出来的个体多样性特征。

如果说"神思"、"风骨"、"情采"、"气韵"等境界，本是人文著述的生命力所在，那它也应该是人文教育与人才培养的理想。人文教育与人才培养，总是应该在受教育者的心灵上唤起生命的鲜活之气，激起某种不死的精神。在大学教育体系中，人文学科的教育与人才培养应该是最强调个性教育和多样化教育精神的。文史哲学科的教授学者，应该形成自己个性化的治学风格和学术志趣，形成自己独特的才学品格。任何一门文史哲领域的课程，任何一个文史哲领域的研究课题，都会留给人文学者们以相当大的空间去展示他们的个性气质与才情志意。在文史哲学科领域，哪怕是讲的同一门课程，不同的教授来讲，讲授的风格、形式、方法乃至对内容的理解说明，都会形成十分的个性。而这种个性特点，这种个性化风格，正是人文科学的魅力所在，生命力所在。

唯其如此，在人文学科领域是不大容易搞标准化、通用化、模式化的教学的。我们可以有全国统一的标准化、规范化的诸如《大学数学》《大学物理学》《大学经济学》之类的自然科学和社会科学方面的大学教科书，全国统一的标准试题库与水平考试。但在人文教育领域，情况却似乎没这么简单。我们也可以编全国统一的大学文学、历史学、哲学或美学教材，因为在文史哲领域也有大量教学的内容属于比较规范的基础性知识，一些相对确定的知识性、事实性或原理性内容可以采取相对统一标准化的教学方式，但从总体上来说，人文学科应该是一种更强调个性化、多样性和差异性的教育。

如果我们忘却了人文学科的这一本真属性，那我们可能最终将会面对这样一种局面，在我们现代的大学教育里，在进行越来越标准化、模式化、工厂流水线般生产的大学专业教育中，尽管投入在不断增长，办学条件越来越好，越来越先进，越来越现代化，但却总是不易产生有自己独特思想体系的人文学者，不易产生有自己鲜明个性、才华飞扬的怪才式文史哲毕业生。如今，大学里的人文科学各学科的专业教育，无论是文学、哲学，还是历史学、美学、艺术学，越来越多地在使用全国统编的文史哲教科书，采用所谓"客观化"的考试方式，"标准化"的试题与答案，像自然科学那样来"解析"、"分析"文史哲的学科精神与丰富思想。所有这一切，虽然有助于提高人才培养的效率，达致教育资源的优化配置，但它潜在的陷阱或隐患，就是在这种标准化、统编化、模式化的努力中，人文教育的本质被忽视了。这样一种工业化流水线作业式生产出来的文史哲毕业生，虽然会掌握住人文科学方面大量的知识，但他们对人文学科那种特有的精神与气质，却可能缺乏必要的熏陶与体认。在这样一种教育体制下，人文学科领域的史学家、哲学家、美学家、文学家，也越来越把学术研究当成一种技术性操作的职业，一种工具化的生存之技，逐渐失去了人文学者那种个性飞扬、神思飘逸的品格，失去那富于浪漫气质与幻想色彩的本真天性。这种消极趋向，是我们今日进行人文学科教学改革时必须努力加以避免的。

三、幽人独往缥缈孤鸿

中国古人常说："人生得一知己，死而无憾矣！"孔子也曾说过："朝闻道，夕可死矣！"生命的理想本是内在于人心深处的知音。心灵知己于人生是如此的重要，但人生的知己知音，却又是难遇难求。南朝文论家刘勰曾感叹："知音其难哉！音实难知，知实难逢；逢其知音，千载其一乎！"（《文心雕龙·知音》）中国古代有个关于知音相逢相离的故事，一个在高山流水间心灵得遇知音，却又得而复失的往事。那位才情志意高远超逸的古代琴师俞伯牙，遇到了一位砍柴的樵夫钟子期。伯牙琴声起，子期赞曰："巍巍乎，先生之志在高山也！"琴曲一转，子期又叹："洋洋乎，先生之志在流水也！"子期能从琴声中听出伯牙之心志，听出伯牙之才情，使伯牙深为感动，他想知道，子期为什么会有与自己如此相通相感的心灵呢？相知本就难，相知而还能相遇，就更是一种奇迹了。

像伯牙这样才情志意高远超逸的艺术家，要遇知音是很不容易的，不遇才可能是常见的。可以想象，伯牙在他人生的路途上，更多的时候是没有知音的，他独自抚琴可能已经很久了。他当然希望遇到知音，但对于一个志在高山意在流水的艺术家来说，对于一个追求高远美丽生命境界的精神追寻者来说，他可能要有一种知音可遇而不可求的心理准备。你看那清寒世界里的孤鸿，"惊起却回头，有恨无人省。拣尽寒枝不肯栖，寂寞沙洲冷"（苏轼《卜算子》），虽无人明其心志，无人慰其心灵，但这孤鸿依然甘愿寂寞，自守在冷漠的沙洲上，而不肯放弃理想，轻易栖息于寒枝上。一个诗人，一个艺术家，一个精神朝圣者，他因有这样一种如孤鸿般的内心志意，他或许才可以承受生命的孤寂，他所以才可以在长长的人生路上独自行走，并在这种心灵孤独状态中独自去追寻感受那精神世界里的种种欢乐与痛苦。伯牙在没遇见子期时，他心中虽然也会有孤独，但他会把这种孤独当作他生命的常态，当作他追求高远理想与生命境界的一种自然的状态，因而他也就会在这种没有知音的状态中独自与音乐为伴，在高山之间，在流水之前，静心独处，独自去追寻去体验心灵的理想与生命境界。"千山鸟飞绝，万径人踪灭。孤舟蓑笠翁，独钓寒江雪"，生命理想的追寻过程，追寻人生理想的思想者，就是这样一种空寂落渺的状态。这种独处中的心灵追寻，这种清远世界里的理想守候，自不必别人赏识，也不为外在目的，正如"兰生幽谷，不以无人而不芳"。知音之遇让心灵不再孤独，知音得而终失又陷入到那种不可承受的孤独中，于是子期死后，伯牙便摔断琴身，从此不再抚琴了。伯牙的生命经历，是心灵独特的艺术家、诗人、精神追求者们常常会遇到的。"谁见幽人独往来，缥缈孤鸿影"，追求心灵世界，秉持生命本真，就是这样一种幽人独行、孤鸿飘游的生命状态。既然选择了一种不同的生命方式，追求一种理想的生命境界，就得面对孤独。选择了不同寻常的人生曲折之路，可能也选择了生命的精彩而告别了生命的平庸。

罗曼·罗兰说："痛苦这把犁刀割破了你的心，却会掘出生命的新源泉。"生命本身的性质究竟是什么，人生的欢乐与痛苦到底是一种什么样的感觉，又怎样能感受到人生的理想与意义，都是要由自己去经历感受才会知道它到底是怎样的。与自己的生命与心灵联系在一起的东西，毕竟是不一样的，它不是一种书本上的知识，不是学习研究来的，它是用生命和心灵去经历体验的。人文学科的第一本真意义与首要标准，就是它应该感动人心，可要感动人心，要感动心灵，这作者，这作家，必须得自己先有所感动。一个人，能否写出感动人心的作品来，总是与作者自己的人生经历与情感世界紧密相关的。这些人生的复杂与痛苦经历，可能会毁灭了一个才华纵横的诗人作家，也可能使他凤凰浴火，创作出传世作品。司马迁说："文王拘而演周易，仲尼厄而作春秋，屈原放逐乃赋离骚，左丘失明厥有国语，孙子膑脚而兵法修列，不韦迁蜀世传吕览，韩非囚秦说难孤愤，诗三百篇，大抵贤圣发愤之所为作也。"而他本人正是蒙受了巨大人生痛辱，才写下传之千古的"史家之绝唱，无韵之离骚"的《史记》。

人生经历能否转化成创作伟大作品的动力，还有赖于学者们超越自己个人经历的精神品格，或具有将个人经历上升到对人类命运做思考的境界上来的认知能力。在自然科学领域，优越而先进的科学研究环境，一流的科研设备与条件，往往可以产出高水平的科学成果，但在人文科学领域，如果人文学者们失去了这样一种人格上的独立意识和精神上的自由信念，一流的物质条件与充足的科研资金，产出的往往是一些平庸的成果或作品。即便是一个曾经写出过优秀作品的诗人、哲学家、作家、历史学家，由于人生际遇的改变，过上了一种养尊处优的权贵生活，他的精神和人格也往往会走向萎缩。人格的萎缩，精神的退化，必然造成思想创作能力的丧失、想象力的衰退乃至精神思想创作生命的死亡。所谓"江郎才尽"，非江郎创作技能之才尽，而是江郎仕途显达导致精神独创才能丧失，失去心灵自由和独立人格，也写不出有个性的东西。所以古人说"文章憎命达"，不是没有道理的。

四、结庐人境车马无喧

宋代王安石有一首写梅花的诗："墙角数枝梅，凌寒独自开。遥知不是雪，为有暗香来。"这首诗是王安石从古乐府诗"庭前一树梅，寒多未觉开。只言花似雪，不悟有香来"改写成的。王安石改这首古诗有什么用意，有什么寄托，今天我们已经无法完全了解。但或许王安石想表达这样一种看法，庭前的梅花，开得热烈，为众人所关注，为众人所赞赏，是其所幸，但未必显出梅花的真君子品格。只有那不是在大庭广众之前，而是在墙角冷落之处的数枝梅，虽无人关注，无人赞赏，但却依然独自开放，而且是在逆境中，在寒冷中开放。也就是说，一个人，如果是在独处的时候，在无人关注的时候，在逆境中的时候，你还能坚守自己的理想志意，独自去追求人生理想与生命意义吗？其实，梅花的高洁与美丽，是其自身特有的一种美好品格，它的价值与意义，并不因为是否有人赞赏有人关注而存在与否，正所谓"兰生幽谷，不以无人而不芳"，兰花开放，芳香四溢，并非要去迎得众人的赞颂，而是因为芳香清美，自是一种美好的品格，它本就是值得自己去追求的，它不会因为无人观赏、不受瞩目就放弃对美好对理想的追求，正所谓"草木有本心，何求美人折"（张九龄《感遇十二首》）。

　　这是一种内在的追求与提升，一种美好品格的自我完善，一种非功利的自我实现。人文学科关注人类的精神世界，关注人类的理想与情感，但不是离开人类生活的世界而去宗教彼岸追求。人文精神本质上是一种世俗生活中的理想精神，一种人性化的精神信念，它是人性的，温馨亲切的，而不是压抑人性的禁欲主义神学。人文理想总是立足于现实的人生与生活实践，是从世俗生活中去提升每一个普通人的生命境界，是从物质生活的世界中去把握人性的本性与意义。人文世界里的精神家园与心灵故乡，其是在人的内心深处，是人类自己构建的在人间的"桃花源"。因此，那些追寻人类精神家园与心灵故乡的人文学者，作家与诗人，思想家和哲学家，不是宗教神学家，不是僧侣、传教士和牧师，他们不是否定世俗生活与人之天性的原教旨主义者，不是告别人间生活而遁于空门的隐者居士，他们是生活在现实世界里的理想主义者。所谓"结庐在人境，而无车马喧"，可以看成是人文学者的一种理想与现实并存的生活方式和境界。

　　人文学科与宗教信仰有关联却不一样。人文学科也关注人生的终极性问题，追求生命的价值与意义，但方式却与宗教不同。人文学者是对人生对宇宙万物充满人性情感的普通而世俗的人，他们面对大自然之种种景物，有所感有所兴，便"睹物兴情，为情造文"，他们面对人生之种种欢乐痛苦，有所念有所思，便"有触于中而发于咏叹"（苏轼语）。他们关注生命终极意义与理想，向往生命的超越与提升，却又并不否定世俗人生之当下意义，而是努力将两者结合起来，沟通起来。因此，人文学者在追求人类理想与价值意义时，对人性之本真状态，对生命之自然天性，对人之现实生活，有更大的包容与尊重，有更世俗多元的视野。唯其如此，那些来自不同国家、不同历史文化背景下的诗人、作家、人文学者，总是可以成为人类交往的友好桥梁，成为不同民族、不同国家、不同文明间理解沟通的和平使者。

第五章

人文学科的精神

　　人的生存世界，或者说人的存在方式，大体上可以分成三个虽有联系却区别明显的世界。第一个世界，可以称之为人的"自然生存的世界"，或人的"自然存在方式"。人是大自然中的一种生命，一种有着自然界生命属性的"智能动物"。人的这种自然属性与生命特征，世世代代都是以自然遗传的方式来获得的，而且千百年来变化甚小。第二个世界，可以称之为人的"社会生存的世界"，或人的"社会存在方式"。人是"社会"（国家、民族、宗族、社区、村落、企业、单位或家庭等）中的一个"成员"，人是以某个"社会成员"的方式或身份存在着的。这个"社会"，它的制度，它的规则，作为一种外在的规定性，规定了人的社会存在方式与社会属性。从"人是一个社会成员"这一角度来说，人的本质，人的属性，就是那些影响着他、规定着他的"全部社会关系的总和"。第三个世界，可以称之为人的"精神生存的世界"，或人的"心灵存在方式"。在这个精神与心灵的世界里，人本质上是一种精神性的生命，一种情感与意义的生存方式。

　　人存在的这三个世界，这三种方式，或者说三个维度，相互是有联系和影响的，但又是有所不同的。我们很难说这三个世界哪一个对人类来说更重要，但总的来看，如果说前两个世界对于个体的人来说是外在规定的，是一个既定的世界，那么这第三个世界，这个精神与心灵存在的世界，却给了人一种更多的选择与追求空间。我们可以用物理学家的"宇宙大尺度"理论或爱因斯坦的数学公式来表达自然宇宙世界，也可以用杜甫的"星垂平野阔，月涌大江流"的诗性语言来表达进入我们心灵中的这个自然世界。

本章从与自然科学、社会科学做比较的角度上，对人文学科的本质特征做一探析性的讨论，讨论说明"人文学科究竟是一个怎样的知识与思想的世界"、"人文科学能够做什么，不能够做什么"、"我们怎样才能建设好真正意义上的人文科学"这样一些问题。

一、追求完美理想

人之所以为人，或者说人之所以有别于动物和物质世界，在于人是一种可以不断超越既存状态、超越自我本能属性，而将生命提升起来，去追求完善、理想、精神的创造性生命。作为人的精神性存在方式的人文学科，就是人类构建一个包含着人类理想与生命意义的心灵世界，它为人类开拓一个既立足于现实社会而又具有超越性的精神、情感、审美的天地，一个现实与理想、此岸与彼岸既相联系又相区别的世界。相对于自然科学和社会科学而言，许多时候，人文学科似乎总给人一种比较远离现实世俗人生的理想主义的感觉。然而这种超越现实既存状态而向往理想的精神气质，这种在"形而上"的精神理念世界做追问探寻的努力，正是人文学科的一个重要学科特征。

自然科学和社会科学有着突出的实验方法与实证精神，它需要的是脚踏实地，"实事求是"地面对现实，面对研究对象，一就是一，二就是二。而人文学科的气质与思维模式却有所不同，人文学科当然不否定现实既存状态对人的制约性，并不否定现存世界是人的一切精神活动的基础，人文理想并不是人文狂想，但它立身此世却又心通九境，脚踏大地更想仰望星空，正所谓"结庐在人境，而无车马喧"，它更是一个心灵与精神指向理想与天空的世界。这种理想主义品格与超越精神，告诉人们不要因为太过实际而失去浪漫幻想与丰富情感，不要因为拘泥于客观事实而背离了想象空间。

人文学科是一个对于现实生活有超越性的、精神性的理想境界，人类在无限接近它的过程中发展自己、完善自己。由此也就决定了人类永远在走向精神理想世界的路途上，永远在追寻精神家园的旅程中。它有如天上闪烁的星月，照亮着人类的历史，照亮着人类的心灵，以一种至善至美至亲的精神引导着人类超越现实，成为人类前进的动力，可谓"高山仰止，景行景止。虽不能至，心向往之。"所谓的"乌托邦"，当然是一种现实中尚不存在的精神世界，人类不能把它当成现实来看待，但从另一个角度上说，人类却不能没有一种向往"乌托邦"的精神。古希腊哲学家柏拉图在提到他的《理想国》时也曾说："天上盖有如此之国（理想国）之模型，欲之者可见之，见之者可身遵行之。至于此世界果有或果将有如此之国否，则为彼有见者所不计，盖彼必将依如此之国之律令以行，而非此不可矣。"

人文学科不仅关注世界"是什么"，而且更关注世界"应该是什么"，关注世界的"理想状态"和"完美图景"应该是什么样的。比如，作为历史学家的贾谊作《过秦论》，司马迁作《史记》，不仅考订、追述了过去历史岁月的沧桑往事，记载保存了商周更替、秦亡汉兴的历史事实，更重要的是，在这些事实追述与记载的背后，更包含着历史学家们对于人类文明理想与制度进步的向往，包含着历史学家们对于后世何以通过对理想制度的追求来避免重蹈前人悲剧的理性反思与情感体验，它不仅说明了"历史是什么"的历史事实，更想表示"历史本该是什么"的理想情感，不仅描述了"前人做过什么"这样的经验事实，更想表达"今人应该如何做"的价值追问与理想期待。有这样的人文情怀与理想的史学家们，他们"鉴前世之兴衰，考当今之得失"，是要"嘉善矜恶，取是舍非"，以便"善可为法，恶可为戒"（司马光《资治通鉴》）。这是一种显示历史学对于人类精神世界之所以产生深刻影响的理想构建过程与意义追寻努力。唯有历史学家们的这种意义追问与理想期待，才使历史得以真正复活于后人的心灵中，才赋予了过去的岁月以新的意义与价值。也唯其如此，后人研读这些史学作品，才会为之感动，为之思考。

人文学科总是力图透过客观事实的世界，去构造一个理想的意义和价值的世界，它要在已经存在着的物质的世界、事实的世界之外，构建一个审美的世界，情感的世界，价值的世界，一个以理想性、完美性、超越性为特征的，对真善美作永恒追求的世界。这个具有理想性和完美性的世界当然不是随意编造的"乌托邦"幻想，不是完全离开客观物质世界和经验事实的主观臆想，它脚踏大地却又仰望天空，它立足于现实却又具有它的超越性和理想性，它是一种精神引导和理想指向，是人类精神向往和理想追求的奋斗过程和奋斗目标。因此人文科学既是现实的，又是超越的；既是凡俗的，又是高尚的；既是理性的，又是情感的；既是一种现实的行为规范，又是一种超越性的精神追求。事实上，任何一种哲学观念、艺术情感、文学思潮、历史意识、审美方式，都表达着人文科学家对于人类精神理想世界的一种向往与追求。这艺术的世界、哲学的天空、文学的海洋、史学的殿堂，这一个个具有超越性和理想性的情感与价值意义的世界，是人类得以不断获得灵感，获得激励，从而超越现实，向着更美好的未来前进的源泉。这种情感，这种激励，可能是无形的，难以把握的，但却更是无价的。如果人文科学完全认同于现实，完全适应于既存的人生，完全用实证的、经验的、逻辑的方式来理解把握这世界，变成一种"实证科学"、"精确科学"，可能也就不成其为人文科学了。

人文学科只有与现实社会和占主导地位的社会时尚保持一定的距离，才不会成为世俗潮流与主导文化的传声筒或广告词，才有可能以一种超越的精神追求和理想信念去关注人的根本问题，发挥它对于社会现实的理性批判功能与精神构建功能。

现代工业化社会是一个物质昌盛科技进步的社会，但同时也可能是物质科技压迫人的心灵空间而使人失去个性特征的社会。无论是马克思主义者还是西方现代思想家，他们都注意到了现代大工业文明、科技知识型社会对人类精神世界可能形成的支配性影响与控制。特别是在这个后工业化时代，人的个性往往被汹涌的商业性传媒和时尚潮流淹没裹挟，人为物役，心为形役，人的精神迷失和存在异化成为现代社会的一种通病。在这样的背景下，人文学科的价值构建与终极关怀追求，更具有了特殊的意义。应该说，人文学科的精神品格与理想信念，其实在本质上并不反对也不与现代科技、经济对立，但它确实有着不同于经济与科技的价值追求与人性期待，而这样一种具有超越性和理想性的人文精神力量，将有助于保证人类所进行的经济和科学技术活动沿着健康的方面发展，保证经济的增长和科技的进步符合人类的要求以造福于人类，成为促进人类自身走向全面发展和完善的积极的力量。在人类经济高度发展科技急速飞跃的今天，人类在精神上守护这样一种人文理想，在文化上保持这样一种超越性的精神力量，无疑是十分重要和必要的。

人文学科这种追求理想、超越现实的个性气质与精神品格，未免使它常常陷入某种困境之中。它总试图在有限的时空中，从事无限的追求，那种"知其不可为而为之"的理想信念与执着精神，使它自己不时会陷入不为世俗认可的孤寂与冷落。尤其是当一种放弃理想、拒绝崇高、逃避深刻的时尚蔓延于世的时候，人文学科更可能会遭受冷落。但它既然是人类的一种本质精神需要，它就会伴随人性发展的艰辛历程而生存下来并一步步向前发展。

二、理性灵性交织

人文学科是人的精神与情感意义的世界，因而我们必须用自己的心灵和情感去体会它的内在神韵与境界，作为一种系统化的知识与思想形态，一种理论性的学科体系，人文学科必须形成相应的理性规范与学科结构，也必须具有体系化的学科逻辑结构与理性品格，有自己特定的学术风格与严谨的治学方法。因此，我们说人文学科具有诗性与理性、科学与艺术交织并存的特点。

就人文学科的理性与规范来说，文史哲各学科都是有着自己严密规范的内在体系结构与学科形态的，它们都在不同程度上表现出它的"学科性"。无论是哲学、历史学、文学还是艺术学、美学、宗教学，作为一种理论性的学术研究活动，一种思想性的知识积累与探索，它离不开人类理性的运用，离不开规范的逻辑演绎、归纳、推导，离不开文史哲资料文献的考证、分析、整理，否则人文学科就成为不可理喻的纯个人臆想。但我们说，一方面，理性与逻辑可以有不同的具体表现形式；另一方面，人类认识和把握世界的方法与手段也是多样性的。就人文学科之不同于自然科学和社会科学的一个突出特征来说，则表现在它不仅是一种建立在认知理性和逻辑演绎基础上的精神活动，更重要的是，它同时还具有浓浓的情感体验和心性感悟特征。

人文学科既运用人的理性思维和逻辑认知方式去把握人的理性精神世界，更需要以一种情感的方式，理想的方式，诗性和艺术的方式，对人的非理性世界的情感、本能、直觉、意志做出自己独特的理解和把握。这种情感的、艺术的、理想的方式，使人类可以超越现实的束缚和限制而在精神的天空中去想象，去自由飞翔，去追求一个更美好更理想的世界，因此人文学科在某种意义上可以被看成是一种具有艺术和诗歌气质的科学。换句更全面的话来说，人文学科乃是一个人类科学思维与艺术灵性交织汇通的天地，一个理性与诗性对话沟通的世界。

一般来说，自然科学所研究的自然物质世界，是一个外在于人的主体价值意向的客观存在。这个客观物质世界的结构演化与运行过程是有规律的。这些规律是独立于人的主体观念与意志而存在，却又是人可以借助于正确的认识方式和理性思维加以认识和把握的。自然科学的进步过程，便是人借助理性认识能力逐渐获得或接近关于自然物质世界规律和本质的过程。因此自然科学总体上来说乃是人类理性思维的产物，具有超越历史时空和人类文化个性特征的理性普遍性与确定性。作为一种理性的认知活动，自然科学对世界的认识，主要使用事实、原因、规律、必然性等概念，运用实验、观察、分析、推理、归纳等实证的或逻辑的方法来构建起具有一般性和普遍性的科学理论体系，形成抽象的逻辑体系和概念网络，再用这些抽象的概念、原理和定律去解释分析具体的自然现象，以力求用一种最为简约的表述方式，诸如原理、定律、公理等，从纷繁复杂的自然现象中把握事物的本质或普遍性规律。

　　社会科学在研究方法与研究手段方面与自然科学有许多不同，因为社会科学研究的对象——社会本身，与自然物质世界不一样，社会是人自己主体活动建立起来的世界，具有与人文科学相似的人的主体性特征。但是，从现代社会科学产生和发展的整个历史来看，社会科学总体上是在自然科学方法论和认识论的影响下建立和发展起来的。自然科学的概念、分析工具、研究手段移植到社会问题研究领域中来，形成实证形态的社会科学品格和特征，并使社会科学日益摆脱传统的思辨哲学和"形而上"的人文研究模式，这正是现代社会科学发展演进的基本历史特征。因此，现代社会科学，无论是现代经济学、政治学、社会学、法学、管理学，还是其他研究人类社会组织结构和功能机制的各种社会科学的分支学科，在许多方面都与自然科学十分相似，它也力图对复杂的社会经验事实进行分析，运用统计的方法，定量的方法，社会观察、社会调研的方法，对社会问题，对社会经济现象、政治现象、法律现象等社会事实和关系进行实证性的研究分析。因为虽然个别的社会事实与社会现象是不能像自然现象那样简单重复的，但社会运行的一些基本原则、关系、趋势是可以重复的。这样就可以运用自然科学的经验实证和逻辑方法来研究社会问题。在研究考察社会经验事实和社会客观现象的基础上，借助于科学逻辑体系工具，借助于清晰而确定性的概念网络，运用归纳、推导、演绎、分析等方法提出社会科学的理论、规律、原理，或提出关于社会经济政治运行发展的各种理论假设与假说，如关于人类经济行为、理性选择、社会关系结构、行为动因和结果的各种社会理论模型与规律，再以社会经验事实来对这些理论假设、理论模型与规律进行检验，实践检验与理论假设相一致或相吻合的就被认为是社会科学中的正确理论或规律而得到人们的承认与遵循。理性预期、行为动因与结果、网络结构与体制、系统关系与结构等，是社会科学领域最为广泛运用的概念工具与认识手段。

在科学方法论与认识论方面，人文学科与自然科学、社会科学当然也具有相通相似的地方，这主要表现在人文学科在研究过程中也需要运用理性思维，也需要运用逻辑的甚至实证的方法。比如在哲学研究中，就离不开科学理性和逻辑工具，归纳、分析、演绎和推导都是哲学中广泛运用的研究方法，是哲学认识世界把握世界的基本工具。而在文学、史学、美学、艺术与宗教的研究中，人文学家也是需要运用各种各样的逻辑方法和科学理性思维去进行研究工作的。对人类的历史、文化、思想、观念的研究，也可以借用或采取自然科学、社会科学中广泛使用的统计的方法、计量的方法、调研甚至实验的方法去进行研究。但是，与自然科学和社会科学相比较而言，人文学科更多的时候是以情感的方式、艺术的方式、体悟或体验的方式去把握研究对象，以更加充满激情、想象，更加自由幻想的方式去直观体悟人类的精神文化世界的。

许多时候，人们又常常把人文学科完全混同于社会科学，或归入于社会科学门下。其中一个重要理由，便是认为社会科学和人文学科都是研究人的，都是以人为研究对象的科学。确实，若从研究对象的角度上说，人文学科与社会科学是存在着明显的共同性或重叠性的，它们的研究都涉及人。然而问题在于，社会科学和人文学科对人的研究与关注，在角度、重点、目的方面是有很大不同的。

简单说来，在对人的研究和把握上，社会科学是把人作为"全部社会关系总和"之产物来看待，是从社会关系与社会环境的角度来看人，是一种"类本位"的角度，而人文学科则更多地是从个体生命之心灵世界与情感世界的角度上来关注人，是一种"个体本位"的眼光。社会科学研究的是人与人之间的各种社会关系，着眼于从一般性的、普遍性的社会规范、制度约束的角度来理解人，理解人的"一般性"社会属性，因而社会科学把人当作"类"来看待，他只对具有普遍性意义的社会规律或社会现象感兴趣，而对个别的人、特殊的现象不感兴趣。社会科学家对人性本质的揭示，只需要达到"类本质"的层面，而人文学家却不能回避个别的具体的人的存在状态。人文学家不能满足于那种抽象化了的对人的一般性"类把握"，而必须对人性做鲜活的、具体个性的直接理解体验。人文学科研究人的内心精神与情感世界，着眼于从"形而上"的价值与意义角度来理解人，因而人文学科对社会的人和个体的人都感兴趣。也就是说，社会科学虽然也研究人，但社会科学是从社会的关系、群体、规范、制度之约束角度和限度空间来"分析"人，而人文学科是从人的内心结构、意志、情感、心性的自我追求空间来"理解"人。社会科学是对人之本质的外部规范，而人文学科则是对人之本质的主体内省，这种差异，类似于中国传统儒家思想体系中对人理解和要求的"仁、礼"两种状态，其中"仁"可以看成是人的内心修养和道德自律，是从人的内心精神层面来把握人，而"礼"则主要是作为一种社会制度与社会规范，对人的行为的外部约束，两者的着眼点是不一样的。

在社会科学家那里，人只是一种社会关系与结构上的一分子，比如说，是经济学或政治学意义上的一种投资要素、一个统计数字、一张选票，总之，他是一个社会的"角色"。因此社会科学家关注的是群体状态下、社会状态下的所谓"经济人"、"政治人"、"社会人"。这是一种无差别的人性，比如，经济学家或社会学家可能会用这样的方式来概括把握人性："在一定的价格机制下生产者追求获利最大化，消费者追求效用最大化，天下人莫不如此！"大体说来，社会科学便是用这种逻辑概念的推导来将"经济理性"、"政治理性"等范畴设定为普遍的、无差别的人性。在社会科学家看来，人的本质与人的意义，只能从社会体制结构和关系的角度上得以说明。在人与社会的关系结构上，社会科学家们，无论是研究政治学的还是研究社会学、法律学的，大多持一种从社会关系角度来理解人的本质的态度或思维倾向。认为社会虽然是由人的主体行为结果形成的，但这个行为主体是群体的人、社会的人而不是个体的人，社会的经济生

第五章　人文学科的精神

117

活、政治结构、法律关系，都是一种具有客观性、规律性、因果性制约的社会性存在。一种市场供求关系、需求结构、制度安排、结构变迁，是一种"社会的合力"与"环境的结果"，其存在方式和运行过程都有一些个人不可随意设计、改变的"法则"，对于个体的人来讲，只能像服从自然法则那样来服从它。比如我们现在时常说的"要重视客观经济规律"、"要按市场规律办事"等，表达的都是这样一种意思。由于社会具有这样一种属性，就为社会科学家提供了这样一种可能性，即他们可以近似地像自然科学家研究"自然法则"那样来认识研究这些"社会法则"、利用这些社会法则，从而建立起"规范的"、"客观性的"、"实证形态的"经济学、社会学等。在社会科学家看来，个体的人在经济分析、政治分析、法律分析领域，是没有什么太大的意义的。

从这里我们可以看出，社会科学家往往把人当作无差别的"类"来看待，要从众多的个别现象中推导出一般性的"规律"、"公理"、"原则"等普遍性的东西，因而更多地是从一般性和普遍性的角度来看待人的存在，而人文学家则把人当成鲜活的、具体的、个体的人来看待。在人文学家看来，人性是那样的丰富，那样的富于个性化，人文学家对人的尊重，使得人文学家认为每一个个体的人的生命都是独一无二的，每一个个体的人的生命都是不可重复的主体，他的内心体验、情感世界，都是值得精心呵护和给予尊重的。人文学家既关注一般性的规律、原理，也关注个别的现象和特殊的事件，并且还特别关注无数个个体生命间的个性特征和独特性。人文学科尊重每一个普通的人，因而人文学家往往具有更深厚的平民意识，更深沉的对下层民众和少数民族群体的关爱情感。人文世界里虽然也有理性和逻辑，但它反对以冷冰冰的社会规范、制度、理性规则、逻辑法则来取代或漠视个体生命的存在意义，漠视他的内心激情和个体心灵感受与自由。由于有这样的区别，社会科学和人文学科在对人的研究方法和研究手段上是颇不一样的，前者尊奉普遍性一般性的理性与实证方法而更多地可与自然科学相通，可以更多地用归纳、演绎、统计、数学的方式来对人进行"一般性"的把握，而后者却在主张理性的同时更多地强调个体生命体验的独特性，强调人文学家需要用个体心性领悟与情感介入的方式来对具体的人、个别的人进行"直观而具体"的把握。

在人文研究领域，不仅需要运用类似于自然科学、社会科学研究领域里的那些逻辑概念体系和方法，还要运用事实、原因、规律等概念，而且更多地是运用诸如意义、价值、理想、情感、人格、人性、意志、尊严、善恶、美丑等概念，去理解体验人类的精神生活、宗教信仰和文化传统。一般来说，自然科学和社会科学往往从个别推导出一般，从多样性和特殊性逐渐走向统一性、一致性、简单性和必然性。自然科学家们总是力图将复杂多样的自然现象和结构进行归纳分析和简化，提炼出尽可能简单的若干原理、规律或规则去解释所有的自然现象。比如用经典物理学的几条公理、数学模型、符号公式就可以推导说明复杂的自然界物质运动的全部现象。社会科学与自然科学不完全相同，社会事件与自然事件具有不同的表现形式，比如社会事件具有不可重复性。但社会却又有其内在规定性和规律性，某一个具体的、个别的社会事件是不能简单重复的，但影响、支配、决定社会事件的一些宏观力量、基本趋势、总体进程却是可以重复的，比如在自然环境与人类文明进程的相互关系中、在物质生产与社会制度、经济基础与上层建筑的演变关系中体现出来的那些基本趋势、总体进程和宏观力量等。因此社会科学也力图用一些基本的理论与原则去解释说明复杂的社会现象，把握社会发展变化的规律或趋势。比如经济学家们总是力图简化出几条基本的经济学原理，诸如市场需求与供给的理论、商品运动的价值理论等，去说明复杂的具体的经济行为和经济现象。不少社会科学家也常常试图建立起数学分析与符号化的分析框架，比如数理经济学等。

由于自然科学或社会科学的这种实证性和普遍性特征，使自然科学和社会科学的种种理论与原理，种种知识与学说，对于现实的物质自然世界与社会生活一般都具有指导性和预见性，人们可以运用这些经过大量反复的经验事实检验而被确认为是具有普遍性和规律性的基本原理、定律、知识、理论、方法等去预测未来，去指导现实，获得期待中的结果。因此，自然科学、社会科学的理论、原则、定律、知识等，一般具有明显的现实运用价值，具有理论的可操作性、实用性，可以带来较明显的经济或技术成效。也就是说，自然科学和社会科学的功能是显而易见的，这正是自然科学和社会科学较为易于受到人们的依赖、重视和支持的原因。而人文学科则因它研究的主要是人的主体精神和价值世界等形而上的问题，更多关注的是物质之上的人的情感、心性、审美、理想和生命意义等问题，因而具有更多的独特性、不确定性、复杂性、个体性和意外性，其研究过程和研究结果也更多地渗入了人文学家们自己的观念、情感、价值判断因素。这使得人文学科的研究成果往往难以用经验或实验的方法来加以检验或证实，也往往不具有自然科学或社会科学那样明显的可操作性和实用性。人文科学因而需要形成适应自己特定研究对象和学科性质的研究方法与研究手段，比如解释学方法、接受学方法、发生学方法、精神分析学方法、心灵顿悟与情感体验的方法等。许多时候，人文研究活动更需要借助于人文学家个人的精神体验、生活积累，靠心性的领悟和感受。

三、古老而又常新

人类对存在目的与终极意义的不懈追问，是一种与人类全部历史相伴相随的永恒需求，因而人文学科常常被人们称之为"古典学科"、"古典学术"或是"古典思想"。在人文科学的世界里，无论是哲学、文学还是历史学，都充溢着浓浓淡淡的怀旧情绪，飘动着丝丝缕缕的乡愁情感，围绕着那样一些古老的命题，这是一个有厚重传统的天地。但另一方面，人对生存价值与生命意义等终极问题的追问，本身又是一个人类主体实践的历史过程。每一个时代的人，每一个不同历史文化环境下的人，都要在自己的时代，依据自己的需要，靠自己的努力，重新去追问解读这些古老的命题。由此，又使那些古老的主题都成为时代的主题，成为现代人超越现实向往未来的精神追求。既具有浓浓的古典主义气质，又具有鲜活的时代精神，既是"古典的"、"怀旧的"，又是"现代的"甚或"后现代的"，在变与不变的既矛盾又统一的辩证运动过程中曲折向前发展，正是人文学科的一个突出特点，也是其发展模式不同于自然科学和社会科学的一个重要方面。

自然科学和社会科学的发展史，一般可以呈现出较明显的知识总量积累、水平日渐提高、理论日益完善的科学成长进步史图景。特别是在自然科学领域，已经在科学发展史上被前人解决了的问题，已经在实践中或理论上被检验证实是正确的理论和原理，后人便不需要再去做重复的工作。除非有了新的观察事实或社会实践与原有的理论或定律相矛盾，需要对之做出修正，否则后人是可以利用这些已经被公认的原理或理论去指导自己的实践活动，或在此基础上开始新的探索以将科学进一步向前推进的。因此自然科学演进史（部分地也包括社会科学的演进史），如同一条向上向前的不归之路，是一种新的取代旧的，不断从低级到高级、从落后到先进、从量变到质变、从科学的常规积累到发生革命性变革的进步发展史。

人文学科也会呈现出知识日渐积累、学科不断进步、理论日渐完善系统的进步图景。但人文世界里有许多具有永恒探索意义的问题，诸如人的本质、世界的意义、生活的目的、生命的价值，什么是幸福、理想、正义、美丑、善恶，怎样的人生才是有意义的，等等，所有这一切涉及价值与意义的问题，它们本身并不像自然科学里的某些物理化学现象那样存在一个确定的答案、普遍性的定律，可以一劳永逸地加以解决。人文世界里的精神与情感问题，价值与意义问题，是一些与人的主体实践和历史进程相联系的问题，人追问着它们，而其答案本身却又取决于人自己的历史实践活动，它的答案正隐藏在人的主体性历史实践活动中，它会随着人的实践的发展而得出新的结论。人的实践的发展性和变化性，决定了对这些问题的解答本身也是历史的、实践的、变化发展的，它并没有一个固定不变确定性的权威结论。这些价值与意义领域的问题，会随着人类历史实践的推进，时代的变迁和环境的改变而呈现出不同的性质与意义，需要人文学

第五章 人文学科的精神

121

者对它们做出新的解释与理解，赋予这些永恒的话题以新的意义。因此人文学科是最古老而又常新的学科。

人类的文明经历了漫长的历程，不同的时代有着不同的特殊问题，而世界各个国家各个民族各种文化，更是各具特色互有不同。但是在时代更替、文明分野的背后，人类却有着一些共同的永恒的追求，有着一些相同相似的情感与愿望。人文学科在漫长历史中总是围绕着一些基本的观念，围绕一些永恒主题，而做出不同时代的阐释。比如，在西方思想的范畴里的那些关于理性与情感、知识与美德、正义与勇敢、灵魂与信仰、国家与个人的思考，在东方思想的范畴内的那些关于仁义、礼智、诚信、忠孝，以及关于天命人事、内圣外王、自然中庸、穷通常变的思考，都有着超越时空的价值与意义。对这些普遍的永恒性的问题的思考，后人的观念和看法会与古人、前人不同，但不能简单地说后人就一定比古人、前人"先进"、"进步"，因为它们都作为人类的一种精神与情感追求而在人类心灵与精神发展史上留有永远的光辉。

在人文学科发展史上，可能有着一些后人似乎永远无法超越甚至企及的精神思想高峰，有一些与某个历史时代相联系的文学、史学、哲学和宗教思想与经典产生，有一些精神文化方面的"巨人"出现。比如，古希腊的史诗、雕刻与建筑艺术，文艺复兴时期的绘画与音乐，莎士比亚的戏剧，巴赫与贝多芬的音乐，中国的唐诗、宋词、元曲，公元前后在东西方出现的伟大思想与宗教，中国的儒家与道家经典文献，佛教、犹太教、基督教、伊斯兰教的典籍与思想，似乎都成为后世不可重现或后人无法越过的精神思想与文化高峰。因为这些思想与文化，这些文化典籍与学说，是在一个特定的历史条件下产生出来的，而这种历史时代和环境却不可重复。后世的人们，后世的人文学者们，需要对那些历史经典和古老的思想进行不断地重新理解，重新解释，根据各自的时代条件和自己个人的观念、思想和人生经历，去重新体验感受这些历史文化经典的意义，并赋予它们新的时代内容。在相当程度上，以后的人文科学的发展史，不过是对这些人文精神世界里的"经典性的"文献、思想、学说进行反复的解释和重新的理解。尽管这重新的理解与体验已经被赋予了新的内容，并由此可以看出人文学科在不同时代的进步发展轨迹，但这种发展进步模式显然不同于自然科学或社会科学那样的"进步发展"历史，它只不过是一种被赋予了新的时代内容和时代气息的人类精神观念的演进史而已。

四、承载终极意义

人文学科对于整个人类科学体系发展的另一个重要意义，是对科学世界里（包括自然科学和社会科学）所蕴含的这些精神文化价值因素加以主动而系统的梳理、提炼和阐释，使人类能从精神文化的层面上来理解科学对于人类精神生活的深刻意义，把科学不仅当成一种手段与工具，同时更当成一种文化与精神来看待，从而使科学成为一项合理的人文事业。因此，人文学科主张把自然科学的问题和社会科学的问题，都还原为人的问题，从人的角度来看待科学的性质、意义与合理性。

科学和技术只有与人的发展，与人的解放与自由相联系时才会有意义。在现实生活中，人们往往把科学和技术当成一种工具和手段，但是这个工具和手段应该用来达致什么样的目标呢？我们如何认识什么样的目标才是合理的、正确的，是符合人类的进步与发展要求的呢？这就需要从科学的目的层面和价值意义层面上来对人类的自然科学和技术活动加以框定和规范，做出科学之终极意义与目的的解答，而这正是人文学科与自然科学技术对话沟通的开始。人文学科对于现代人类科学与知识体系的发展所具有的特殊意义，在于它可以为科学本身提供某种终极意义和目标方面的支持，使科学由技术层面进入到精神层面、价值层面，使科学和技术真正成为一种促进人类进步发展的力量。

在一个以经济建设为中心的社会里，具有实证性、技术运用性和工具操作性的学科，比如管理类的、经济技术类的学科，往往会受到社会的重视，产生广泛的市场需要。但实证性和技术操作性的应用学科的健康发展，离不开价值观念与精神信念方面的支持。如果工具性、运用性、技术性的学科只考虑自己的实际效用问题而不考虑自己的人性合理性问题，只考虑自己的工具效用性问题而回避自己的价值理想性问题，以致偏离了工具运用的人性目标，技术科学和工具科学终将沦为一种盲目的非理性力量而用于恶的非人的目的。比如，如果仅从纯经济学的所谓"理性经济人"或"收入预期理性"来看，一个经济师、统计师、设计师和管理师，决定他是在一家儿童食品企业工作还是在一家毒品生产企业工作，考虑的因素只是他的收入高低问题，但如果将人文科学的价值意义引入经济学和管理学领域，他的行为选择，就不能回避道义与良知、价值与意义等方面的问题。经济学、法学、社会学、管理学等社会科学，都需要人文学科的价值理想引导。

可以说，没有人文学科所提供的对于真、善、美的价值追求，没有文学、哲学、历史学和艺术学提供的理想情感和对终极意义的追问，工具性、应用性的学科就如同失去了灵魂，失去了方向，它将可能被变成恶的力量，或成为一种达致恶的目标的工具与手段。人文学科的文化批判与超越功能，对于人的尊严和价值的守护，可以为自然科学技术、社会科学和管理应用科学注入一种文化精神与人性情感，注入一种真、善、美的人格精神力量与历史文化底蕴，使应用性工具性的科学得以沿着一条符合人性需要的道路向前推进。自然科学和技术既可被人用于善的目的，也可被人用于恶的目的，它给善和恶都带来无限的可能性。而究竟是一种什么样的可能，则取决于人对科学技术的价值理解和价值引导。要使科学成为一种善的事业，一种服务于人生、有益于社会的事业，必须从人文学科的角度来对科学加以理解把握。事实上，今天和未来，如何保证科学的进步与成果有益于人类而不是相反，已经成为一个无法回避的重大问题。

第六章

人文学科的作用

文学、史学和哲学，对于一个国家一个民族的社会进步、经济发展、科技成长会有什么特别的功能与作用吗？一篇小说，一首诗歌，一部文史著作，又会在什么样的层面上，以什么样的方式，对人类的物质生活世界，对一个国家一个社会的现实产生影响呢？

人文学科是一个直接面对人的心灵世界，以守护人类精神家园和心灵故乡为使命的知识与思想领域。当这一领域中各种美好的知识、思想、情感与智慧，提升了人类的心灵世界，丰富了人们的情感生活，给了人们一个美好的有意义的精神世界后，它就会对人类的外部生活世界产生广泛的推进作用。因此，人文学科不仅对于人类文明的进程与走向有着重要的引导作用，而且对于人类现实的政治经济活动，对于一个国家一个民族的科技进步与经济发展，也有着深远而持久的影响。但这种作用与影响因为在表现形式上较为间接或较为潜在，因而常常被人们所忽视和遗忘。

本章集中讨论人文学科的社会功能与作用问题。我们认为，一个心灵情感与精神世界得到人性呵护的民族，一个有着丰富而美好的精神生活与意义追求的国家，一定会创造出一份伟大的事业，会建设起一个既物质昌盛，科技发达，同时又充满人间情怀和人性温暖的社会。

一、构造经济发展环境

现代社会是一个高度依存和一体化的社会，一个内在关联度与互动性很强的整体。在这个有机的社会整体中，社会结构的各个方面，政治与经济、科技与文化、物质与精神、传统与现实，方方面面总是存在着高度的相互渗透、制约的关系。就此来说，现代经济与现代科学技术，不可能在一个思想愚昧、心灵封闭、文化落后、观念偏执的环境中得到健康正常的发展。开放而健康的民族精神、积极而进取的心灵结构、科学而理性的文化形态、温馨而人性的人际关系、多元而宽容的思想体制，及相应的新文化新思想新观念的形成与传播，乃是现代技术创新、科学进步、经济起飞的必要前提与基础。正如现代经济的成长和现代科学技术的进步可以促进人们的观念文化和精神生活的变革一样，来自观念与精神领域的变革也可以为现代经济和科学技术的成长提供相应的精神文化动力。

唯其如此，一部优秀的小说，一场完美的话剧，甚至一幅感人的绘画和一首小诗，往往都可以起到丰富人生、改良社会的作用，作为学术与思想形态的文史哲等人文学科，更是可能成为推进时代变革的思想解放者与精神启蒙者。我们说，经济增长与科技进步都是人的主体行为努力的结果，是在人的观念与价值体系的影响下进行的，因此，现代经济与科学技术的成长需要有相应的人文环境做基础，需要有来自观念与精神领域的变革与发展做前提。用丰富优美的文学艺术和科学理性的观念思想为建设一个经济发达、政治昌明、科技进步的文明社会提供一个必不可少的精神动力与文化支持，构造一个相应的人文精神环境，正是哲学、文学、历史学、艺术学、美学等人文学科普遍具有的社会功能与作用。

文学艺术世界中感动人心的美好情感与人道精神，是人类提升自己文明程度的精神力量，由哲学和历史学所构造的先进的思想、观念与意识，也会通过对一个国家一个民族的精神世界的改造与提升，而成为社会进步与变革的巨大力量。当一种美好的人文理想与人文情怀，一种将真、善、美统一起来的人文精神与观念文化，渗透到一个民族的心灵深处，成为人们内在的价值准则、思维模式、理想信念后，这个民族必然创造出一份相应的伟大事业来。

从那些近代以来经济与科技获得先行发展的国家和民族的历史中我们可以看出，来自精神观念和文化领域的变革，来自人文情感领域的进步，正是现代经济与科学技术得以突破障碍获得持续发展的重要前提。没有人文领域的相应变革，没有精神文化世界适宜的人文环境的塑造，现代科学技术和现代工业化社会兴起与成长都是不可能的。

这方面，我们从近代以来世界上许多国家的经济发展史和科学技术进步史中可以得到足够的经验教训和启迪。在欧洲，14—15世纪以后现代文明的兴起是与它在观念精神领域中人文科学与人文主义的兴起，以及由此带来的人性觉醒与精神解放直接联系在一起的。没有14—15世纪席卷欧洲各国的发生在文学、哲学、历史学、艺术、宗教各个领域的文艺复兴运动、宗教改革运动和科学理性精神的传播，没有世俗性人文科学教育的发展，就不可能有近代欧洲科学技术和经济政治的崛起。建立在现代人文科学教育基础之上的人本主义或人文主义精神，作为一种体现现代性特征的精神启蒙思潮，一种将人解放出来的精神文化力量与观念体系，正是现代欧洲全部物质生活、科技生活与社会生活的基石，是欧洲现代经济和科学技术赖以生长的文化根基。文艺复兴、宗教改革、理性主义运动，使欧洲各国特别是西欧各国得以摆脱中世纪神权专制主义对人的精神束缚和压制，使人的创造性和自主性得到了解放，欧洲以此获得了内在的生机与活力，这是欧洲由亚欧大陆中相对落后的一隅之地却率先兴起走向现代文明的重要根源。

人文观念领域的变革对于经济的发展和科学技术的进步所发挥的作用，一般是潜在的、持久的，它并不会马上显露出来。正因为此，人们往往会对它的作用持轻视低估的态度，然而，这种态度，使人们追求经济增长与科技进步的努力最终不得不付出事倍功半的代价。在一个社会面临紧迫的经济发展压力的时候，人们会把更多的眼光投向可以较快见到成效的外显经济与技术方面，而把内隐的观念领域变革与发展放到十分次要的位置上，结果由于缺乏来自人文方面的支持做依托，急功近利的经济与技术努力往往最终归于失败或半途而废。

近代以后，许多东方国家都发生过类似于中国从19世纪中后期出现的由科技经济层面的变革到政治与制度方面的变革，再到思想观念的变革这样曲折反复的现代化进程。19世纪中叶，中国的国门被西方坚船利炮攻破后，中国人看到了西方的先进与中国的落后，但多认为这种先进与落后的差别主要是在技术和工艺方面，是西方有坚船利炮而中国没有。因此只需从西方学习一些造船造炮的技术就可抵挡住西方的侵略。那时的中国人无论是知识分子还是政府官员，或是普通百姓，并没有意识到中国与西方的差别不仅在于技术与工艺方面，而且还在于制度和观念方面，因而只想从工艺和技术方面学习西方。洋务运动失败后，有些中国人看到了中国落后于西方的不仅只是技术与工艺，而且还有中国传统的政治制度与经济体制，于是开始了变革政治体制和国家制度的变法维新运动与辛亥革命。但是无论是变法维新运动还是辛亥革命都缺乏足够的理论与思想准备，新的观念与文化远没有被广大的民众了解接受。当时中国紧迫的国家民族生存危机压力，使一切发展的核心与焦点似乎都集中到了经济增长与政治变革的层面上，而对国民观念与精神的改革，却并未引起广泛的注意。

近代中国的现代化进程与变革之所以艰难曲折，一个重要的方面是对旧制度的批判和对新社会的追求，缺乏来自观念领域和精神文化方面的启蒙做支持。无论是变法维新兴起还是政治革命鼓动，都是需要有相应的思想舆论和精神观念做准备的，而中国的变法与革命，却缺乏类似于法国大革命前的那样一场变革人心的思想启蒙运动做前奏。近代中国并没有经历过欧洲文艺复兴那样的一场唤起人的独立自主意识和平等自由精神的思想解放运动。在人的价值观念和思想形态并没有发生根本变革的背景下来追求政治革命与经济发展，因而是极为困难的。所以我们看到，近代的中国，在人们的观念与思想基本上还受着传统思想束缚的背景下来进行社会政治变革，无论是变法维新还是共和革命，受到的反对阻碍力量无处不在，变法与革命终难避免半途而废或失败的命运。在这样的背景下，在20世纪初的中国兴起了声势浩大的五四新文化运动。发起五四新文化运动的人认为，中国固然经济落后，科学技术落后，但要在中国实现富强，发展经济与科技，却必须从人的精神观念的变革做起，以先进的现代民主思想与科学理性精神和现代人文主义来改造中国传统文化。他们认为中国的出路须从"人的改造"做起，相信可以通过他们的精神文化启蒙运动，"打烂中国这个铁的笼子"。他们提出要张扬人的个性，倡导人格独立、自由精神，呼唤尊重人的价值、人的尊严。五四时期，在陈独秀、胡适、李大钊、鲁迅等人的倡导下，青年知识分子举起代表时代精神的科学旗帜，发起了"文学革命"、"史学革命"的思想文化运动，希望以新文学、新史学、新科学、新文化来改造人生，改造国民，"立人"、"树人"，"培飞扬之个性，铸独立之人格"。

进入20世纪80年代以来，中国社会发生了巨大的变革，社会经济和科学技术有了重大的进步。而这个历史性的变革，也是与70年代末80年代初关于真理标准讨论的思想解放运动联系在一起的。没有那场高扬科学理性精神、人文精神、人文情怀的运动带来的人的观念变革，从而将中国人从僵化的意识形态束缚中解放出来，就不会有30多年来中国社会的重大发展。今天，中国还是一个经济与科学技术有待发展的国家，人文学科还应该继续在这方面做出自己的努力，在启发提升国民精神素质、普及科学理性精神和人文精神方面做出更多努力。今天的中国依然需要人文学科，需要充满理性智慧、人性情感的文学、诗歌、艺术、哲学、美学、历史学，来建设当代中国的精神文化世界，来丰富全民族的心灵世界与情感生活。

二、引领科技进步走向

赋予经济增长和科技进步以合理的价值取向，框定经济增长与科技进步的终极目标，赋予技术性学科和工具性知识以人的情感，是人文学科另一方面的价值与意义所在。

科技进步与经济增长是一个社会发展进步的根本动力，没有现代科学技术的进步，没有社会物质财富的增长与积累，社会的进步与发展是无从谈起的。但是，科技的进步，经济的增长，财富的积累，只是达致社会进步发展的基础和条件，它们本身并不一定会自动地导致社会的进步与发展。要使科技进步和经济的增长成为促进社会进步发展的力量，还有赖于用人文学科的精神文化力量来规范经济发展的方向，赋予科技与经济合理的人文内容，从而使科技进步与经济增长的结果真正造福于人类。从人文学科的角度来看，经济增长与科技进步并不是目的本身，而只是为人的全面发展，为理想人生和完美人性的实现提供了现实可能性的手段与基础。但这种可能是否成为现实，经济增长与技术进步是否会成为达致理想人生与完美人性的手段而不是相反，却有一些复杂的社会精神文化方面的因素必须给予充分考虑。

我们知道，近代以来，自然科学和工程技术方面的成就，并不都成为促进人类自由与解放的工具，它常常可能被用于相反的目的，如何使科学技术成为一种合理的进步的精神文化力量，是人文学家和自然科学家都在考虑的问题。将人文学科与自然科学进行有机的结合，从人的发展的角度和目标来确定自然科学技术的价值与意义，是保证自然科学与技术正常发展的重要前提。同样地，经济学在近代以来也经历了一个复杂的演进过程。文艺复兴时期，经济问题是作为一个人的问题，从人的角度来理解的。但到后来，经济学成为一种纯粹意义上的功利分析过程，古典经济学中对人的重视已经转向劳动价值领域，人的物化成为古典经济学的基础。

到新古典经济学那里，人更进一步被完全从价格与投资的角度来理解，经济学家们已将人简化成一个价格要素来进行关于人的经济学边际成本分析。而现代经济学的一个变动趋向，是要将理论经济学与人文学科重新作沟通，从人的需要和价值的角度来理解经济学中的一些基本问题，创立以人为本的、立足于人的真正发展与完善为目标的经济学。在这种现代经济学那里，人不能只被视为一个价格要素或一个投资要素，人的需要与人的发展才应该是经济学的主体与核心，是经济学的逻辑起点与归属。如果经济学中完全遗忘了人的需要与发展这一根本，那么一个经济学家也可以画出一幅极精确的关于通过发动战争、制造国际冲突来实现经济增长的相关曲线来，经济学家也可以赞同发展军火工业、制造毁灭性核武器或其他任何此类生产行为，并从诸如可以扩大投资、拉动需求空间或平衡供需关系的"纯经济学"角度来论证这一切的合理性与正确性。然而，这种只看到统计数字、只看到物的所谓"价值中立"、"情感零度"的经济学，已经远远地离开了人，成为非人性的经济学了。在这里，我们实际上是在强调经济学家是不能不考虑人在经济学中的位置，以及经济学的真正归属的。

人文学科并不反对现代化进程中的物质追求与经济增长，也并不与现代科学技术和世俗性的工业文明与物质追求相对立。人文学科并不是抑制人的天性的原教旨主义式的宗教偏执与信仰极端主义，不是反对世俗生活与功利追求的价值独断，更不会导致心灵扭曲乃至伪善的泛道德主义意识形态。恰恰相反，人文学科始终关注人的世俗生活的幸福，关注人的现实人生的快乐，理解人对世俗生活快乐幸福的合理追求是文明提升进步的基本动力，而且，人文学科还以它所追求的科学理性与人文精神而对人之心灵世界所做的精神启蒙，以它对人性尊严的呼唤和对人之主体创造力的解放，使自身成为现代科学技术进步与科技革命发生的开路先锋，成为推动现代经济增长的巨大精神力量。没有人文学科提供的这种精神启蒙与人性解放的力量，就不会有现代经济之增长与现代科技革命之发生。就此而言，所谓的"人文关怀"也是一种世俗的关怀，一种当下与现实的关怀。人文学科赞赏并推进着人类物质生活的改进，把人类追求自己的物质利益与快乐幸福生活看作是推动人类进步的内在动力，与此同时，它更关注人类心灵的完善，更关注人类精神的自由，因而它既反对中世纪那种压制人性的禁欲主义、蒙昧主义，同时也反对人为物质欲望所支配并导致人性异化的拜金主义、物质主义，反对将人的生活世界和人自身都完全物化、商品化、技术化，反对人为物役、心为形役，反对只看重自然科学中的工具理性而漠视自然科学中的价值理性，反对将人置于科技主义与市场法则的绝对支配统治之下并因此而使人降为物，降为发挥某种技术功能的工具，反对将人仅仅视为一种生产要素，一种投资成本，一张政治选票。我们说，在现实与理想、物质与精神、理性与欲望之间，塑造一种合理的关系结构，形成一个动态的互补机制，正是人文学科对人性的合理生存状态的持久追求目标。

从近代以来的世界历史进程看，当一个国家进入现代经济快速增长、致力于经济与科技进步的时候，加强人文学科的建设，更多地关注人们的心灵世界，对于防止在经济急速增长的同时，出现普遍的精神文化危机和心灵世界的混乱与瓦解，具有特殊的意义。从人之本性上说，也许没有谁真的愿意抛弃物质生活的快乐而去过苦行僧式的禁欲生活，但我们不能用物质的眼光去看待一切，用技术的眼光去衡量一切，对于人生而言，艺术、思想、情感及精神的生活，应该是同样重要的。生活世界里如果没有一种可以相委的以人为本的精神价值信念，没有一种崇高而神圣的意义追求，那即便物质生活世界里堆积起越来越多的消费商品，人也会在精神和情感上陷入荒漠化的灾难。意义失落而造成的那种"生命不能承受之轻"的幻灭感与荒谬感，心灵空虚迷失状态下的那种纵情声色、物欲横流、价值崩溃的喧嚣盲躁的生命状态，与人生之真正幸福与快乐境界，可能就会渐行渐远了。

与自然科学和社会科学专注于探索自然世界本身和社会生活本身的规律不同，人文学科立足于人的内心精神世界而把自然物质世界、宇宙万物、社会组织结构等作为人性外化的对象来看待，它将人内心中追求着的文学情感、历史意识、哲学观念、审美心理、艺术旨趣等都赋予外部的自然物质世界和社会，从而使自然和社会人性化，使大自然中的一草一木、一花一石，使社会的一种制度、一种关系、一种规则，都充满了人的情感、人的精神、人的希望与梦想。文学、哲学、美学、艺术、诗歌、音乐、历史学、伦理学、宗教学等，作为人把握世界的特殊方式，作为人性本质的意义载体，以符合人性的方式，建立起人与宇宙世界的关系。一首山水诗，一幅田园画，一尊石雕像，就使得本无情无意的自然物质、宇宙世界人性化为有情有意的人的世界，成为寄托着人类希望和情感的家园与故乡。因此，当人文各个学科涉及外部的自然物质世界和社会经验事实领域时，是把它们作为人的精神价值与意义理想的外部表现或物质载体来看待，重在探究人性化的自然物质世界和社会结构组织背后所蕴含的精神文化。

人是一种有自我意识，会关注自己的存在状态并以自己的主体实践活动改变自己的存在状态的生命。正是人的这一本质属性，决定了人文学科的最高目标，对人的外在生存环境而言，是力图使周围的自然世界和社会世界变成适于人"诗意般生存居住"的理想天地，而对人的内在精神世界而言，则是要提供人安身立命的"终极意义"，"使人以符合人的存在本质或存在逻辑的方式而存在"，也就是说，"使人成为人"，使人"以人的方式而存在"，而不是以任何"非人的方式"存在。为达致这样的目的，人文学科始终守护追求着"人之为人"的一些基本原则与理想，并因此而反对将人沦为任何外部存在（诸如神的、魔的、物的、权力的、商品的、金钱的、工具的、机器的等）的奴隶或役从。在人文主义者或人文学家看来，上帝也罢，神魔也罢，金钱或权力也罢，这一切本是人塑造的，是人创造的，如果人反过来被人塑造创造的这些外部的力量所统治、所控制、所支配，那都是人的一种不完美不自由的存在状态，是人性异化的表现，是种种"非人的存在方式"。因此，人文学科追求人性的完善完美而反对任何对人性的异化——既反对将人神化（如对帝王、统治者及种种自封或他封的所谓"教主"、"超人"等），也反对将人奴化（如对平民、被统治者），既反对禁欲主义蒙昧主义（如中世纪时代曾有过的），也反对人欲横流而导致人的金钱化商品化（如现代工业化时代里的物质主义）。唯其如此，人文学科才可能成为匡正人类政治经济与科技行为的一种恒定的精神力量与价值理想。

三、架设人类心灵通道

人类的精神文化世界，既有共同的普遍的一面，又有相异的个性的一面。人类精神文化之所以有共同性与普遍性，是因为人类的精神文化都是人类历史实践活动的产物，都是人类在一定的自然生态环境和历史条件的制约下，在不断解决人与人、人与社会、人与自然的矛盾的过程中形成的。这一切使生活在不同地域和历史时代里的人类，相互间必然存在某种普遍的共同属性或人性基础。而人类精神文化之所以有差异性和个别性，又在于人类历史实践活动的差异性，在于影响制约人类历史实践活动的自然生态环境和时代条件具有不同的特点。

人类精神文化演进的历史表明，人类文化的共同性和普遍性，与人类文化的差异性和民族性，不仅是人类文化相互沟通交往的重要前提，更是人类精神文化进步发展的巨大动力。精神文化的共同性和普遍性，构成了人类相互理解的基础，精神文化的差异性与民族性，又使人类可以在这种差异与民族性所带来的精神文化多样性和多元性中汲取营养，在不同文化的相互碰撞、刺激、启发中获得精神文化更新的机制与动力。人文学科对世界各国各民族不同历史背景和生活环境下的人类文化与精神世界的研究和比较，使人类在理解其他民族的个性情感和历史文化的前提下，寻求人类精神世界中的共同情感和共同追求，以宽容、平等、理智的心态去对待不同人类文化与精神生活间的差异，学会尊重差异、理解差异，和平相处，在相容中寻求相融。这对现代世界来说是十分重要和有意义的。

20 世纪 70 年代，联合国教科文组织提出了"学会生存"的教育口号，认为现代教育的一个重要目标，是使学生在这个复杂而不断变化的世界中学会与具有不同文化背景的人交往和相处。报告明确提出："教育有一个使命，就是帮助人们不把外国人当作抽象的人而是把他们看作具体的人，他们有他们自己的理性，有他们自己的痛苦，也有他们自己的快乐；教育的使命就是帮助人们在各个不同的民族中找出共同的人性。"国际理解、人类友爱、民族间相互依存的意识，是现代人文科学教育与人文精神所追求的世界性的道德目标之一。这份报告在谈到教育的国际意义时，强调指出："现代国家，即使只考虑它们自身的利益，也不能不发觉，增强国家之间的合作是十分必要的"。"为了和平，必须发展民主主义，民主主义鼓励国与国之间相互宽容，增进友谊和合作"[1]。后来，联合国教科文组织进一步提出"学会关心"、"学会共同生活"的教育口号，将培养人类相互间的理解、友爱、合作精神作为现代教育的一个普遍理想与准则来加以倡导。1989 年，联合国教科文组织在中国召开"面向 21 世纪的教育"世界教育大会，以"学会关心"作为本次大会的主题，同时也将其作为 21 世纪世界教育普遍追求的理想，显示出在国际间倡导人的相互理解与关心、人类的友好相处与关怀在现代教育中的特殊意义。

国之交在于民相亲，民相亲在于心相通。国家与国家、民族与民族之间，要相互宽容，友好相处，一个重要的前提就是需要相互的了解和认识，特别是需要在文化、传统、历史、宗教和价值观念方面的理解与沟通。价值观和文化精神上的理解与沟通，可以消除相互隔阂闭塞而造成的无知和偏见，以及由这种相互的无知和偏见而导致的冲突与敌视。人文学家们既需要把本国本民族本地区的历史文化、价值体系、宗教信仰、哲学精神介绍给其他地区和其他国家的人民，又承担着将其他国家和民族的精神文化介绍给本国人民的责任。人文学家应该使人民既尊重本国的历史文化，也尊重其他国家的历史文化。避免人民产生民族文化虚无主义或种族

---

① 联合国教科文组织教育发展委员会编：《学会生存》，上海译文出版社 1979年版，第 208 页。

主义，以使本国人民学会和增强在现代世界中生存、交往和发展的能力。唯其如此，对于外国文学、外国历史、外国宗教、外国哲学、外国艺术、外国风俗习惯和外国语言文字的研究和教学工作，在现代世界任何一个国家的人文教育体系中都占有重要的位置。

在人文学科发展史上，世界上各个国家的那些杰出的人文学家，大多是世界文化的友好使者，是人类各民族各种族文化沟通交往的先驱和开路人。泰戈尔、托尔斯泰、鲁迅、罗素、桑戈尔、汤因比，都是世界文化史上唤起人类友爱、国际理解、民族宽容、文化相容等人类伟大情感与精神的大学者、大诗人和大作家。没有他们宽厚的文化胸襟对人类心灵的感染，没有他们顽强而不懈的努力，人类一定会更深地陷入相互仇视、猜忌、偏见的黑暗中，人类的冲突与战争将更加频繁残酷。一个受过良好人文学科教育，具有深厚人文主义精神和人道意识的人，会有一个宽广的富于包容性的胸襟，会对异邦他国的人民和文化有更深切的理解与宽容。

文学、艺术、哲学和历史学，通过对世界丰富而复杂的人类精神文化的研究与介绍，可以告诉人们，对于世界上如此之多的不同民族，以及他们各具特征的传统文化、宗教情感、伦理习俗、生活方式和价值理想，人们都应该以一种历史的、主位与客位相结合的同情包容心态去理解体验。特别是对于与自己的历史文化和宗教情感相异的其他民族的历史文化与宗教情感，生活方式与风俗习惯，应该从对方的角度、从对方的历史文化背景上去理解，而不能轻易将其斥之为"野蛮"、"原始"、"落后"。人文学家反对一切形式的种族主义、文化中心主义、文化沙文主义，世界上一切民族的精神文化与历史遗产，都丰富着人类的精神文化世界，都是人类共同的财富，其价值与意义也只能从全人类的角度上来理解。现代人类必须在不同文化背景下求同存异，和平友好地相待。

文化与艺术可以成为世界和平的推进力量，美好的音乐、艺术、绘画、雕刻、舞蹈，往往都是全体人类可以读懂的语言，是全世界不同肤色、不同国度的人民通用的情感语言和心灵之声，也是世界各国人民可以共同分享的精神文化财富。文化与艺术的交往，总会在人类的心灵上，在人类的情感深处架起无形的桥梁，铺设起无形的道路，给世界带来友谊和平。在现代世界正一天天地走向一体化，各国间的关系日益紧密的时代，人类在文化上的相互沟通与理解已变得极为重要。人类的文化与文明总是多样性的，但这种多样性可以成为人类相互交往的基础，成为人类相互交往的根据，成为人类获得文化更新活力与发展动力的有利因素，如果人类文化完全趋同一致了，反而会造成人类精神世界的单一、僵化和失去生机。

有些西方学者说 21 世纪是人类各种文明各种文化冲突的世纪，文化冲突将成为 21 世纪世界国际关系的主题。我们认为这种可能性或趋势当然是存在的，但另一种可能趋势也是同样存在的，那就是 21 世纪也可能是一个人类文化进一步相互交汇相互宽容的世纪，文化的融汇也可能成为 21 世纪国际关系的主题。今天，随着全球一体化进程的发展，世界各国各民族在空间上的距离已经越来越近了，咫尺天涯已经变成天涯咫尺，人们生活在一个高度相互制约影响的地球村里，不得不发生这样那样的交往，每一个人都需要与你或是喜欢或是不喜欢的人、民族、文化打交道。国家间和民族间关系的日益紧密，使人类在文化上的相互认识与了解越来越重要。如果各国各民族，各种语言文化和历史传统与宗教信仰的人们不能相互理解，不能相互在文化和精神上相容共处，世界将会一天天地走向深重的冲突灾难中。

今天人类掌握的战争武器和军事手段已经越来越具有毁灭性的力量，各种宗教、语言、文化、民族、历史、意识形态的不相容性导致的冲突将会把世界引向高科技战争的可怕深渊。现代战争越来越成为一种科学技术支配下的战争，现代高科技用于战争的后果将使人类的相互残杀变得更加残忍、不可理喻和失去控制。而那些为自己的政治私利和经济利益驱使的政客、大军火商、极端民族主义者和宗教偏执狂们，总是会煽动起人类相互间的仇恨，利用民族文化与宗教传统方面的差异，夸大这种差异的冲突性质，人为地制造或激化世界各个民族、种族和语言文化共同体间的矛盾，挑起民族、种族战争。面对这样一种人类可能面临的灾难，人类需要更多的文化上的了解，精神上的沟通，价值观与宗教信仰方面的相互包容。只有文化的广泛交往才能带来人类的更理智更宽容的国际关系格局，才能使世界各国各民族相互间形成友好共处的基础，才不会轻易地被私欲支配的政客们的野心和极端民族主义者的仇恨煽动所裹胁操纵，走上毁人毁己的悲剧之路。在这方面，人文学科正发挥着自己特殊而巨大的作用，世界历史、世界文化、世界宗教、世界文学、世界艺术的研究与教学，应该做为现代教育中一个极重要方面来对待。

四、传承人类精神遗产

文学、史学、哲学、宗教、美学、艺术音乐、雕刻绘画，都是人类最古老的文化形态，凝聚浓缩着人类以往岁月的情感、欢乐与痛苦。大型的史诗，古老的建筑，考古的遗址，历史的典籍，艺术的真品，积淀、包容着人类世世代代创造的智慧与精神财富。它们是人类文明的根基，是人类生生不息流淌不断的精神源头，是人类心灵的故乡和精神的家园。将这份精神文化遗产承继下来延续下去，是每一个现代国家、每一个现代民族都必须承续的使命，都必须完成的事业。具有古典精神与深邃情感的人文学科，在继承人类文化遗产、传承人类文化方面，有着其他学科所不能替代的重要作用和独特功能。这一点，无论是在西方国家还是在东方国家，无论是在发达国家还是在发展中国家，都已日益引起普遍认可与高度重视。人类历史上一切伟大先贤们的思想智慧，无论是东方的还是西方的，无论是欧美的还是亚非的，都是人类思想智慧的总结与结晶，都是现代人类文明的共同基础。与世界上许多文明古国一样，我们中国今天的一切，都建立在先辈们世代奋斗的基础上，同时也面对着未来的中国历史。

今天的中国，正在发生的急速社会变迁进程，快速增长的现代经济与急剧转型的生活方式，使得我们对自己历史文化遗产的保护变得特别的重要。在进行大规模的城市改革工程、建设现代化的都市和乡村的时候，我们如何保护祖先留下的文物，使那些历史文化名城的精神和灵魂在我们心中和生活的世界里永远长驻，继续长久地去满足我们的情感需要，是现代化建设中不能不予以考虑的。那些古老的城市建筑与街道，是城市的灵魂，可一夜之间，它们被推土机铲掉后，那古老的灵魂便无家可归了。几十年来，中国许多古老城市经历了轻率而野蛮的"破坏性建设"，一种浅薄的、缺乏文化底蕴和艺术审美价值的建筑垃圾到处泛滥开来。这暴露出我们城市的管理者、设计者、建设者缺乏必要的历史文化修养，缺乏艺术审美和文史哲知识的熏陶。

因此，人类文明遗产的现代价值及其研究、整理、保护问题，需要受到普遍的重视。要做好这项泽被后世的专业性的工作，并不是一件容易的事。严谨、规范、系统的学术研究是必不可少的前提，同时，还需要有十分优秀的有科学献身精神的人文学科专业人才。我们的社会需要足够数量的高素质的对于人类文化遗产的价值有深刻理解，对文学、哲学、历史学、博物馆学、考古学、音乐艺术史、文化史和古典学术有深入研究的专家学者，需要有不仅仅懂得工艺、技术、成本核算，同时也还有良好的艺术、美学、历史、哲学修养的城市管理官员、工程设计师与建设者。就此来说，大学人文学科教育在这方面的职责十分重要。

自然科学与工程技术，要作为一种精神文化财富积淀到人类文明的精神体系中去，也离不开人文学科。自然科学的一大特点是它的知识更新与淘汰过程，而人文学科却可以把自然科学作为一种知识体系转化为一种价值体系，发掘蕴藏在自然科学知识体系背后的价值精神与人文理想，把具体的知识与发现转化成一种永恒的精神文化力量。由于自然科学的知识急速更新与淘汰的特点，在今天的大学讲堂上，在那些理科的教学过程中，历史上的那些重要的自然科学家往往已经被遗忘了，只有在哲学、历史、美学、文学和艺术的讲堂中，人们才会一再提到德莫克里特、欧几里得、亚里士多德、墨子、李时珍、哥白尼、伽利略、牛顿、开普勒等科学家的名字。这些历史上曾经出现的科学家的具体科学发现与发明，可能已经被后人远远超过，这些知识也可能已经过时，但这些科学家在人类精神文化发展史上的意义却是永恒的，这些科学发现与发明中包含的精神文化价值也对后人有着持久的精神文化意义。

五、协调天地自然关系

人文学科以追求人的内心精神世界和价值意义为主要目标，它使人类得以从对外部物质世界的无限征服占有欲望中摆脱出来，而转向人的内心精神与情感世界，从人的内心精神和心灵世界的无限广阔性来重新思考人生的意义和生存方式。真正有意义的世界就在人的内心，人生的最高幸福来自于内心精神世界的完善，来自于我们心灵世界对于人生幸福的正确理解。而最宝贵的资源也正蕴藏于人的心灵宇宙里，所谓"心灵无涯，搜之不尽"，人文学科所追求的价值观、生活观、幸福观，历来更看重人的内心精神生活世界的意义，历来更看重通过心灵世界的丰富与完美而获得的人生幸福。

人文学者努力倡导一种天地人相和谐、灵魂与肉体相统一的真正符合人之本质的生存方式。亚里士多德曾说过，人生的幸福其实是分为三类的，即得自外界的幸福、得自肉体的幸福、得自心灵的幸福。三者之中，得自心灵的幸福才是真正的幸福，也是得之不易的幸福。人类在追求经济发展和社会进步时，需要更多地发展人自己内心的智力资源，以智力资源的开发来替代自然资源的无节制开发。现代社会的发展，既不是人对大自然的非理性膜拜，也不是对大自然的任意掠夺征服，不是盲目的人类至上主义或盲目的人类中心主义，而是人与自然的一种和谐关系的建立。

人文学者并不反对人的物质欲望，实际上现代人文学科是在反对传统宗教神学对人的自然天性的压制中成长起来的。当面对中世纪那种借宗教神学权威来压制人的物质消费欲望、压制人对世俗生活幸福的追求和创造的非人性的禁欲主义时，人文学者进行过坚决的斗争。但另一方面，人文学者对于"人之为人"所作的理解的真正精髓，在于它反对将人性作任何一种形式的异化扭曲或极端化理解，它既反对压制人的物质追求欲望而处于禁欲主义的"非人"状态，同时也反对人"被物所役"的另一种物质主义的"非人"状态，反对用物的标准作为人的标准，因为这将导致人的"存在消亡"，即人的精神与心灵沉没而沦为"非人"。人应该与大自然建立起一种更加合理的、和谐的关系，人既不像动物那样是大自然的从属，完全服从于大自然的天然法则，人要建立基于人的主体地位和利益需要的新自然法则，让大自然服从于人的利益，但人又不能将大自然完全视为自己的征服对象和统治对象而无节制地掠夺。人如果不能理智地来处理与大自然的关系，超越或节制人追求物质欲望的本能，而让这种本能欲望无限膨胀，以致人为这种无节制非理性的本能欲望所支配，那暴露出的就是人性的不发展、人性的异化与扭曲。因此，超越人的本能物欲，重建人与大自然的和谐关系，理智地理解人与大自然的关系，正是人类获得自由、人性走向成熟和完善的标志。

从人文学者的角度上看，大自然对于人类而言，不仅有着经济学方面的意义，不仅只是一个人类的衣食之源，它还有着更重要更根本的精神意义与情感意义。人毕竟是大自然之子，而大自然则是人的母亲，在人类的心灵深处，有着永远也不能割断的对于土地、对于田野、对于山川河流和森林原野的深深依恋。人不可能从大自然中完全脱离开来而生活在一个纯人工化的世界里，即便这个人工化的世界在工艺技术和物质消费方面如何现代化，如何先进，但却无法满足人在内心深处永远存在着的那对大自然的深深依恋与情感需要。大自然的生机、朴实、自然、亲切，那田野与森林里的大地气息，那河流与村庄的内在灵魂，常常让我们心中充满了对大自然宽阔无私奉献的感恩的情怀。大自然本是人类永远不能失去的伊甸园，它对于满足人类精神心灵寻求归依的特殊意义，使得我们对人与大自然的关系理解，不能仅仅从衣食之源的角度来看待，还必须更多地从哲学、文化、情感和心灵的角度来理解。现代人久居人工化的都市，于冷漠的钢筋水泥和金属玻璃世界里终日竞争奔忙，都市的高楼与局促空间挤压着人的心灵，酒池肉林的繁华喧嚣和商业公司的漫天广告使人无处躲闪。人工化的现代都市生活将人的天性与自然本质压抑扭曲成病态，各种现代人的精神病垢日益堆积起来，人似乎走上了一条自己也不知去向的不归路。现代文明的种种病灶说明，失去了大自然，离开了大自然，在一个物质文明高度发达的人工世界里，人并不会找到真正的幸福，因为人无法逃避离开大地后在精神上陷入迷惘病态的那种现代性困境。

人与自然建立怎样的关系，取决于人的心灵境界是否真正获得了自由，取决于人对于人生意义的思考与选择标准。人类必须超越近代那种功利型、支配自然和统治自然的旧式人本主义局限，倡导一种更开阔的人生境界与心灵境界，重建一种更合理的"天地人相统一和谐"的新人本主义。人是大自然之子，但不是大自然的唯一之子，人应该追求发展自己的福利，但不能以自然界其他生命的毁灭为代价。因为大自然山川、原野、江河湖海之中所生所息之万千生灵，这天地万物之间所生所息之飞禽走兽百花异树，都是大自然的天工造化，是大自然的生命奇迹。这万千的生灵都与我们人类一样，有在世界中生存的权力，有在大自然中延续的权力。人类必须以自己的才智与道德理性来约束自己的行为与欲望，建立一种与人性的自由解放相吻合的新地球伦理道德，并以此来与其他生物共同分享地球这个生命的唯一家园。对大自然中的一切生灵，每一种生命，我们需要对它多一份尊重，多一份敬穆，认识它、善待它，而不是弱肉强食地征服它、消灭它。善待这生灵世界，其实正是在善待人类自己。如果大自然中的一种生灵、一种生命，它没有危害到人类的生存，人类就不应该去危害毁灭它，就应该让它在大自然中生存下去。即便它对人类没有什么价值，不能给人类带来什么物质利益，也不能认为它无意义而让其消亡。大自然中的每一个物种，哪一个不是经过了漫长而艰辛的进化历史，哪一个不是贮藏着生命基因的无穷奥秘，可它一旦消失灭绝，就永远不会再出现了。

近代以来，由于人类盲目而贪婪的行为，已经造成多少生灵的消亡灭绝，今天还有许多动物、植物正面临着相同的厄运，如果人类不能改变自己的行为以使这些濒危物种免遭灭绝，那人类又如何能保证自己将来不同样毁于自我。保持大自然的生物多样性，保持大自然的和谐有机体，既需要从人类自身的利益来考虑，但又不能仅从人类自身的利益来考虑。人类需要从一个更高的哲学层面上来理解人与大自然、人与自然界万千生灵的相互关系，建立一种全新的、更能显示人性之走向真正自由和解放的现代人本主义。

近代以来，人类对自然环境的无节制开发与掠夺，由此造成自然生态危机，在于人受物质欲望的盲目驱使，将人生的幸福与快乐完全等同于物质消费与占有，以致"人被物役，心为形役"，它表现出的实际上不是人的自由，而是人的一种不自由状态。自由的人生，自主的人性，应该懂得如何超越自我的本能，在这种内在超越、自我超越中实现人的发展，获得人的真正自由、完美、解放。人与自然和谐相处、天人合一的理性追求，来自于人类对自我本质的更深刻也更人性化的理解，唯其如此，人类才可能在这个地球上长久地生存下去。

第七章

人文学科的演进

　　人文学科所涉及的知识与思想领域，是一个与人类相伴始终的传统色彩浓厚的文化世界，它有着如此古老而源远流长的成长背景，因而我们时常把"古典学术"或"古典思想"看成是人文学科的一个基本品格，而这也正是人文学科的魅力所在吧。不过，这古典的学术与思想之所以能传泽万代而生生不息，却还在于在它的古典与传统背后，同时又还有一种不断更新的力量，有一种最为具有现代精神与现代气质的"立古典而启现代"的开新品格。

　　"宗经崇圣"与"与时推移"的两极对立之统一，正是人文学科的另一特殊魅力所在。人文学科因为有着这种古典与现代二元并立的独特精神与气质，它便如同古代美丽传说中的那个火凤凰，这凤凰活满五百岁时，便会聚香木自焚，然后从火中死而复生。而这"生"，却已是"新生"，虽然是要经历了痛苦的烈火洗礼方可获得的新生。这"新生"，在西方，可能叫作"文艺复兴"；在中国，可能叫作"古文运动"或"整理国故"。因为我们都知道，所谓复兴古典文艺，实为创造现代文艺；所谓"回到六经"的古文运动，"整理国故"的国学复兴人，其实也多意在开创新文新学。而另一方面，有时在文坛世界里的所谓"革新运动"，实际上却又是旨在复兴传统的"重返古典"运动。这似乎是一个矛盾的现象，却也正是人文学科这一古典学术魅力之所在。或许，用"周虽旧邦，其命维新"这句中国古话来形容人文学科演进历史的独特性是比较合适的。

就此来说，准确把握人文学科发展进步的独特模式，将有助于人们更好地理解人文学科的学科特点，更好地理解人文学科与自然科学、社会科学的差异所在，从而用一种符合人文学科自身发展特点和内部规定性的眼光，来合理地期待人文学科的学科发展问题，制定实施正确的人文学科发展战略、教育政策与人才培养政策。

一、古典亦现代

作为人类最古老的知识形态，人文学科从产生到现在，走过了漫长的历史，经历了复杂的发展过程。考察人文学科进步发展史的漫长图景，我们还应该注意到人文学科有一个突出的特点，即它既是一个知识体系，同时又是一个价值体系。作为一个知识体系，人文学科的发展过程体现为人文学科知识形态的日益增长与积累过程，体现为人文学科在理论形态上和认识能力上的日益完备与提高，由此呈现出与自然科学大体相似的进步发展图景。而作为一个价值体系，人文学科的发展过程则又体现为人类对"生存意义"、"生存目的"等对人类而言具有永恒性质的价值问题做反复追问的精神探寻过程，由此使人文学科演进史又呈现出一种特有的重复循环性的特点。在这方面，人文学科的进步发展史，其实并不是一种知识增长积累的过程，而只是人类在价值理念世界做不懈追问探究并使人类不断走向人性解放与精神自由的历史。

在西方，有关文学、诗歌、艺术、哲学、历史学和美学的研究，有关人类文明与精神世界的探究，多被称为"古典研究"、"古典学术"或"古典学科"，人们把古典主义与古典气质理解为人文学科世界里一种特有的基本精神。在中国古代学术发展史上，虽然没有明确使用过"古典科学"这样的概念，但历史上，人们也还是往往把一切关于文史哲学的种种学术研究活动，诸如"经学"、"汉学"，以及后来所谓的"国学"，都理解为一种与古老思想、古典文献、古典学术相联系的学问活动，或者往往把整理文史哲方面的学术思想或文献典籍叫作"整理国故"。"谁言古今殊，异代可同调"，在某种程度上说，无论在东方还是在西方，作为人文学科的文史哲都是一些相当古老的知识与思想。

相对于不断更新变化的自然科学与社会科学，人文学科无论在其关注的核心问题、表达的理想追求与价值信念，还是在其知识形态与思想内容方面，始终具有浓厚的历史积淀色彩或古典主义特征。与自然科学知识体系的那种明显的新陈代谢、迅速更新不同，每一个历史时代积累起来的人文学科的知识，往往都具有超越时代的持久意义，呈现出古典学科特有的精神魅力。因此，人们也常常把哲学、文学、史学、艺术、宗教称为人类精神得以回归的温暖故乡，称为人类心灵得以依赖的永远家园。在人文学科发展史上积累起来的知识、观念、思想和精神理想，对后世总具有它独特的价值与意义，并因此而赋予了人文学科一种特有的源远流长、博大精深的古典主义学科色彩。然而，人文学科并不是一种只循古典传统而无创新与发展的科学，事实上，人文学科又具有与时代并进的特点。每一个时代的人都会根据新的时代条件和需要，根据变化了的社会环境而对那些具有永恒意义的问题做出新的解释与探究，赋予古老的主题以时代的新意，从而使古典主义的人文学科又总是充满现代主义的气息。就此而言，人文学科的进步史又是古典主义的古老主题被不断赋予时代新意的人类精神演进史。

从科学进步的动力来说，作为一个知识体系，人文学科的进步动因来自于人类在人文知识领域进行的不懈的创造性活动，来自于人类对人文现象的不断探索性活动。这种创造与探索活动，使人类在人文领域积累起越来越丰富的知识和理论，由此推动着人文学科的进步与发展。而作为一个价值体系，人文学科的进步动因却更多地来自于人类对自己的生存意义和生存目标不断做出新的理解与体验的精神追问。因此，人文学科的发展史，既表现为人类在人文世界领域知识的不断积累、理论的逐渐丰富完善、学科体系的日益扩大的图景，同时也表现为人类对人之本质、人之意义等精神价值问题不断做出新的理解和体验的图景，表现为人类价值观念与精神形态的演变过程。人文学科的进步史实际上反映了人的心灵与精神世界不断丰富、人性不断完善、人的精神自由不断扩大的图景。从这一点来说，人文学科的进步发展史，实际上也就是人性进步发展的历史，是人类不断克服人性异化、获得精神解放和精神自由的历史。

　　长期以来，人们往往不能正确理解人文学科发展进步的独特性所在。有的人，或者否认人文学科的进步与发展事实，认为人文学科不存在进步与发展，另有一些人，却又往往忽略了人文学科与自然科学在其进步发展方面的差异性和不同的表现形式，用自然科学甚或社会科学的发展模式来套用或要求人文学科的发展，制定与自然科学、社会科学一样的人文学科发展战略与政策措施。比如，过多地强调人文学科也要进行所谓知识更新、思想更新、观念更新，要使用所谓"最先进"、"最现代化"的教材，甚至也编制如同自然科学和社会科学那样的模式化固定化教材，片面追求量化的、通用化的知识考察方式，编制标准化规范化的文史哲各学科专业和课程的"试题库"、"电子模型"。这样做的结果，往往可能将丰富而个性化的人文精神世界肢解成无生命的零配件，将鲜活的心灵世界与情感归结成了一些无生命的具体知识。有的时候，人们往往在行政体制的主导下，对人文学科领域提出一些外在的指标与评价体系，诸如每年出多少国家级、省部级"学术大师"、"学术带头人"，出所谓的标志性重要成果，于是往往动辄搞"重大研究工程"，列出量化指标，要人文学者每年出多少本专著、论文，完成多少所谓"国家级"、"省部级"课题，结果可能造成人文学科领域盲目追求成果的数量和规模的弊端，造成学术研究的虚假繁荣与泡沫化现象。可见，如果我们违背了人文学科发展的内在规律与特点，可能最终只会是事倍功半，甚至对人文学科造成不应有的损害。

　　应该说，人文学科是人类整个知识体系中的一个重要组成部分，它具有人类科学进步发展的共同属性，因此从总体上来说，人文学科进步发展史是与整个人类科学体系的进步发展史相一致的。不过我们更应该意识到，人文学科的一大特点，是它既是一个古典体系，又是一个现代体系，古典主义精神与现代意识的并存共生，构成了人文学科特有的精神气质，从而使人文学科的进步与发展，有一些不同于自然科学和社会科学的特点。因此，仔细考察人文学科进步发展的个性特征，对于正确认识人文学科的本质，正确认识人文学科与社会发展进程的关系，对于我们制定适当的人文学科发展政策和教育政策，都具有特殊而重要的意义。

二、返本自开新

一般来说，在自然科学和社会科学领域，那种从低级到高级、从落后到先进的科学发展序列是很清晰可见的。无论是在自然科学领域还是在社会科学领域，科学进步发展史都是一个旧知识不断被新知识取代，旧理论不断让位于新理论的新陈代谢过程。科学进步发展的那种随着时间的推移而呈现出的向着更高更新的目标发展的趋势是十分明显的。在自然科学领域，19世纪第二次科学技术革命时期的自然科学世界的核心问题，与中世纪时期甚至17、18世纪时期的自然科学世界所关注的核心问题是完全不一样的，而在21世纪的今天，自然科学所关注的核心问题又与19世纪末有了根本的不同。

比如，从近代以来，自然科学已经发生了几次根本性的革命，科学发展的这种直线式进步过程及其显示出的不可逆转性是非常明显的。今天的物理学家，不会再去探讨牛顿时代就已经被解决了的问题。就自然科学的内在发展过程而言，它具有由旧理论向新理论过渡，旧的科学问题被解决后科学进程便向着新的领域过渡转移的特点。自然科学的发展史，如同一条向前奔腾而永不回头的江河，总朝着更新更高的世界奔去。因此，在自然科学发展史上，如果是同一个科学问题，如果它被前人解决了，后人就不需要再去做重复的工作，后人就可以也应该在前人的基础上，以前人的工作为起点把科学向前推进，提供更新的、更全面的、更先进的科学成果。除非新的观察事实或经验与原有的理论不相符合，需要对原有的理论、结论做出修正。从这一点上来看，自然科学史是一种不断从低级到高级、从量变到质变、从科学的常规进步到发生科学革命的进步史，因而自然科学的思想、结论、理论的新陈代谢、知识的新旧淘汰率和更新率都是十分明显的。

但人文学科各个学科的发展与演进，与自然科学史中那种明显的逻辑结构顺序性和层次性却有所不同。在人文学科领域，虽然也有知识的新陈代谢，也存在着知识的创新与新旧淘汰现象，但是，还有另外一种更突出的现象，那就是人文学科一些基本主题与命题的重复性与永恒性。事实上在某种意义上我们可以这样说，人文学科自它产生以来的几千年中，学者们所探讨的研究的，其实只是很少的几个基本问题。只不过，在不同的时代，不同的学者们对这些共同的问题提出了不同的答案，或采取了不同的解答方式。所以可以这样说，人文学科不过是一些永恒性的思考活动，在人文学科的世界里，没有永恒的人生定论，却有永恒的人生问题值得去思考，没有一劳永逸解决的意义与价值问题，却有需要反复追问体味、永远探究思索的意义与价值问题。比如，对"天人之际遇，古今之变因"的追究，对"明月几时有，把酒问青天"的"天问"，对人的本质、世界的意义、生活的目的，以及对什么是理想、幸福、正义、美丑、善恶等等问题的探寻，所有这一切涉及人类最一般性的价值与意义的问题，是如此之古老又是如此之现实，它们实际上并没有确定的答案与不变的结论，而是需要每一个时代的人文学者与思想家们——哲学家、文学家、诗人、作家、历史学家——做出与各自的时代相适应的新的解释与说明，赋予这些古老的话题以新的意义。

人文学科的这一主题永恒性或重复性特点，使得人文学科既是古典主义的，又是现代主义的。每一种伟大的哲学思想、文学情感、历史意识、审美观念，都在重温着一些古老的梦想，都在重复着一些永恒的话题，也都成为每一个特定时代的产物，成为与某一个特定时代联系在一起的思想与情感。由于人类的历史和时代具有它的不可重复性和再现性，所以在漫长的人类精神观念发展史上，可能耸立着一些后人似乎永远无法超越，甚至难以企及的精神思想高峰，可能耸立着一些只与某个不可再现的伟大历史时代相联系的伟大史学、文学、哲学、艺术与宗教。这些在不同历史时代里隆起的精神思想高峰，这些在不同时代里出现的伟大哲学家、文学家、历史学家、诗人、作家和思想家，如无极雪域高原之群峰，虽然群山连绵，有万峰并峙，但却峰峰不同，各显特有之神韵与尊严。这正是人文学科所特有的不可重复性与独特性。古希腊的史诗、雕刻建筑艺术，文艺复兴时期的绘画与音乐，莎士比亚的戏剧，贝多芬的音乐，中国的《诗经》、《楚辞》、唐诗与宋词，公元前后在东西方出现的伟大宗教文化——佛教、犹太教、基督教、伊斯兰教、儒家和道家的那些伟大思想、宗教先哲和传世经典，都成为后世不可重现或后人似乎永远无法越过的精神思想高峰，后人只能对这些历史典籍和思想进行不断地重新理解、体验、解释。在相当大的程度上，以后人文学科的发展史，不过是对人类精神发展史上的这些伟大典籍所蕴含着的那些具有永恒意义的人文理想与人文精神主题的重新解释和理解而已。当然这并不是简单的重复，不是简单的再现，而是与新的时代相联系相沟通的新的解释与理解。这种重新理解或体验的人类精神观念演进史，正是人文学科发展史的一大特征，在这里，人文学科的进步史所显示出来的，并不是一个知识与理论不断"取代"与"增长"的历史，而只是一种赋予了新的时代内容和气息的人类精神观念演进史。

于是我们便会看到，在人类漫长的精神追求路途上，曾涌现出一些永不再生的伟大"先贤圣哲"或"精神巨人"，他们为人类构筑起坚实的心灵庇护所，为人类营建起温暖的精神故乡与家园，使人类获得心灵抚慰精神皈依。他们的伟大人性力量与思想光辉，照亮了人类的心灵，指引着人类艰难地走过漫长的历史而不为精神愚昧所遮蔽。古人曾这样说，"天不生仲尼，万古长如夜"，在世界历史上，像孔子、孟子、屈原、司马迁、荷马、希罗多德、柏拉图、苏格拉底、亚里士多德、释迦牟尼、耶稣、默罕默德等这些先哲们，还有那些在文学、史学、哲学、宗教、艺术等领域出现的无数的杰出思想家、学者、艺术家，他们在各个时代或如横空出世的英雄，在人类精神追求的沥血苦难路途上披荆棘，拓荒野，带领黎民苍生走过茫茫荒原，并给后人留下一笔永恒的精神遗产。他们又或如飞逝的流星，划过人类精神求索的漫漫夜空，闪现一丝光明便溘然长逝，但后人却可以从他们的思想和精神中获得亘古而常新的精神启示和智慧力量。他们的思想和智慧，在以后的不同时代和环境条件下，可以被后人重新理解重新发掘，并被新的时代赋予新的意义，从而成为与时代并进的不断更新、不断重建的精神思想财富。就此来说，人文学科是最古老而又常为新的科学，它既具有浓浓的古典主义精神，又具有鲜明的现代主义气质，这正是人文学科的发展进步史之独特之处。

从人文学科的特定角度上看，人类价值体系的进步与发展表现出的并不是一种知识数量上的增长和旧理论取代新理论的过程，而是一个人类对于一些与人类本身伴随始终的终极性的价值问题做出与每一个新的时代相吻合的新的解释的过程。这里所谓的与新的时代相吻合，也就是与每一个时代的人类的理想精神追求与意义寻问相吻合，与人类心灵之完善与提升的目标相吻合，也即我们通常所说的"哲学都是时代精神的反映"、"哲学都是时代精神的精华"这样的意思。因为价值的合理性与意义，总是在与特定的主体相联系时才成为可能的。知识体系作为一个真伪判断的事实性存在，它具有自身独立存在的基础，它并不因为对这一事实进行判断的主体之不同而不同，而价值体系的意义，对它的解释和理解，却不能离开主体而独立存在。我们知道，作为人文学科价值体系之主体的人，是一种历史性的实践性的存在，他总在历史和实践中展开自己的发展道路，在历史实践中改造着自己，使自身获得新的本质与特征。主体的这一历史实践进程，使他对于价值体系的理解和要求也在相应地发生变化，从而使价值体系成为一个具有历史性和时间性的发展变化的体系。价值主体的这一历史性和实践性，使得关于价值主体基本存在本质与意义的那些人文学科命题本身，虽然具有永恒的意义，但却没有永恒的定论或结论，没有一劳永逸的答案。人会根据自己的主体需要对这些基本命题做出解答与追问，而这正是人类追求自己本质的过程。人文学科基本命题的这种超越时空的意义，要求每一个时代的人根据自己的主体需要做出新的追问与解释。因此，一部人文学科的发展史，实际上就是一部不同时代的人根据自己的主体需要和理想，对那些基本的永恒性的主题做出的新的解释与理解的历史。对这些问题的解释，不同时代的人可能会有所不同，但它们都是人类精神探寻追问的一种努力，它的价值与意义不像自然科学那样是一个真伪对错的判断问题，也不存在前人的思想过时陈旧的问题。作为人类精神价值领域的一种追问与思索，每一个时代的哲学家、文学家、历史学家、艺术学家、美学家，在人类精神价值领域做出的努力，留下的精神财富，都是具有超越时空的永恒意义的。唯其如此，在人文学科领域，才会形成一些真正意义上的跨越时代的"经典"，才会出现对这些跨越时代的"经典"进行反复阐释解读的人文学科发展模式。

在自然科学领域，由于知识的新陈代谢极快，科学家们对于物质自然世界的认识与了解一天天地深入，一天天地扩展。随着知识的积累，一个又一个的科学真理被发现出来，被人类所掌握认识。知识积累与更新的过程，同时也就是知识被淘汰被超越的过程。科学真理的发展进程中旧学说被新学说取代，使自然科学领域呈现出一种从低级向高级进化，不断创新不断否定的发展模式。自然科学的这种知识与理论"折旧率"是很高的。今天，在自然科学领域，人们常感叹知识更新已是如此之快，现代科学技术真可谓一日千里，科学家稍一懈怠就要落伍。因此在自然科学领域要特别重视知识更新与知识创新，要特别强调年轻科学家的发展问题。有人比较自然科学知识量的增长速度，认为现在三年的增长量，是 20 世纪初三十年、牛顿时代三百年、石器时代三千年的增长量。相比较而言，人文学科却可能呈现出另一种图景。在人文学科的世界里，知识与思想的有效性会表现出相当的稳定性与持久性，更容易形成一些具有持久影响力的"经典性"的成果。两千年前古人的思想、论述、著作，在今天依然是具有重大价值与现实意义的。人文学科世界里会留下一些对后世具有永恒价值的古老文献典籍。我们很难轻易地说，两千年前的柏拉图、苏格拉底、亚里士多德、孔子、屈原、释迦牟尼的思想和他们的论著在今天已经过时了，因为他们关注的不是一些具体的知识与问题，而是人类的一些最基本的问题，本质问题。这些问题，在两千年前就由这些圣哲先贤们以一种哲学的方式、哲理的方式、普遍性的方式提出来了。它们实际上是那个时代人类思想与智慧的凝聚和结晶，所以才可能成为经典性的思想与著作。

　　人文学科的这种经典性演进特点，甚至还成为人文学科与自然科学交汇沟通的一种重要方式，是自然科学精神转化为人文精神的一个基本方式。我们看到，那些在自然科学发展史上曾经是极重要的文献和著作，在当时曾导致了自然科学的重要变革与革命，但在以后的自然科学领域内，它已被新的知识和理论所取代了，自然科学家们已经把目光移向那些反映最新科学进展的论著和文献。而那些在自然科学发展史上产生过重大影响的科学论著，在以后时代却可能进入了人文学家的视线里，被纳入了人文学科的知识与思想领域，由反映自然科学进步史的典籍转化成人文学科世界里反映人类思维与精神演进史的典籍，成为人文学家——哲学家、历史学家、文艺理论家或美学家阐释人类精神文化世界的重要著作。比如，在近代自然科学发展史上具有重大影响的自然科学家们——哥白尼、伽利略、开普勒、牛顿等人，他们当年的科学论著、科学活动与科学发现，今天实际上不是出现在大学理科的讲台上，而是更多地出现在大学哲学、历史学、美学、伦理学的讲台上，更多地是为人文学家而不是被自然科学所研究关注。人文学家会从他们的科学思想和科学发现中揭示出丰富的精神文化财富，揭示出对现代人具有重要意义的科学精神和思想财富。

　　历史学家、文学家、哲学家们总是会到人类文明的早期阶段去重新发现具有现代意义的精神财富。从这一形式上看，与自然科学相比，人文学科好似没什么进步，甚至是今人不如古人了，人类的精神世界是在退化在衰落了。其实这只是一种表象，实际上人文学科也是在进步发展的，只不过它有着与自然科学不同的进步模式，不能用自然科学的进步模式来判断人文学科的进步问题。不过，人们确实常常会感慨人类文明在精神世界领域的迷失，感慨现代人在精神世界上陷入的困境，应该说这些感慨并非完全没有道理。人类在自然科学领域会不断地进步，知识会越来越多，科学技术会越来越先进，但是在这个过程中，人类的精神世界是不是有相应的进步和发展呢，人性是不是会伴随着自然科学与经济的发展而进步发展呢？生活在 21 世纪这样一个经济科技高度发达时代的现代人，是不是在精神与道德方面也相应地比古人要先进美好得多了呢？古人与今人在伦理道德与精神世界方面有没有像自然科学那样的历史可比性呢？事实上，从人类文明史的进步过程来看，似乎一直存在着经济科技进步与道德价值失落的二律背反现象，恩格斯不也说过："数千年的文明制度的建立，是以原始平等的丧失和纯朴道德的失落为代价的"。尽管恩格斯在这里指的是原始的平等与道德的失落，但正是由于人类在精神世界确实面临着要比自然科学和经济生活复杂得多的演进过程，人文学科本身的进步史也就要比自然科学在表现形式上复杂得多，会出现更复杂的甚至矛盾的现象。其实，人文学科的危机，也正是人类自身、人类精神世界危机的表现。这些，都是人文学科的进步史与自然科学和社会科学不一致的地方，也是现代人类在经济科技迅速进步的同时尤其需要重视人文学科的建设，加强人文精神世界的建设的原因。

三、注经即创新

人文学科之所以呈现出与自然科学不同的进步图景，是因为人文学科所关注研究的核心主题，虽然在文学、哲学、史学、艺术、美学各个学科那里有各不相同的具体表现方式和内容上的纷呈色彩，但从根本上来说，都是从不同的角度，不同的方式来对那些就人类而言具有根本性普遍性的问题思索探寻与追问。而这些基本问题，以及由这些问题相联系的观念、范畴等，一方面，在人类文明中有着最为核心最为基础的意义；另一方面，这些问题又似乎有着永恒探索追问的意义却无确定不变的答案。因为这种探索追问本身，正反映了源自人类心灵深处的一种永恒精神需求。寻找精神家园对人类来说是一个永恒的过程，人类永远需要在寻找精神家园的无尽路途上追问着那些永恒的问题。每一个时代，人都会根据自己所面对的生存环境和时代条件，根据自己所感受的人生境遇和生命意义之不同，对这些问题做出自己的思索追问。

正是这种人类基本问题的时代重复性或永恒性，赋予了人文学科以一种浓浓的古典色彩，一种周而复始般的循环模式。我们说，人类文明是人类自身实践的结果，也是人类自身实践的过程。人类实践本身的不断发展和变化，使人类的文明形态和生存环境也呈现出不断演进和变化的图景。但是，人类文明作为一种具有内在统一性的过程，却有着历史的内在连续性和承继性，时代虽然在变化发展，人类的生存环境也在不断地变化，但人类却始终面临着一些具有永恒性质的问题，诸如人类文明的本质、理想的生活方式、完善的人性、和谐的人生、生命的价值与意义、对真、善、美的理解等等。这些问题涉及了人类文明的根本和人类精神情感世界的基础，人文学科作为人类的古老知识体系和认识活动，总是从不同的角度——文学的、哲学的、历史学的、美学的、宗教学的、伦理学的，等等——对这些古老而永恒的人类根本问题不断追问、思索、解答。两千年前历史学家司马迁在《史记》中提出的"究天人之际，通古今之变"的史学思想，在以后的两千年间一直成为一代代历史学家追求探寻的目标，成为后世的历史学家反复去探究的基本问题。我们不能说后世的历史学家比司马迁没有什么进步，甚至还不如司马迁，这是因为，后世的时代条件在不断地变化，人们的历史观念在变化，人们对历史的理解与要求也在变化，随着时代的变化，对于"天人"之关系，对于历史之"变因"，后人需要有与每一个时代相吻合的新的说明。当然，两千年前司马迁对天人关系的探索，对历史发展规律与本质的思考，由于是从最一般的意义上进行的探索，这种探索具有了超出他自己时代的意义，因而对后人也一直闪耀着启人的光芒。屈原对人的命运的追求，对人生和世界的探究，同样也成为后来世人不断可以去重新感受体味的精神财富。因为在司马迁那里，在屈原那里，历史学家和文学家提出的问题涉及了人类的最基本的最一般性的问题。人文学科本身的进步史，既是对这些问题不断追问的结果，更是这种追问的过程本身。对于这些具有永恒性质与意义的问题，人文学科不是要提供一个定论性的、唯一性的或排他性的答案，而是要依据人类不同时代所面对的变化发展了的环境与条件，做出新的与时代需要相吻合的重新解释与说明。因此，虽然无论是文学、哲学、历史学还是美学、艺术学、宗教学、伦理学，在总体上都可以说是一些探究人生终极关切、终极关怀的精神意义世界，但人文学科的一个基本特点，在于它的那种对真理、对世界、对人生的开放性和可选择性，它追问着人生的终极意义，世界的终极目的，但却并不宣称在关于人生意义方面只有一种绝对的答案，只有一种唯一的定论。人文学科是一种对人生意义和生活意义持宽容态度的、允许不同的人们对人生持不同理解和选择的开放性的学科。

因此，这些开放形态的、具有永恒性质和意义的问题，在不同的时代条件与社会条件下，便会采取不同的表现形式，不同时代的人对于这些永恒性问题的解释与说明也就会不完全一样。比如，随着时代条件的变化与社会环境的改变，审美观念、历史观念、历史意识、文学情感、艺术精神、哲学理念等的相应的演进与嬗变。所谓"江山代有人才出，各领风骚数百年"。每一时代的诗人、哲学家、思想者、历史学家、作者和艺术家们，如果能以他们各不相同的精神创作活动为时代提供富于精神启示意义的思想，提供对于人生世界的新的解释与说明，如果时代能从这些作家、诗人、哲学家、文艺理论批评家、历史学家和美学家那里获得有益的精神启示，那么这些人文学家的论著、思想和研究成果就是有价值的，有意义的。

人文学科所具有的这种对人类永恒性价值与意义问题做出不断重新解释与说明的特点，使人文学科与自然科学相比较而言，似乎呈现出没有

"进步"、"提高"、"发展"的现象。两千年来，自然科学已经发生了天翻地覆的变化，特别是到了近现代以后，自然科学逐渐进入到一种加速度发展进步的境地，发展之快，变化之大，可谓突飞猛进，日新月异。相比之下，人文学科却似乎还停留在先秦的孔子时代、柏拉图时代。

比如，中国是一个古代学术思想十分发达的国家，在文史哲诸领域都有悠久深厚的传统，内容也可谓博大精深，但中国古代学术发展的古典主义气质也是极为明显的。对于两千多年里中国古代学术的发展史，已故著名学者吕思勉曾将其分为七个时期：一期，先秦时期的诸子百家之学；二期，两汉之儒学；三期，魏晋玄学；四期，隋唐佛学；五期，宋明理学；六期，清代汉学；七期，近代新学。他认为，这两千年中国学术的发展，七个时期中真正有原创意义的只有先秦之学，以后的中国学术，除去佛学和近代新学源自外部，其余均是对先秦诸子之学的承袭。因此要探讨中国古代学术思想的根本，不能不回到先秦诸子之学那里。吕思勉先生对中国学术学期的观点如何姑且不论，但中国古代学术研究中那种反复"回到先秦诸子"的现象却是存在的，它也是中国古代学术的一大特征。我们知道，中国的古代学术到宋代理学时已达到了集大成的辉煌程度，理学大师朱熹有位弟子名叫陈百溪，他曾编过一本书——《字义》，书中罗列了理学中最重要的观念或探讨的最重要的问题共有 30 个，诸如礼、德、和、乐、义、仁、智、信、诚、孝、忠、恕、情、志、耻，以及太极、阴阳、五行、男女、万物、义理、心性、有无、知行、天理、人欲、究通、格物、致知、佛老等等。在这些世代探讨的观念或范畴中，除佛老外，都是先秦时代就有的。只不过在不同的时代、不同的学者和思想家那里，对这些问题提问的方式，对这些问题关注的重点和角度，以及得出的看法与结论会有所不同。这种情况，在西方思想与学术的发展史上，也是同样存在的。上帝、本体、存在、道德、知识、理性、生命、正义、平等、自由等，构成了两千多年西方学术与思想发展的核心主题，而这些观念与范畴，也是在古希腊时期就形成了。

从人文学科发展的这些特点来看，文史哲这些人文学科似乎总在重复着旧的话题，总在一些陈旧的问题上打转转，总在老调重弹，以至于常常有人认为今日的人文学家似乎并不比两千年前的先贤圣哲们有什么更先进之处。应该说，就这方面，人文学科与自然科学相比较的话，人文学科似乎确实是没有"进步"、没有"发展"的。应该说，人文学科在发展史方面的这种独特性，正是人文学科区别于自然科学的一个重要方面。但你并不能简单地因此就说人文学科是一种没有进步发展的学科，因为你不能用自然科学的进步发展模式来判定人文学科的进步与发展问题。人文学科有人文学科的进步发展模式。其实，人文学科的进步发展史，一个基本的特点便是表现为它的恒久性与时代性的有机统一，表现为它的古典主义色彩与现代主义精神的有机统一。在变与不变中反复追问着古老的话题，重新阐释着人生的意义，使得人文学科有着浓浓的古典主义精神的同时，又总是表现出突出的时代特征，正如黑格尔所说，"每一哲学都是它的时代的哲学，是它的精神发展的全部锁链里面的一环"[1]。文学、艺术学、历史学、美学，都是时代精神的反映，人的艺术观念、审美意识、历史观念和文学精神，都是与时代条件和社会环境相对应的。不同的时代条件和社会环境，总与人类的精神状态与心灵世界构成一种双向互动的关系格局。时代变了，人们对那些人文学科基本问题的理解与认识也会相应地变化。而人文学科家在每一个时代对这些基本问题的深刻揭示，对于这些永恒问题的新的阐释，却会给人们以精神上的启蒙、心灵上的震撼、情感上的慰藉，从而影响人们对时代的认识与理解，做出他们自己的改变时代、改变社会和人自身精神状态的努力。所以我们说，人文学科的进步史，也就是人类精神探险、人性获得解放和心灵走向完善的发展史，是人类情感生活体验与感受的演进史。

正是由于人文学科具有这种对人类永恒性价值与意义问题做反复追问探究的特点，使得人文学科世界里才会形成一些"流芳千古"、"彪炳千秋"的具有持久影响力的"经典"作品与文献。有些思想家、哲学家、诗

---

[1] 黑格尔：《哲学史演讲录》第一卷，商务印书馆1959年版，第48页。

人、历史学家和艺术家的思想与作品，会具有永不过时的价值与意义。这些"经典式"的思想、作品或作家，其人性的光辉和思想的永恒意义，是不会像陈旧的知识那样被淘汰被取代的。因为这些作品，这些文献，这些思想家们，在他们那个时代对人类永恒性问题的揭示既具有独到之处，又以最好的方式表达出了人类最一般性的情感与理想。

　　"明月几时有，把酒问青天"这样的诗句之所以千古传咏，之所以可以触动每一个时代的人的心弦，就在于它以一种最符合人性审美价值的方式表达了人类对人生、对生命问题永恒追问探究的情感与理念。而这种追问正是人生存的一种必要形式，它具有超越时空的永恒意义。"认识你自己"这一古希腊哲学的经典命题之所以千年流传成为西方哲学的核心，"人生最重要的就是照看好自己的心灵"这一名言之所以两千年来一直在西方思想体系中占据特殊位置，就在于它们都有着超越时空的精神价值。美国哲学家怀海特曾感叹说，一部西方古典哲学史，不过是柏拉图哲学之注脚，言中不乏对西方哲学热衷于对古人思想的反复解释和注释状态的不满，但应该看到，两千年来西方哲学发展史上对古典哲学思想的解释与理解过程，同时也就是两千年来西方哲学思想演进的过程，因为每一个时代对柏拉图哲学思想都在做出新的解释与理解，并在这种新的解释和理解中创造着新的哲学意义世界。同样，历史学家在对历史进行反思，在对传统文化进行重新解释与理解的同时，也就以自己的主体价值追求使历史和传统获得了新的意义，得到了新的发展。从这个意义上说，所谓的"我注六经"的对经典文献进行解释、发现阐释经典原意的过程，同时也就是一个"六经注我"、以研究者自己的主体意识赋予经典文献以新意的过程。人文学科就是在这种将认识对象与认识主体两者有机统一起来，在它们既相对立又相统一的辩证关系中发展进步的。

四、沧海如桑田

人文学科发展演变的进程与走向，往往还与时代风云、与时代潮流、与一个国家一个民族的历史命运和现实状态有着十分复杂而又紧密的关系。将文学、史学和哲学看成是时代风云的显示器，将诗歌与艺术理解成民族精神与国家兴衰的记载者，应该说都是可能的。当然，自然科学的发展演变，也受着时代环境和社会条件的影响制约，但这种影响与制约大体是外在的。总体上来看，自然科学的进步与发展，其动力既来自社会经济生活的推动与要求，也受到科学研究的条件与手段的影响。科学实验条件的进步，科学研究的仪器设施、观察工具、计量技术的改进，对自然科学成果的取得，对于重大的科学发现，都具有根本性的意义。在现代自然科学领域，由于科学已经深入到宇宙的广大的宏观世界和细小的微观世界，科学仪器的先进与否是如此重要，所以现代自然科学在资金、设备方面的投入是极为巨大的。但人文学科的情况却有所不同。

现代人文学科的进步与发展当然也需要有大量的硬件投入，但它的重要性却不像自然科学那么明显。与自然科学和社会科学相比，人文学科领域要产生伟大的理论与思想，要产生杰出的流传久远的不朽作品，更多地是必须有一种伟大的时代精神环境，一种产生伟大文学、哲学、历史学思想与作品的时代氛围。在一个传统信念发生危机，人类精神世界面临尖锐冲突矛盾，人类心灵经历痛苦磨难的时代，可能为人文学家提供了某种特殊的环境机遇，会使人文学家或人文学者对人生、对历史、对命运等问题有新的更深切的体验与认识，这样的时代，往往有伟大的人文学家诞生，有不朽的哲学、艺术、文学、历史学作品出世。贝多芬的伟大音乐，他那些充满着英雄性、民主性、人民性和浪漫性的不朽作品，既是与音乐家本人的人生经历、性格、信念紧密联系在一起的，同时也是与那个伟大的精神启蒙与思想解放时代，与那波澜壮阔的法国大革命时代紧密联系在一起的。人文学家作为变革时代里最敏感的一个群体,他和他的作品,都是时代的产物,是时代精神的显示器。伟大的时代总会产生精神上的巨人,产生伟大的作品,出现文学、哲学、历史学高度繁荣辉煌的局面,如盛唐时期中国文化出现的繁荣局面。而在一个平庸的时代,一个狭窄的人生空间和生活世界,往往只会出现一些平庸的作品。而对文化思想的独裁统治,对自由思想精神的压制,更会造成精神文化世界的一片萧条,造成人文学科世界的枯萎死寂。

在人文学科发展史上,一般来说,在一个政治稳定经济繁荣的时代,在国家和政府的主持下,往往可以实施一些大规模的文化建设工程,对文学、史学、艺术和哲学进行系统全面的整理总结,收集、编纂、出版文史哲艺术方面的大型文献资料或图书档案,如明代永乐年间编纂的《永乐大典》,清朝雍正、康乾时期编纂的《古今图书集成》《四库全书》,都是中国学术思想史上前所未有的鸿篇巨制、盛世大典。而在一个动荡、混乱和冲突的时代,人们的精神生活和内心世界面临着各种严峻的矛盾与冲突,社会历史文化领域的巨大变革与转折使得人们可以更深刻更广泛地认识体验新的问题,无论是在哲学、美学、艺术学,还是在文学、历史学,人类精神世界的各个方面都出现了许多更为复杂、更为矛盾的新的问题与现象,这样的时代背景,往往会使人文学科进入一个高度活跃、高度个性化和多元化发展的时期,形成文学、诗歌、哲学、历史学创作与研究的高潮。而人文学家本身,也得以从更广阔的社会背景上去感受认识人的基本问题,从自己的人生经历和时代环境中感受人类的精神文化世界的真实状态,写出优秀的论著与作品。

在中国人文学科的发展史上,文学、哲学、史学出现的几个繁荣兴盛、百家争鸣的时期,大多是在社会与时代发生重大转折的时代,比如春秋战国时代、魏晋南北朝时期、明末清初、五四新文化运动时期等等。五四新文化运动带来的思想解放与精神启蒙,给现代中国人文思想家提供了成长的特殊环境与时代条件,一大批伟大的文学家、历史学家、哲学家、思想家和艺术家出现在那个时代,影响了整个 20 世纪中国人精神生活的基本格局或走向。

我们说过，人文学科既是一个知识与事实的世界，又是一个价值与意义的世界。这里需要说明的是，人文学科里的知识体系与价值体系两者之间并不是完全分开的，知识与价值实际上是相互依存相互渗透的。一方面，人文学科知识形态中包含着某种人文理想与人文精神的成分。在哲学、文学、历史学各学科中积累起来的各种知识，渗透着某种特定的人文价值形态，包含着某种特定的人文理想与人文精神内容；另一方面，人文学科所追求的价值与意义，又必须借助于一定的知识形态作为载体才能表现出来。人文价值与人文精神的阐释离不开对人文知识的认识、积累与利用。因此，人文价值理想与精神中，也都包含着相应的人文知识。人文价值、人文理想、人文精神等等，并不是人文学家自己随意幻想凭空构建的，它是通过对某些人文事象进行认识和体验后的一种主体性阐释。而这种主体性阐释总是以一定的认识对象即人文知识为基础的。这如同在人文学科的研究过程中，学术性与思想性两者的关系一样，学术性较多的是追求人文世界领域中的知识形态，而思想性则较多的是追求人文世界领域中的价值理想与精神。学术与思想既相互区别又相互依存。离开了学术研究的坚实基础，思想的阐释便如同空中的楼阁，而没有人文理想与精神的引导，没有思想的提升，学术研究便会失去灵魂而成为一个空壳。从这方面来看，人文学科的知识形态与价值形态是互为对方存在的基础的。

当然，人文学科世界里知识形态与价值形态的演进过程并不会完全同步。某些时代，比如经济发达政治稳定的时代，政府与社会通过对人文学科领域的大规模投入，从事巨大的人文学科基础建设工程，编纂显示国泰民安的文史哲"盛世大典"，各种鸿篇巨制般的文学、史学、哲学、美学、艺术学大型典籍或百科全书纷纷面世。这种时代，往往是人文学科在知识领域取得重大进步发展，知识总量巨大增长的时代。但政治上的大一统局面和对思想精神的独断，却会抑制高度个性化的文学、历史学、哲学、艺术学思想与理论的争鸣竞秀局面的出现，形成人文学科领域学术性成果突出而思想性成就平庸的发展格局。而在一个社会发生严重冲突动荡，人类精神世界面临着重大变迁的社会大转型时期，思想和学术的意识形态控制体系被瓦解或控制程度减弱，传统信念解体，新的思潮冲撞激荡。这种时代，往往是人文学科的价值理想与精神层面发生重大演变，产生伟大人文思想家和伟大精神作品的人文学科繁荣时期。当然，在这样一种动荡、冲突、矛盾和大转折的时代里，人文学科领域的学术整理与知识的系统积累往往是匆忙的，学术上的成就往往滞后于思想与观念上的变革与更新。但这种思想的解放与观念的活跃，百家争鸣和千帆竞秀的局面，将为下一个更为辉煌的人文学科知识与学术繁荣时代的到来注入新的生机与活力。

比如清朝的康乾时代，相对而言是一个政治太平经济繁盛的所谓"盛世"，清政府组织编纂的大型图书《四库全书》规模之宏大，收集整理了历朝历代在经史子集和百科领域中的丰富图书文献，是对中国传统文化与学术的一次大规模系统整理工程。应该说，这些文献整理与编纂工程，在某种程度上促进了中国古代学术的进步与发展，其功绩被泽后世久远。但另一方面，康乾时期在官方组织进行大规模的文献整理工作的同时，在思想文化领域却又推行专制主义，对古代典籍随意删改，甚至将大量的古代文献典籍收缴焚毁，同时，大兴文字狱，压制一切被认为不符合正统王权与统治集团意识形态的学术与思想，造成学术思想界的日益僵化死寂，社会精神与思想日益失去生机和活力，在这种盛世大典刊行的背后，却是以牺牲人文知识分子的独立人格和精神自由为代价的。失去思想活力与精神自由空间的清代学术，逐渐退缩到乾嘉时期的狭窄的考据领域中去，虽然在考据方面有知识的积累功绩，但最终造成晚清以后那种万马齐喑的局面。

又比如说，在进入近代以后，中国社会进入一个大转折的动荡时代，新旧文化与中外文化发生严重的冲突撞击，意识形态和思想的控制也日渐松弛，在动荡的社会环境与急剧变动的时代条件下，近代中国的学术思想高度活跃，百家百派和中外古今思想潮流相互激荡，构成了近代中国人文学科的一种新思想、新观点、新学派、新思潮纷争林立的局面，也产生了一大批思想界、学术界伟大的人物。但另一方面，从总的情况上来说，在近代特别是在 20 世纪上半叶那个充满战乱、灾难、动荡的时代，人文学科在系统的知识积累和大规模的纯学术著作编纂方面成就受到了很大限制。尽管如此，近代的思想解放运动和对传统文化的批判，精神文化领域的启蒙运动，新旧文化的急剧冲突与碰撞所带来的思想活力，所带来的中国数千年思想传统的转型，却开辟了 20 世纪以后中国人文学科的新的繁荣兴盛的全新道路。在这里，我们可以看出人文学科在发展过程中，它的学术性与思想性发展的既互相联系互相促进的关系，也可以看出两者发展进程的某种不同步性特点。

第八章

人文学科的方法

学科是人类认识自身和世界的系统化知识体系，不同的学科，有不同的知识论与方法论，有自己认识世界的方式与角度，人文学科也一样。前面各章，我们分别讨论了人文学科的本质、意义、境界、品格、功能等问题，即"人文学科是什么不是什么"、"人文学科能做什么不能做什么"的问题，在这一章里，我们将在与自然科学和社会科学做比较的背景下，集中讨论人文学科的认识论与方法论问题，即"人文学科怎样做、如何做"的问题。需要说明的是，不同的知识工具与认知手段，既有差异又有借用，在某些情境下，它们之间的结合与依存比人们想象的更具本质意义。

一、自然科学的方法

科学研究的一个基本精神，是根据研究对象的不同特征而采用相应的方法与工具。人类从事知识与思想探索的目的是发现真理，即通过认识活动与认识过程，获得与认识对象或认识图景相吻合、相接近的认识结果。要使这种探索与发现成为可能，探索者或发现者必须要有正确有效的工具与手段，即不仅可以逐渐接近认识对象，而且得以透过其表面现象揭示其本质与内在属性的工具与手段。一部人类知识与思想发展史，也就是在认识论和方法论方面不断进步完善的历史。人类的知识体系是多元的，方法与工具也应该是多元的，任何一种方法与工具的适用范围也是有限度的。

自然科学的认识对象主要是物质自然世界，社会科学的认识对象主要是社会关系结构，而人文学科的认识对象则是人自身，是人的精神、价值与意义世界。一般来说，自然科学、社会科学是人类理性思维的产物。自然科学家和社会科学家通过对个别的、具体的、大量的自然现象和社会现象进行分析研究，借用事实、原因、规律、必然性等概念，运用实验观察、逻辑归纳和推理分析的方法来构建起具有普遍性和一般性的科学体系，形成抽象的逻辑体系和概念网络，再用这些抽象的概念、原理去解释分析具体的自然现象和社会现象。自然科学家和社会科学家总是力求把纷繁复杂的自然现象和社会现象归纳成一些尽可能简单而基本的法则，提炼出一些事物遵循的基本原理，以此来把握自然世界和社会生活的本质与普遍规律，建立起关于自然世界和人类社会运行的基本图景与统一关系。

自然科学的基本目标是发现自然界的真理，揭示自然界的奥秘。所谓真理，是指与认识对象的本质和规律相符合的认识结果。自然科学家通过探索关于自然物质世界的结构、性质、关系和运动规律的认识活动，建立起一幅与科学家们所面对的客观物质世界相一致的认识图景，或是与科学家们所感受到的经验事实相吻合的理论说明，使人类积累起关于自然界的科学真理与科学知识。一般来说，自然科学所面对、所研究的是客观的物质世界，这个客观的物质世界的结构、性质、关系和运行过程与运行规律，都具有内在规定性、客观性、确定性和可重复性，自然世界的这些性质不会因为研究它的科学家不同而不同。自然科学的任务，在于对这种既存的自然本质或规律也即科学真理的发现与接近。在自然科学领域，科学家可以在最大程度上摆脱宗教信仰、意识形态和政治观念的影响，科学家们自己的个性、爱好、性格，他的宗教信仰或政治倾向等因素并不会影响到他所研究的物质对象。一种物理结构与化学现象，并不因为观察研究者的不同而不同。自然界本已存在的各种物理的化学的生物的规律，是独立于人的主体意识而存在，同时也是人可以逐渐认识发现的。如果说，自然界的本然对于人类有什么不同的话，比如说，自然物质世界在古典物理学与现代物理学之间表现出来的某种不同，那也只是因为观察者对物理世界观察的深度、观察者所采取的观察工具或观察方式不同所造成的。因此，对于这个客观的物质世界，任何一个自然科学家，无论他来自哪个国家，无论他持什么样的宗教与政治信仰，他只要遵循正确的研究过程或研究程序，都是可以达到共同的认识结论和认识结果的。而这种正确的研究过程或研究程序，应该是具有普遍性、共同性特征的。这样就使得在自然科学研究领域，可以形成一些具有一般性、普遍性的科学原理与科学结论，形成具有普遍适用性的科学认识论与方法论。

今天，在自然科学领域，科学家们已经获得了越来越系统完整的关于自然物质世界的真理性认识与理论，虽然从哲学的意义上讲，任何被认为是真理的自然科学理论，其真理性都具有相对性，但这些科学认识与科学理论在其认识所涉及的特定范围内，其真理性是具有确定性、普遍性和绝对性的，因而它可以成为世界上所有大学里自然科学教育中的基础性共同性的教学内容。

从现代自然科学发展的进程来看，它有两块重要的认识论与方法论基石，一块是从古代希腊哲学那里继承下来，并日趋完善的形式逻辑体系与数理逻辑体系；另一块是从文艺复兴时期，从伽利略等近代科学家那里逐渐形成的系统的实验与观察方法。前者是逻辑的、思辨的、数学演绎的，后者是经验的、实证的、事实陈述的。现代自然科学家们在从事科学活动并得出科学结论与科学理论时，一般都要遵循逻辑推导与经验实证相统一的原则。

一种理论与结论要被科学界普遍接受，要成为一种科学真理，一方面，它必须在思维理性上是符合逻辑法则的，具有逻辑上的严密性和统一性，经得住逻辑的分析与推导。而逻辑分析与逻辑推导所使用的语言，其概念也必须是清晰的、确定的。如果一种科学理论在逻辑结构和语言概念上都是混乱矛盾的，那它是不能被认可的。另一方面，它还必须在实践上是可以被确证、可以被反复检验的。一般而言，一种基于现象或经验事实所提出的理论与定律，它应该在实践上或者是被经验事实所证实，或者是被经验事实所证伪，而且这种检验必须是可以反复、可以重复进行的，在相同的条件下重复检验的结果应该是一致的、相同的。这样，自然科学家才可以借助于共同的科学归纳与逻辑演绎方法，从现象和特殊的个别事项中引申推导出普遍的东西来，并达致最一般或最基本的科学规律、定律或公理，以此来对世界做出统一的把握。

因此，自然科学家们在从事科学探索活动中提出的某种理论假设或假说，从理论本身的内在要求上说，它首先必须是概念清晰、逻辑严密、推导完备的，它不能存在理论表述上的自相矛盾与逻辑推导上的混乱。同时，从这一理论假设的外部要求上来说，它必须经受实践的检验与确证，而它一旦被认为是正确的科学理论或科学真理后，它还应该对经验事实或实践活动具有解释力、预测力等指导作用。同样，只有它不仅在内部理论表述上是符合逻辑结构，而且在外部实践上也是被实践检验证实，这一理论假设才会被认为是科学真理。这种逻辑与实践的统一是自然科学研究在方法论或认识论方面必须遵循的基本原则与规范。例如，18世纪后期，法国科学家革威耶先，便是根据牛顿的天体力学原理，测算出了太阳系第八大行星海王星的位置和运行轨道，后果然由德国人伽勒用望远镜发现了。这一推测与发现，进一步证明了牛顿天体力学的正确，尽管这时距牛顿公开发表其理论已经近两百年了。

自然科学遵循着逻辑理性的原则、可重复检验的原则、科学假说与经验事实相一致的原则和科学定律尽可能简单性的原则，努力从大自然万事万物的复杂现象中把握事物的本质，把大量的从观察和实验中获得的具体经验材料进行整理归纳，从个别到一般，从现象到本质，化繁为简，归纳出几个最基本的科学原理或科学定律来把握具体而复杂的自然世界。自然科学家们在科学研究中只要遵循从事科学研究的这些共同的认识论与方法论原则与规范，就可以达到对自然物质现象和客观事物的共同认识，得出相同的结论或具有一般性普遍性的科学成果。在这方面，自然科学家是可以在相当大的程度上不受各自的国家、民族、宗教与文化传统和意识形态的影响而相互交流的。由于自然科学具有这种普遍性、客观性的特点，使得自然科学的研究活动从方法论和认识论的角度上说，主要是运用观察的、实验的、归纳的、演绎的、推理的等方法逐渐获得对自然物质世界的正确认识，形成价值中立性的科学理论与科学定律。

二、社会科学的方法

社会科学的研究对象是社会，是作为社会成员的人的主体行为与结果。社会科学面对的是一个"人为的世界"，而自然科学研究是一个"自为的世界"。在这个"人为的世界"里，社会运行的规律，社会的政治、经济、法律的变化进程，有其特殊性。社会规律和进程是人的主体性实践活动的产物，而人的活动是有目的、有价值和意义追求的。受人的活动目的的影响，社会规律的表现形式与作用机制，要比自然规律更为复杂。

虽然社会科学与自然科学在方法论与认识论方面存在重大的区别，但是，从现代社会科学自18、19世纪产生和发展起来的整个历史来看，现代社会科学总体上是在自然科学方法论和认识论的影响下建立起来的。自然科学的概念、分析工具、研究手段移植到社会问题研究领域中来，形成实证形态的社会科学学科品格和特征，并使社会科学的研究日益摆脱传统的思辨哲学和形而上的人文研究模式，是现代社会科学发展的基本历史特征。

在实证形态和逻辑体系影响下发展起来的现代社会科学，无论是经济学、政治学，还是法律学、社会学、管理学，它们虽然也研究人，研究人的行为，甚至也从与人的行为相互关系的角度上来研究人的观念与人的情感，但社会科学在关注人研究人的时候，与人文学科关注人的出发点和采取的视角是很不一样的。社会科学是从社会关系和公共政策选择的角度，从社会的结构、体制、功能、作用的角度来认识人的。如果说社会科学家也关注个人的话，在社会科学那里，个人不过是社会的一个"角色"，一个群体中的"成员"，一个社会机体上的"分子"。因而社会科学家对人的关注，是关注作为社会"角色"的人的社会学的、经济学的、政治学的、管理学的存在状态与价值功能。在这里，所谓人的本质，是从社会关系结构的角度上把握的，人的本质可能被理解为经济学意义上的一种"资源"，一种"生产要素"，或是理解为政治学意义上的"一张选票"，统计学意义上的一个阿拉伯数字，或是法律学、管理学意义上的一种"管理对象"。总之，人是一种政治学、社会学、经济学、法律学、管理学意义上的存在，即所谓的"经济人"、"政治人"等。

社会科学主要是从社会关系与社会结构的角度来理解人研究人。在社会科学家那里，人的本质只能从社会关系或社会活动的层面上来把握。在社会科学家看来，人本身是一种"社会形态下的存在"。社会是一种结构，一种体制，人的主体意识与主体选择，只能在社会结构和社会体制的制约下存在。而这个结构性、制度性的社会，它的存在与发展的进程，它的稳定与变迁的动因，并不是个人可以随意支配决定的。社会规律是人的规律，但不是个人的规律，而是社会中无数个人和各种社会因素合力作用下的规律。因此社会科学家一般认为，社会是由各种群体力量——由无数之个人集合而成的团体、集团、阶层、阶级、机构等社会要素构成的体系与结构，这个体系与结构的运行发展，它的经济、政治、法律关系的存在与变迁，公共制度与公共政策的选择与调整，都是社会的各种力量相互作用的结果，有其内在规范、过程与法则。因而社会的运行与发展过程中存在着类似于自然物质世界那样的独立于个人主观意愿的客观性规律，存在着不以人的主观意志而随意改变的社会运行法则，而这些规律与法则，是可以用逻辑的方法、实证的方法加以认识把握并加以利用的。

由于社会结构、经济体制、政治制度的形成与变迁，其功能机制的运作发挥，都有其内在的自身规定性或规律性，是一个不受个体的人随意改变、随意解释的世界，因此可以对它进行排除了社会科学家个人好恶等主体价值倾向的客观性研究。特别是在社会科学的管理类、技术类、应用类的学科领域或层面上，更可以进行客观理性的实证性、数字化式的分析研究。对所谓理性的经济人、政治人的行为动因与选择模式做逻辑推导与实证说明。许多时候，社会科学家使用的概念与术语往往是诸如结构、功能、关系、体制、交换、联系等等。

由于上述诸方面的原因，社会科学与自然科学在研究方法与研究手段方面是很容易沟通的。现代社会科学也力图对复杂的社会经验事实进行价值中立的纯分析推导，运用统计的方法、定量的方法、社会调查与社会观察的方法，对社会的经济现象、政治现象、法律现象等客观事实进行实证性的研究。在经验事实的基础上借助于科学逻辑体系工具，借助于清晰而确定性的概念网络，运用归纳、推导、演绎等方法，由个别到一般，由繁复到简约，提出具有普遍适用性的关于社会问题的各种理论假设，如关于人的经济行为、理性选择、社会关系结构、行为动因等社会科学理论或规律，再用经验事实来对这些理论假设进行检验，相一致的就被认为是社会科学的真理或正确理论得到承认。

由于自然科学或社会科学的这种实证性和普遍性特征，使自然科学和社会科学的种种理论或原理，对于现实的物质自然世界或社会生活具有实践上的可预测性或可预期性，因为只有那些做出了成功的预测并经过社会生活的实践反复检验的理论或定律，才会被当成社会科学真理为人们所接受，人们也就会在今后的社会实践中运用这些理论与定律。因此自然科学与社会科学的一个基本特点是它对实践活动或现实生活具有指导性的功能，它是"有用的"理论。人们掌握社会科学，是因为人们可以运用这些经大量的经验事实检验而被认可是具有普遍性和一般性的基本原理或定律去预测未来，去指导现实，获得期待中的结果。因此，自然科学和社会科学一般具有明显的现实运用价值，具有理论的可操作性和实用的功能。

三、人文学科的方法

下面来说说人文学科研究方法的一些基本特点。

第一，人文学科与自然科学和社会科学在方法论和认识论方面并不是完全对立的，而是有一些相通之处的，如借助于逻辑理性思维和数学手段，运用归纳、演绎、比较、分析、综合、类比等方法，或是借助于实证性的研究手段，运用调查、统计、实验、观察、观测、检验等方法，也是人文学科中经常使用的。人文学家可以运用这些方法与手段从事人文学科领域中的一些文学、哲学、史学、美学、伦理学、宗教学问题的研究。近代以来，不少人也试图将自然科学的种种方法移植到人文学科研究领域中来，将古老的人文科学改造成"实证性的"、"规范性的"、"精确化的"的科学，为此而在人文领域出现了种种"科学主义"的研究方法。

第二，人文学科一直有自己独特的研究方法与研究手段。人文研究活动虽然离不开理性思维，也需要运用实证或逻辑的方法，但人文学科在更广泛和更普遍的领域需要借助于研究者个人的主体性内心感受、情感体验和心性直觉的方式，借助于研究者个体生命中直接的体悟过程，以艺术的、诗性的、灵动的方式，在理性与激情、理智与本能、思想与意志的既矛盾又统一的运动中，来把握人的精神、情感、价值意义这个特殊的世界。近代以来，那些特别强调人文学科独特性的研究者，一直反对将自然科学的实证方法简单地移植到人文研究领域中来，他们追求用各种独特的人文方法论与认识论，各种"人本主义"的方法与手段，来抗衡"科学主义"方法论。近代以来，人文学科在认识论和方法论方面的发展史，某种意义上就是一部"科学主义"与"人本主义"两种认识方法既矛盾冲突又渗透融汇的历史。

第三，尽管一直存在着争议，但绝大多数人文学家还是认同这样一个基本的观点，即与自然科学和社会科学相比较而言，人文研究的独特之处，在于它具有更明显的向个体性的直觉、灵感、顿悟、体验、想象、幻想等非理性、非逻辑实证方式倾斜的特点。这些独特的方法或思维方式，可以更有效地把握人类情感、意志、信念等精神世界中的一些更复杂更微妙的现象与本质。

人文世界具有客体性与主体性同构的双重属性。人文研究是对自己创造的这个世界的认识，是人认识自我、理解自我的过程。也就是说，在人文世界里，人既是认识的对象与客体，又是这种认识的主体或这种认识的实施者。人文学家本身，不能完全摆脱自己的好恶而处于情感零度状态，他不是一个价值中立的纯旁观者。认识主体与认识客体可以双向沟通，它要求人文学家在从事研究与认识活动时，既要有对象意识，也要有自我意识。他不仅要获得与认识对象相吻合的认识结果，还要时刻反思他自己的观念、思想、情感和价值体系对于他进行的这种认识产生了哪些影响，这些影响如何制约着他的认识结果。人文学家总是既在认识客体，又在认识自身及认识自身与外部的关系。

人是一个有主体创造性、有情感意志的存在。人的本质和属性，人的情感与意志，与自然物质和动物不同，它不是固定的，由外部条件决定而处于被动状态的，而是由人自己的主体实践来赋予来创造的，具有可改变性、可选择性以及由于这种可改变性和可选择性而带来的不确定性和个体性。人能意识到自己的存在并改变自己的存在状态。精神世界和意义世界的价值问题，是以主观性、个别性、多变性为特征的，要对这些问题进行研究认识，除了借助于自然科学与社会科学中使用的那种理性分析、逻辑分析和实证性分析的方法外，还需要借助于人文学家自己的个体精神感受和个人心灵体验等一些特殊的方法，这样才能有效地把握一些人文情感与精神观念世界中那些非理性的、情绪化的人文事象，获得对人文精神与情感世界的特定本质和独特规律的正确认识。虽然也有一些人文精神世界的研究者，试图将自然科学的一些分析的、实验的、统计的、解析的方法应用于哲学、文学、美学和历史学的研究，如现代西方文艺理论与文艺批评中的"科学主义"流派，就企图排除研究者的主体价值介入成分，用一些被认为具有普遍性、共同性的规范与概念，如"神话原型"理论、"集体无意识"精神结构等，以纯客观的技术性语言文字分析或结构分析，来解释所有的文学艺术现象。这种对文学艺术作品的研究限定在对作品语言的结构、语法、符号系统的纯客观分析领域，即将文学艺术研究"科学化"、"规范化"的努力，实际上是把文学问题转变成一个语言学问题，而又把语言学当成一种可以脱离主体情感与价值因素的纯粹的符号、形式或结构等客观性问题来看待。这样做，在某些方面有助于深化对文学艺术的认识，但实际上并不能真正把握文学艺术的本质。

人文研究都有反思与批判的色彩，总带有对认识对象的现实既存状态的批判性和超越性态度。如果说自然科学与社会科学必须面对现实、实事求是、脚踏实地，一是一，二是二，那么人文研究却更多地追求着理想和自由意志，企盼着对现实的超越，赋予人生和世界以更多的幻想和浪漫色彩。人文学家总会把自己的理想、价值追求赋予他的研究对象，从而带有较强烈的主体构建性和选择性。在人文的世界里，人文学家、人文作品、人文作品的读者，这三者之间存在着复杂的双向渗透关系。人文学科总是力图透过客观事实的世界，去构造一个理想的世界、价值的世界和意义的世界，它立足于现实但却又具有超越性和理想性，是一种情感与理性互动的产物。因此，在人文研究领域，不仅运用事实、原因、规律等概念，更多的是使用意义、价值、理想、意志、情感、人性、人格、尊严、善恶、美丑等概念，去理解体验人类的精神生活、文学情感、历史观念、审美意识、宗教信仰等文化世界，去对人类生存的价值和生命的意义进行探索。

价值判断与事实判断是两种不同类型的研究活动。一般来说，真、善、美在本质上是可以相通的，这主要表现在求真是向善审美的基础，求真亦可以获得向善审美的结果。向善审美的价值判断不能离开求真的事实判断基础，价值判断活动受着经验事实或客观事实的制约，不能是完全主观的、随心所欲的，社会历史实践构成了价值判断和价值体系的基础。而事实判断也不可能完全不涉及某种价值上的引导或选择问题，纯粹与价值情感无涉的事实判断只有机器人才有可能。这是价值判断与事实判断相统一的一面。但是，事实判断与价值判断尽管可以相通但毕竟不是一回事，求真与向善审美虽然可以统一，但也终究是两种不同形式的精神活动。价值判断与事实判断作为两种有差别的认识领域与认识形式，它们在方法论和认识论方面更有着不同的要求和规定性。事实判断倾向于客观性和普遍性，所使用的基本认识方法与研究方法是逻辑与实证的方法。而价值判断却倾向于主体构建性，具有更明显的主体选择性、个体感受性、理想超越性，所使用的认识方法与研究方法却更多地是情感体验与心灵感悟的方法。

人文学科认识活动带有更为明显的主体选择性和主体构建性，具有更为突出的个体性与多样性色彩。每一个历史学家对于历史的解释与反思，每一个文学家和美学家对于文学艺术世界的表现与感受，每一个哲学家对于人生意义和生命价值的探寻与追问，都是具有个体的独特性的。每一部历史学著作，总直接或间接地感受到这个历史学家个人对于历史的一种独特的理解与体验，有历史学家个人的身影。自然科学重视思维的规则，寻求更具普遍性和共同性的东西，建立科学家共同体都能认可、接受和遵循的一致性的东西。简约、统一、和谐、对称、严密、严谨，是自然科学在理论上和思维模式上追求的目标与原则，也是自然科学的优美动人之处。甚至，自然科学家们试图把变化万千的自然世界——物理的、化学的、生物的，都导向一个极简单的数学世界，用数字化的极简单符号模型来解释世界的无限多样性。

社会科学在很大程度上也在追求这样一种理论与分析方法上的简约化目标，经济学家对人的经济理性、交易选择、行为模式的分析，法律学家对社会的制度形成、利益交换和社会法律运作的"游戏规则"的说明等，也试图做出某种程度上的尽可能统一、完美、严谨、简单的把握。而人文学科却很不一样，它更多地追求着独特、新异、个别和个性。在人文学科那里，人是一种由其主体实践过程而自我创造、自我塑造的实践着、变化着的存在，人的本质不是外在决定的、先定的和固定不变的；相反，他会在自己的实践与创造过程中主动地来追求、改变和发展自己的本质。你可以用生物技术"克隆"复制一个生物学意义上的人，先在地规定这个"克隆"人的生物自然特性，但却无法用基因遗传工程先在地规定人的存在本质与价值意义，因为人的存在本质与价值意义，不是先在遗传规定的，而是由人自己在后天的主体实践中来追求、塑造、获得的。人文学家们总会根据自己的观念与标准去选择那些他感兴趣或他认为重要的认识对象来建立他的历史学思想与文学艺术观念，以他的分析框架和理解结构去加以解释，并在解释的基础上做出理解。这一主体性解释与理解的过程，同时也可能是一个主体意义赋予认识对象的过程。

对于一个长满鲜花与植物的园林，生物学家看到的是各种鲜花与林木的生物学形态，它的类型、物种结构，各种植物的习性、遗传特点等。经济学家看到的可能是这个园林的商业开发价值与市场潜力，会用市场销售的统计学方法和收益理论来看待这个园林中各种花木的价值与作用。而文学家、诗人和哲学家看到的却可能是鲜花的美丽、高洁与和谐，看到那美丽的园林里大自然生命的勃勃生机对于人类的精神与美学意义。文学家、诗人、艺术家会让这花开花落都充满丰富的个性化的人性，或是欢乐或是忧伤，每一个艺术家、诗人、作家的感受可能都不一样。在这里，生物学家是用自然科学的分类、统计、实验的方法来认识这个园林的生物种类与生物特性，经济学家是用社会物质利益及其交换关系的眼光来看待园林的经济学上的资源价值与市场价值，而文学家和诗人则可能是用想象、幻想、艺术与美学的方式来认识园林的美学与艺术价值。自然科学家会探究这园林中的色彩是如何形成的，这些缤纷的色彩是由哪些物理与化学的因素所构成的。而文学家与诗人却可能是从人自身的情感与文化角度来理解这园林的色彩关系。诗人与文学家、哲学家和历史学家可能会去探究这五颜六色的色彩对于人类的文化与情感象征意义，思考不同的色彩在不同的文化环境下对于人类的意义。比如在有些文化中，红色可能包含着喜庆的意义，也可能包含着灾难的意义，绿色可能被赋予了生命的意义，黄色则可能被人赋予尊贵的意义，也可能被用于表示荒淫的文化内容。而这些内容，都不是颜色本有的，而是人以自己的情感、价值、意义和精神赋予颜色的，是人以自己的意识，通过想象、象征、比附、隐喻等方式，附加到色彩这一自然现象上去的人性因素，由于每个人文学者的精神情感和风格个性不一样，赋予色彩的人性内容也就会有很大的差异与多样性。

文学、史学、哲学、艺术学、伦理学等，以一种富于人文学者个性特征和个体意识的方式，从不同的角度为人类提供了一个具有强烈主体构建性的精神的家园和理想世界。文学艺术的本质和意义在于以人类的情感和心性从事审美活动，探究关于人的情感精神世界的本质和美丑善恶关系等的基本问题。史学是人类对自己历史活动与文明形态的一种反思，探究人类文明的本质与意义，历史学使人类不断回归自我，重返精神的故乡以获得对人类文明和人之本质的新体验。哲学是一种对生命意义、对存在目的做终极关怀的精神活动。伦理学、宗教学则在更直接的层面上探讨人类的善与恶、道德与信仰等人的基本问题，以说明人生的本质与生活的意义，回答什么是幸福、善恶、美丑等价值与精神方面的问题。

四、理性诗性结伴行

人文学科特征的独特性，使它逐渐形成了一些适应自己研究对象和学科性质的特殊研究方法或研究工具。这些特殊的认识方法与研究方法，在不同的学者和流派那里具体的表述概念有所不同，大致说来，可以归纳为这样一些，比如价值论或价值学的方法、意义学或释义学的方法、理解学与解释学有机统一的方法、接受学的方法、发生认识学的方法、哲学反思与心灵顿悟直觉的方法等等。这些特殊的人文学科认识研究方法与研究工具，相互间的区别并不那么明显，而且还有一个普遍的特点，就是它与自然科学那种以客观经验事实为基础的逻辑实证与理性方法有所不同，它更突出人文学科研究对象、研究者、研究作品、作品读者等各个方面的复杂关系，更强调在人文研究领域存在着的明显的主体介入因素和主体选择空间，强调应该更多地关注研究者的主体阐释，关注读者在阅读作品时的心理接受过程的主体性再创作现象。应该说，这些特殊的人文学科研究方法或研究手段，拓展了科学认识论与方法论的空间，丰富了人们对于科学世界多元性格局的认识，对于更好地把握人文世界的特殊性和认识过程的复杂性，对于更好地把握人文学科世界中的一些本质性的问题，有着积极的意义，这也是20世纪人文学科走向现代复兴并获得重大发展的重要原因。不过，如果在使用这些方法时不能适当把握主体性因素介入研究对象和研究过程的尺度，就可能陷入主观性太过强烈的片面性缺陷。

以这样一些特殊的人文学科认识论与方法论来理解人文学科的研究过程，有些历史学家就特别强调历史学本身具有思想史、观念史、文化史的意义，认为所有的历史学研究都是历史学家本人对历史的一种理解和体验，是一种基于现代意识和历史学家价值信念的对历史的主体性解释与说明，以此来强调历史学性质的主体性色彩与主体性感受因素。持这种观念的历史学家认为，历史学不可能是一种完全价值中立的、不带任何个人先见的对历史事件和历史过程做纯客观记载、描述、说明的活动，那种所谓历史学就是"复原历史原貌"、"再现历史本状"的说法不过是个神话。因为历史学的研究过程，其实是历史学家主体观念的一种阐释而已。我们知道，历史学家对历史的研究活动，总是在对各种历史资料、历史文献、历史传说、历史事件进行阐释理解的过程中来完成的。这些供历史学家解释理解的"文本"——各种文字的、口头的、文物的资料和历史事件，总是包含着某种特定的意义，传递着某种确切的信息，历史学家的工作便是对这些历史文本所包含的意义和信息加以解释和理解，从而写出各种历史著作。但是，这些历史文本所包含着的意义或信息是不是完全确定的、独立存在着的呢？按照"接受学方法"或"理解学方法"的观点，这些历史"文本"的意义，必须经由研究者的主体接受过程，要在作为理解者的历史学家对其进行理解和解释的时候，才得以真正确定下来。而历史学家对这一文本的理解和解释的意义，有一些可能是文本本身就有的意义，还有一些则有可能是历史学家附加上去的，或是历史学家引申出来的，联想出来的。也就是说，历史文献或历史事件的意义对于后人来说并不是完全确定不变的，它并不像认识自然物质世界那样排除了研究者主体性因素而独立存在着。实际上，这些供历史学家认识研究的历史"文本"，这些历史典籍或历史事件所包含的意义，是一个开放的形态，只有在历史学家对它进行主体性阐释的时候，才得以真正确认并被人所理解。这是一个不能不带上主客体相互对话的意义接受的复杂过程，而历史学家对这些历史文献进行解释并理解和接受其意义之前，已经形成自己的用以进行解释、接受、理解的价值体系、解释准则、思维方式等"前心理结构"或"前理解结构"。这个解释、接受、理解前就已形成的"心理结构"如何，会对历史学家对历史文本的解释、理解、接受的过程与结果产生影响。由于每一个历史学家都是具体的、实践着的主体性存在，他们的人生经历和价值准则并不完全一样，他们形成的用以解释、接受、理解历史的心理结构也就会有所不同，从而使他们对历史的解释、接受、理解不能不呈现出个性化特征。因此，每一个历史文本的意义，在不同的历史学家那里，就可能被赋予不同的意义。当然这并不是说历史文本的意义完全是由历史学家的主体观念来随意曲解的，因为人的观念与思想受着社会和历史的制约而有普遍和共通的一面，而是说，从人文学科的这种主体阐释性特征来看，任何一个历史文献和历史事件的意义都是通过历史学家的主体观念活动过程才成为现实的。虽然历史学家的这种主体性阐释也受着某种客观因素的制约，但在这里，实际上是让我们看到了在历史学研究过程中，必须将主体与客体两者同时联系起来考虑，既对认识客体进行研究，同时也要对认识主体进行把握，把握作为认识主体的历史学家是如何对历史进行理解解释的，他的认识结构与价值准则对认识过程和认识结果有何影响，他是如何以他的认识结构来对认识对象的意义进行阐释理解的，只有这样，才能对历史学性质有全面的认识。我们说，将历史研究过程完全视为历史学家的主体观念的呈示，否定历史学研究中必须遵循的客观理性原则，是片面的，因为历史学家对历史的解释和理解并不是随心所欲的，但强调历史学研究中的主体性因素却是具有积极意义的。

又比如说，将发生认识学的方法运用于文学与艺术的研究过程中，以主体构建性的角度来理解文学艺术审美过程的原理与机制，也有助于更全面地揭示出文学艺术的本质，获得对文学艺术创作与鉴赏原理的更符合实际的说明。按照传统的自然反映论的观点，文学艺术的创作与鉴赏过程被简单地理解成一种主体对客体的被动的、镜式的反映，文学艺术对象的所有信息都会直接地呈现给认识主体。但按照发生认识学的文艺理论来看，文学艺术的创作与鉴赏过程受着主体自身的认识结构的制约，只有符合主体认识结构的信息才会进入认识主体的意识中，而不同的主体，或同一认识主体在不同时期与不同环境下，认识结构可能是不一样的，这样文学艺术的创作与鉴赏过程与结果也就会不一样。在每一个文艺作品中，都存在着意义上的"空白"地带和可扩展空间，供读者和欣赏者根据自己的审美需要和审美结构，以自己的艺术想象、理想和追求目标，去填补、充实这些文艺作品的意义"空白"。也就是说，读者或欣赏者对文艺作品的接受过程本身，也就是一个读者与欣赏者主体性因素渗入作品意义世界的过程，是读者或欣赏者在作品原有意义的制约下，对作品意义进行再创作的过程。这种读者与欣赏者的主体性因素渗入和意义再创作过程，是可以反复进行的。在这里，文学艺术的主体构建性得到了特别的强调。从人文学科的接受学方法那里，我们可以更好地明白，为什么对同一部文学艺术作品的审美感受，不同的人会不一样，即便是同一个人，年轻时与老年时也会有不同。因为每个文学艺术的创作者或欣赏者的心理结构和心理特征是不同的，同一个人，随着人生经历的变化，其认识结构和心理结构也在随之变化，因而文学艺术作品意义对于读者或欣赏者来说，总是存在着一些不确定的、空白的地带，是可以反复欣赏反复理解，被不断地赋予了新的意义的。而作品的意义也只有和读者或欣赏者的阅读欣赏行为联系起来时才成为真实的存在。这其实也就是在文学艺术作品与欣赏者之间发生的反复交流对话和意义双向构建的过程。

而从精神分析主义的文艺理论来看，文学艺术的本质，文学艺术的创作过程，不过是人的一种内在本能冲动与愿望的满足，是人的自我表现愿望的满足方式。精神分析主义的文艺理论认为，应该从人的潜在意识与本能的角度来重新理解文学艺术活动。精神分析的文艺理论虽然倾向于强调不依赖于人的主体性自觉意识的所谓潜意识结构，但它在方法论上也有助于开拓文学艺术研究中的新领域，也提供了有价值的研究文学艺术的新方法新工具。借助于这些新方法与新工具，可以更深入地触及传统文学艺术研究中被忽视的一些领域，如人的潜意识或深层心理的活动特征，从而对文学艺术的本质做出更全面的把握。此外，将精神分析主义的文艺理论运用于世界各民族的神话、宗教仪式、民间传统与口头文学的研究领域，也可以深化对这些历史文化现象发生演进及其功能作用的认识。应该说，这些都是人文学科研究方法和认识方法方面的一些独特之处。

人文学科认识方法与研究方法的独特性，是与人文学科的这种强烈的主体构建性，以及由此而使自己具有某种艺术和诗歌的品格气质相联系的。人们常说，人是最难把握，最难认识研究的对象，人文学科也是一种最不确定的最难把握的学科。这主要是因为，人文学科是对人进行研究的学科，是对人的本质和人的属性的追问，而我们知道，所谓人的本质，人的特征，人的属性，人的内涵，本身并不是确定不变的。人的本质取决于人的主体性实践与创造，取决于人的主体性追求与构建。而人的实践与主体创造本身，便是一个发展着的、实践着的历史过程，因此人的本质，人的属性，也就是一个历史的变化发展着的过程。它并没有一个永恒不变的固定意义。动物和自然物的存在本质是先定的，动物也不会对自我存在的本质和意义产生自觉意识与主体创造欲望。但人却不同，什么是人的本质？人的本质在于人的自我创造与自我追求，在这里，也就提供了作为研究人的人文学科表现出更大的主体性构建空间的可能与必要。人们常说人文学科是一种诗性和理性并存的学科，无论是哲学、文学、美学，还是历史学，都具有诗性的一面。暂时放开人文学科的理性特征不论，就从人文学科具有诗性特征这方面来说，人文学科的认识论与方法论必然表现出突出的个别性、独特性、不确定性和多样性特征。我们说，文学从其本质上说是一个抒情与审美的世界，由此可以把文学的本性归结为人类以自己的

第八章 人文学科的方法

181

情感和心性构造的一个追求美、追求理想和超越的诗意世界。文学作为人类的一种生存方式，便是人类追求一种诗意生存方式所做的努力。通过文学的情感与审美追求，人类追求着并逐渐实现着诗意地栖居在这个世界上的永恒梦想。哲学本质上也具有诗意般的自由精神，它总是在想象和反思的不确定中去把握形而上的理念与精神，它有着更大的、更宽泛、更不确定的活动空间。它那超越现实人生而向往一个完美世界的乌托邦哲学精神，引导着人类超越现实而走向一个更美好的未来。

我们说，文学、哲学、史学、艺术学、宗教学这些人文学科，总会在人们心灵和精神生活的一切领域出现，为人类的经济行为、政治行为、艺术行为、科技行为寻求一个终极性的支点，为人的生存意义和生存价值寻求一个终极性的答案。它试图从根本上使人感到自己的生命意义有了一种确定的解答和目标，灵魂有了一个安妥庇护的世界。而人文学家所做出的这种种努力，不是用实验的方法、数学计量的方法、逻辑推导与逻辑确证的方法，而是以人文学者内心的情感、心性、感悟、幻想甚至直觉来构建这个人文精神世界的。每一个人文学者，都会有他自己对于人生、对于世界意义、对于生活本质的理解和体验，都会有他自己对于生活意义、人生价值和理想的独特感受，都会有他自己对于什么是历史、命运、信仰的个体体验，因此人文学家所写出的文学、哲学、史学、艺术学论著，他们的思想，他们的学术观点，总是带有浓厚的个性色彩，总是会在他们的论著中闪现着他们的身影，流淌着他们的情感，呈现着他们的价值倾向。由于文学、史学、哲学、美学、艺术学、宗教学等学科的研究，更多地是借助于人文学家自己的情感体验，借助于人文学家自己内心的心性领悟和直觉思维来进行的，因而在人文学科的研究中不能不呈现出明显的个体特征和个性意识，从而使人文学科具有比自然科学、社会科学更为浓厚的主体性介入的多样性与多元化色彩。人文学科的这种个体性、主体性、多元性特征，使得人文学科必然反对在价值信仰与意义追求世界里的任何排他性的神学独断和唯一解释模式，反对"终极关怀"与"终极意义"追求方面的外在强制与权威，而主张每个人都可以也必须自由地同时也是自我负责地自己去选择，自己去寻找，自己去建立自己的价值信仰体系与生命意义标准。宽容性、个体性、自由性、多元性，都是人文学科在追求真理与理想时的基本要求，这使得人文学科总具有一种浪漫的情怀与诗意的色彩。正是这种自由浪漫与诗性特征，以及由此形成的人文学科的个体性、多样性和独特性，使任何一部文学、历史学、哲学、艺术、美学的作品，都留给了读者超出其作品自身内容的更广大的理解空间，每一个具有不同"理解结构"或"理解要求"的读者，都可以根据他自己的认知结构去进一步想象、发挥作品的内容。

当然，人文学科在认识论与方法论方面的这种主体构建性特征，并不是脱离理性制约逻辑的一种完全随意性的东西，它也不是人文学科认识论方法论特征的全部。事实上，有一些人文学科，比如，历史学同时兼有人文学科与社会科学的双重属性，而哲学则兼有人文学科与自然科学的双重属性。

历史学在本质上是一种人文学科，但它同时兼有社会科学的许多特征。就它必须以过往的历史事实为史学构建的基础这一点来说，史学具有社会科学体系结构的某种客观性品格。它必须对历史的过程、事件进行选择、考信、整理、辨析，建立在某种实证的、确定的基础上。这一点使历史学不完全等同于文学或艺术学。但另一方面，历史学却又更具有人文学科的基本属性，因为它本质上是一种人的观念、情感、想象的活动。历史学并不同于方志学、档案学，它不会停留在对史料史实的纯客观记载水平上，它总是注入了研究主体——历史学家本人的对于历史的主体性理解与评价过程，带上了历史学家自己的观念色彩和意识因素，以自己的认识模式去研究历史。虽然历史学家在从事历史研究时必须以尽可能准确的历史事实为基础，必须以尽可能客观的历史经验为依据，但是即便历史学家所使用的历史事实都是确实的、可信的，是经过严格的考订和鉴别的，却也还存在一个历史学家以什么样的选择标准，以及选择哪些历史事实来建立他的历史学理论与论著的问题。面对那众多的历史事实，历史学家选择的标准和范围却可能带有自己的主观色彩和个性特征，不同的选择标准和选择不同的历史事实，都会影响他对历史的分析说明和分析结果，并因此影响读者对历史的认识。比如说，假设某个研究 18 世纪法国史的历史学家，由于受他个人的历史观与文化观的影响，认为历史就是帝王或统治者的历史，那么他就会对帝王、大臣、将军们的历史活动、他们的相互关系，甚至对他们的性格与私生活更感兴趣，他在写历史时，就会总是从众多的史实中选择那些有关宫廷阴谋和倾轧争斗的内容来写他的历史著作，那么 18 世纪的法国史给人的印象可能就是一部帝王、大臣、将军的历史，一部宫廷政治史，一部统治集团家族的谱牒记载史。可如果这位历史学家对普通平民和下层社会更感兴趣，并持一种平民主义的历史观与文化观的话，他可能就会认为历史其实是由那些最为普通的下层民众创造的，他就会把他的研究视野更多地投向那些不为传统史学关注的领域，去选择或寻找那些诸如流民、车夫、童工、小店主、乞丐生活状况的史事，从普通民众生活的角度来写历史，从而描绘出另一幅完全不同于宫廷政治史的 18 世纪法国社会史图景。所以在历史学研究活动中，历史学家可能具有的主体选择性和价值判断空间都是很大的，这正是历史学作为一门人文学科的重要标志，也是历史学与自然科学和社会科学的重大区别。即使是对历史事实的考订与辨析，也不能说是完全无主体介入成分的。有的历史事实，比如某个事件发生的年代、地点等，可以是确定的，而有的历史事实却并非如此，比如滑铁卢战役发生的时间和地点是确定的，但拿破仑在这场战争中失败的原因却并非如此确定。事实上，历史学家要对史料做选择就必有选择的标准尺度，要考信就必得先有考信的根据，有实录就必得先有对实录的认识，有解释就必得先有解释的立场和态度。从这个意义上来说，历史学家对历史的认识和研究总是他的一种观念和意识的呈示，他总是要在写作历史著述时将他的主体因素渗入"客体"——他所选择、解释、辨析、研究的历史对象中去。没有历史学家的这种主体观念活动，历史学本身就无法成立。正因为如此，有些西方思想家甚至认为"历史学本质上是一种诗性的话语写作"。新历史主义者怀特还提出"元历史"的概念，他认为，"所有的诗歌中都含有历史的因素，每一个历史叙述中也都含有诗歌的因素。历史总是我们猜测过去也许是某种样子而使用的诗歌构筑的一部分。"将历史学等同于诗歌和艺术显然是不恰当的，但两者却有某种内在的共同精神，正如李大钊说的那样，"史学在某种程度上其研究的本身含有艺术的性质"。在这个意义上，我们应该对有些历史学家们宣称的历史学追求一种纯客观真实性的"信史"观点，持一种审慎的态度。对此，梁启超在《中国历史研究法》中也曾说过，"吾二十年前所著《戊戌政变记》，后之作清史者记戊戌事，谁不认为可贵之史料？然谓所记悉为信史，吾已不敢自承。何则？感情作用所支配，不免将真迹放大也。"

人文学科的这种强烈的主体渗透性，是它的优点也是它的缺点，如果人们对这个缺点缺乏足够的警觉，它就可能成为人文学科一块致命的"硬伤"。因为如果没有来自自然科学的科学实证精神和理性思维与逻辑体系对它加以平衡的话，让人文学科的这种主观构建性走向极端，人文学科就会变成一种完全不可相互沟通的人的随意幻想，这也会对人文学科的发展造成损害。正如自然科学中的实证方法不能无限制地搬用一样，对于人文学科世界中这些独特的研究方法与认识方法的适用范围，也是不能无限度地扩张的，这些方法也有其内在局限。事实上，在人文学科与自然科学各种方法之间进行建设性的对话，将科学理性思维与艺术灵性思维有机结合统一起来，已成为当代人文学科方法论发展的一个基本趋势和本质要求。

五、科学艺术互表里

从上述对人文学科认识论和方法论的分析中，我们或许可以更好地理解，近代以来在人文学科与社会科学发展进程中，在方法论与认识论方面曾长期存在着"科学主义"与"人文主义"两种既相互对立又互动渗透的格局。

科学主义的代表人物最早可以追溯到19世纪的英国、法国学者，如孔德、边沁、穆勒、圣西门等人，他们主张以分析性的逻辑实证主义的方式来研究人类社会生活的一切方面。他们认为，科学在方法论和认识论方面应该是统一的，自然科学的方法可以扩展到一切社会和人文的研究领域，他们反对传统人文学科中那种形而上学的思辨传统和个体情感体验，认为科学必须以确定的知识和清晰的逻辑概念体系为表现形式。在这种科学主义的认识论那里，社会科学与人文学科不被认为是有别于自然科学的另一种类型的科学体系，科学只有一种基本的形态，即实证形态的、建立在经验与逻辑归纳基础上的规范性科学，它的基本研究工具与方法是实验、统计、逻辑归纳。这种观点实际上是以自然科学来改造和重建人文学科与社会科学，把人文学科与社会科学都建立在自然科学的基础上。既否认社会科学与自然科学在研究对象与研究方法上的差别，也不承认人文学科与社会科学在研究对象与研究方法上的不同。当时，从实证主义的哲学家孔德、边沁、穆勒的努力中，可以看出一种试图将自然科学扩展到人类生活的一切方面以建立一元论的世界统一体的思想倾向。他们认为，如果说社会现象特别是人的精神现象表现得要比自然现象更为复杂，因而对社会和人的精神世界的研究所用的方法与自然科学有所不同的话，这种不同也只是程度上的而不是本质上的。实际上，这种以自然科学为科学的唯一形式或科学之圭臬的观点，正是 19 世纪以后自然科学迅速发展、人文学科日益衰落的现象的反映。它否认了人的精神世界的独特性而企望用自然科学的分析实证与归纳逻辑来研究认识人的心灵世界与精神世界。

与上述科学主义的实证分析传统相反，在法国、德国等欧洲大陆国家，却流行着人本主义的认识论与方法论传统。持这种观点的学者们主张科学具有两种不同的形式，即自然科学和精神科学（或文化科学）。他们认为，精神科学或文化科学应该有自己不同于自然科学的研究方法与研究工具。自然科学采用的是实证分析与归纳逻辑的方法，而精神科学或文化科学应该采用另一种"理解"的研究方法，即非实证的、非逻辑理性的研究方法。它们反对将自然科学的方法与概念原封不动地搬到精神科学的领域中来，反对一元论的科学观念而主张科学形态的两分法。它们认为自然科学和精神科学有着根本的区别，后者必须以主体性的解释和理解的方式来阐述说明人的精神世界和文化世界的意义和价值，而不能用价值中立性纯客体分析方法，或用经验主义和逻辑主义的方法来推导归纳人的精神文化现象。

科学主义与人本主义在方法论方面的这种争论反映了人们对人文学科世界独特性的不同认识与理解，对此我们已在前面做了分析。这里我们需要对人本主义做进一步的说明。

首先，人本主义的方法论流派强调人文精神世界与自然物质世界的区别，并主张必须形成研究人文精神世界的特殊研究方法，这对于更好地理解人文精神世界是有积极意义的，但它存在两个基本的缺陷。一个缺陷是，它将科学形态划分为精神科学和自然科学的科学两分法虽然有一定的合理性，但它将精神科学与自然科学完全对立或割裂开来，认为在精神科学中只能完全排除自然科学的方法。实际上，研究自然现象和人的精神现象固然在方法论和认识论方面应该有所不同，但两者并不是完全不可相通或不可互渗的。另一个缺陷是，它将人文学科与社会科学等同起来，认为人文学科与社会科学性质完全相同，都属于精神科学或文化科学，都应该采用人文主义的方法来研究认识。但我们认为，社会科学与人文学科是有所不同的，不能以人文学科的方法取代社会科学的方法。如果说社会科学（如经济学、社会学等）与自然科学较为接近，其研究对象具有较多的客观物质特征而可以更多地采取"分析的"、"经验主义的"逻辑归纳方法的话，人文学科（如文学、美学、艺术学、哲学与历史学等）则是较为典型的精神科学或文化科学，其研究对象具有较明显的精神观念特征而可以更多地采用"理解的"、"解释的"或情感体验、心性顿悟与思维直觉的精神科学的方法。否认社会科学与人文学科的区别，将两者笼统地称为精神科学或文化科学正是导致科学主义与人本主义两种研究方法争论不已而又难以辨出结果的重要原因。解决这一争议的正确方式，似乎应该是将科学形态划分为自然科学、社会科学、人文学科三种类型，自然科学是以分析和经验的逻辑实证方法为基础的，人文学科则是以理解的、体验的、解释的心性体验感悟方法为基础的，而社会科学则可以说界于这两者之间，社会科学既应该采用自然科学的逻辑实证方法来研究认识人类的社会生活中的制度、关系、结构和功能，又需要采用人文学科的精神与情感体验方法来把握人类社会生活中的价值与意义问题，因为社会具有物质客观属性与精神观念属性两重性质。

其次，自然科学、社会科学与人文学科之间在方法论与认识论方面各有区别或不同，但这种区别或不同并不是绝对的、完全对立而不可相融的。从三大学科类型的划界来说，许多学科在不同程度上具有二重性或边缘性，比如哲学作为人文学科，同时又与自然科学特别是物理学和数学有着十分紧密的关系。在哲学发展的历史上，哲学与自然科学的关系实际上是一种母子的关系，古代的自然科学不过是哲学的一部分，称为"自然哲学"。即便是在当代，自然科学与哲学依然是高度结合在一起的，科学、哲学既是自然科学的核心部分，也是哲学本身不可或缺的部分。同时，哲学本身从来不把自己限制在纯哲学的范畴里，它总是要求更宽泛更自由和更不确定的活动空间，它要在人类精神文化生活的一切领域自由往来，从而形成各种形式的哲学形态——科学哲学、社会哲学、历史哲学、文化哲学、艺术哲学等等。

同样地，在自然科学和社会科学认识论与方法论领域，也存在着人文学科的某些属性。社会科学自不用多说，经济学、政治学、社会学、法律学等本身所包含的价值判断与主体渗入倾向是不可避免的。从来不曾真正存在过理论经济学意义上的那种纯粹抽象的"经济人"或"理性经济人"；相反，人的欲望、需要、偏好等则是经济学的逻辑起点，是经济学必须从人的角度来分析构建它的全部理论大厦基石的根据。而在自然科学研究领域，同样也存在着不可回避的价值渗透，自然科学家们的科学研究活动作为人的一种主体性行为，必然会在他的研究过程、研究结果中注入某种形式的价值成分。因而在认识论和方法论方面，人文学科与自然科学、社会科学的共通共存现象也是广泛存在的。比如在自然科学研究中并不全是逻辑的、理性的、实证的方法，自然科学家们也要运用直觉、顿悟等非理性的方法去把握客观物质世界。自然科学家也需要运用想象、幻想来认识把握自然世界的某些特性，突破传统思想与观念的束缚，为科学创新提供灵感和动力。在现代自然特别是现代物理学领域，许多重大的进步与发展，在相当大的程度上是与科学家们的直觉悟性与灵感联系在一起的。因为现代科学日益向着更为复杂的宏观与微观世界迈进，在许多领域已经超出近代科学采用的那种常规形态下的实验与观察方法所能够把握的范畴。比如，近代自然科学"古典形态"下的那种传统理性主义思维方式与常规实验或实证方式，并不能全面把握现代物理学中的一些更加复杂、更加抽象的问题，尤其是在现代理论物理学所涉及的宏观宇宙和微观粒子世界，科学家们必须转换思维模式，以开放形态的现代理性思维方式来理解量子力学和相对论方面的科学新发现。爱因斯坦的现代物理学与牛顿古典物理学在认识论和方法论方面的一个重要不同，是现代物理学更需要借助于科学家们的高度理论抽象，更需要增强科学家们的主体自觉意识，甚至需要科学家们运用某种程度的非理性直觉把握方式来涉及那些很难用实验方法认识的物理现象。在现代自然科学那里，研究方法和思维方式与人文学科的相互综合与影响具有特别的意义。同时，现代自然科学正日益向综合化、整体性发展，科学间的相互渗透与联系越来越复杂，对科学做整体性的把握也需要科学家们调动充分的想象力。这个时候，人文学科的思维方式对于自然科学的创新与新理论的创建往往可以起到十分关键的作用。爱因斯坦对艺术思维和灵感直觉思维方式十分看重。他甚至说过这样的话，"物理学家的最高使命是得到那些普遍的基本定律……要通向这些定律，并没有逻辑的道路，只有通过那种以对经验的共鸣的理解为依据的直觉，才能得到这些定律。"在这里，爱因斯坦并非否定逻辑理性与实验观测方法，而是强调现代物理学应该重视在理性经验基础上的直觉思维。

正因为如此，自然科学与人文学科在方法论和认识论方面的会通与渗透，自然科学和人文学科的一体化，成为 20 世纪科学发展的一个基本趋势。科学与哲学、科学与艺术、科学与美学、科学与人生、科学与道德、科学与未来、理性与情感、逻辑体系与自由意志，所有这些从广义的角度来探讨把握自然科学与人类精神文化世界相互关系的话题，已经引起越来越广泛的关注。从人文学科的角度来看，自然科学本身是一种人的主体创造活动，自然科学方法论和认识论其实也不过是人创造的用以认识自然世界的工具，它本身就是人的主体观念的产物，它并不是非人性的，科学方法应该是为人所用，而不是反过来支配人决定人。自然科学本质上也是一种人文事业，同样，人文学科本身也并不是一个完全自外于客观理性的纯主观精神世界，特别是当代，科学间的交叉、渗透日益明显，科学的综合化一体化趋势都使人文学科与自然科学、社会科学在许多方面难以明确划分。因此，从事现代科学研究所要求的多学科跨学科知识结构和学术视野对学者们提出了更高的要求，所谓隔行如隔山的知识结构显然已经不行了。因此，我们既要看到人文学科与自然科学、社会科学这三大类型科学在理性思维与艺术思维方式方面有所不同的倾向性差异或程度上的差别，看到科学世界在认识论与方法论方面的多样性和多元性，但另一方面又要看到人文学科、自然科学、社会科学这三大类型科学之间内在的统一性与综合性，把科学世界作为一个整体来理解和把握，防止认识上的片面与绝对化。

第九章

人文学科的体制

在这一章里，我们将对现代意义上的人文学科各学科，文学、哲学、史学、艺术学、美学、宗教学、伦理学等，在当代的发展进步与演变状态，做一概要介绍。应该说，今天，人文学科在总体上呈现出的发展与进步图景，是历史上从未有过的。人文学科的知识正在大量增长和积累起来，学科分化日益明显，不仅古老的文学、史学、哲学等学科内部分化成了许多分支学科，而且还出现了许多新的边缘性学科。同时，人文学科的研究方法与研究手段也正经历着由古典方式向现代方式的明显转型过程，而各种专业性的现代学术组织与学术机构的建立，现代专业化教育制度的发展，人文学科知识普及程度的逐渐提高，都是十分明显的。在这个过程中，古老的人文学科正在经历着重大的变化，其中既有光明的前景，也隐藏着某种不确定的忧患因素，积累着某些值得重视的弊端问题。

一、知识总量增长

人文学科在当代的进步发展，首先突出地表现在人文学科的知识量随着时代的推移而不断增加。近代以来，人文学科的知识总量便开始呈现出迅速上升的趋势。今天，无论是哲学、文学、历史学，还是美学、艺术学、伦理学、文化学，每一个学科都已发展成为一个包含着众多专业领域或分支学科、边缘学科的统一完整的知识体系。在这些知识体系里，不仅已经积累起巨大的知识内容，而且每年都有令人目不暇接的新知识、新理论、新概念、新术语、新思潮在不断涌现。在某种意义上可以说，近代以来特别是在当代，人文学科的知识总量也呈现出"爆炸性增长"的现象。

人文学科知识总量的增长，在于人的创造能力和发现能力的提高，人们既在创造着新的人文知识，也在发现着新的人文知识。比如说作为文学之分支学科的文学史，无论是中国文学史还是外国文学史，其知识总量随着时代的推移而迅速增长的现象是十分突出的。在上古时代，文学只是少数文化精英的事，文学的创作数量是很有限的。两千年前的一部中国文学史，关于文学的种类、品种、数量、作者、作品等方面的知识，要比现在来写一部中国文学史少得多。随着历史的发展，每个世纪都会有越来越多的文学作品创作出来，会有越来越多的作家、作品问世，进入文学史知识领域的内容就会逐渐地增长起来。春秋战国时期，中国的诗歌艺术已经趋于成熟，诗歌的创作与诗歌的研究整理方法都达到了较高的水平，于是孔子对当时的诗歌做了重要的收集整理工作，形成《诗经》三百篇。到了汉魏时期，中国的诗歌创作数量已达到如此之多，要进行整理编纂，写出一部中国诗歌方面的著作，将涉及的知识领域就要比孔子时代复杂得多了。而到了唐宋以后，中国已成为世界意义上的"诗的国度"，诗歌数量之多已如汪洋大海，而诗人人数之多，创作风格与特色之多样性，诗歌体裁和形式之多元化，更是使从事中国诗歌的研究工作成为一项包含着巨大知识与信息量的艰难繁复的工作。

在历史学领域，历史知识总量的增长情况就更为明显。历史学知识的增长是随着历史进程本身而增长起来的，每一个成为过去了的历史时期，它的政治、经济、文化、科学、社会生活的方方面面，都可以进入历史学家的认识范围内，时代越是往后，历史学领域的知识就越多。在那些文明古国，那些有着悠久历史文化的国家里，可以成为历史认识对象的内容是最丰富的。比如，假设我们要写一部重在历史事实陈述和整理的知识性的中国文明通史的话，时代越是往后，历史学家面对的历史内容就越是无边无际浩瀚如海，如何整理、选择、编排、叙述这些历史事实，已经成为历史学家一个十分专业性技术性的工作。历史编纂学、史事考订学、图书版本目录学等专业性学科成为历史学中的一些基础性工作。比如，司马迁时代，历史学家可供认识分析的历史内容，要比孔子时代丰富得多，而到了司马光时代，他面对的中国历史内容也已经要比两汉时期大大增长起来了。就历史学在知识量增长方面来说，它有两个主要的表现形式，一是随着历史进程本身的推进，提供给历史学家去认识研究的历史内容的增长，二是历史学本身积累起来的人们对历史认识成果的增长。就后一个方面来说，每一个时代的人都在不断地以他们的观点和需要，以他们的认识能力与认识模式，对以往的历史进行着新的认识，从而不断地撰写出关于历史的著述，给后世的人留下新的历史学知识。这样，随着时代的推移，积累起来的历史学方面的知识就越来越多。如果我们要开列一部中国历史著作的目录清单的话，这份清单的长度一定是越到现代越长的。我们从不同时期的关于中外各国史学发展史方面的著作中可以清楚地感受到历史学知识量的这种巨大增长过程。

人文学科知识的增长还有另一种形式，即后人发现发掘出的知识会越来越多。比如在文学史、哲学史和史学史领域，进入现代以后，随着现代科学技术的进步及它在传统人文学科领域的应用，为人文学家提供了更加先进有效的获得历史上的文学、哲学、历史学知识的手段。越来越多的在历史上已经消失了的文学著作、哲学著作，关于古代人们在文学与哲学领域的思想与观念，可能会随着现代考古学的进步和大量的文献遗址发掘工作的展开而重新为文学史家和哲学史家所认识掌握。这方面，历史学表现得最为明显。现代考古学的进步，带来了历史学的革命性变革，历史学的知识呈急速增长的状态。以世界上古史的认识为例，20世纪以来，由于对古代世界一系列重要文明遗址的发掘，历史学家已经获得了关于古典时期和前古典时期的克里特文明、巴比伦文明、古印度文明、古波斯文明和古埃及文明的全新认识。对那些没有文献记载的美洲印第安文明、非洲文明，也依靠现代人类学、语言学和考古学的方法，建立起来了这些文明古代历史的大体框架。20世纪是世界历史知识发生革命性增长的时代。这方面，我们在中国史研究领域也可以明显地感受到。比如，关于先秦时代或更早的史前时期的研究，过去历史学家认识得比较少，主要是靠一些神话和传说来获得，而到了现代，历史学家们可以通过现代考古学的进步，获得史前时期或远古时代的越来越多的知识。比如在20世纪里，中国历史学家对于先秦时期的历史认识，由于殷墟考古的成就，由于甲骨文的发现和解读，由于良渚文化的发掘带来了古史研究的革命性进展，在20世纪里，积累起来的关于中国远古文明的知识，超过了过去的所有时代。人们还可以通过对原有的历史知识进行分析整理，发现新的知识，比如中国传统史学中发达的"小学"，如考据学、训诂学、版本学、目录学等等，都会为历史学提供越来越多的知识。从这个意义上可以看出，包括历史学在内的人文学科也是在发生着明显的进步发展的，也不断有科学上的新发现。

人文学科知识量的增长，其实反映了人类对世界认识领域的扩大与认识程度的深入。近代以来，随着人类社会实践活动的发展和活动范围的扩大，进入人类认识领域的事物越来越多。在人文学科的世界里，也出现了许多新知识增长点，出现了许多传统人文学科不曾关注的新问题。比如在文学艺术领域，现代文艺学发展的一个突出特点是进行全球性的文学艺术比较研究，揭示文学艺术作为一种复杂的人类精神文化现象，在世界范围内各不相同的社会、历史、文化与自然环境下所具有的复杂性质与功能。古老的文学艺术研究因此拓展出新的领域与空间，比如文艺理论家们开始从更复杂的背景上来重新认识文学艺术的功能与作用，试图把文学艺术作为一种社会交往的方式来说明艺术的本质，探究文学艺术与人类历史进程的相互关系。比较文学、比较艺术学、音乐人种学、音乐民俗学、舞蹈人种学等学科的形成与发展，使文学艺术研究从一个更广阔的背景上展示出人类文学艺术活动与其历史进程和文明形态的内在关系。近代以来，人文学科在这方面增长积累起来的文学艺术新知识新理论是十分丰富的。

二、学科体系分化

人文学科进步发展的另一个突出表现是人文学科的研究视野不断拓展，研究领域不断深入，由此造成了人文学科的学科体系结构日益复杂化，学科划分越来越细，分支学科、边缘学科、新兴学科也越来越多。从现代人文学科发展的情况来看，文学、历史学、哲学、艺术学、宗教学、美学、伦理学等各学科，不仅已从古代那种统一、整体、混合形态，分化成各自独立的、有自身复杂而庞大体系结构的学科，而且每一个学科内部还进一步分化成众多的分支学科。

在古代，人文学科其实是一个整体，文学、史学、哲学、美学、艺术学，相互之间并没有严格的界限。人文学科作为古老的人类知识体系，它实际上集中了人类在历史上所有的科学认识的成果。在西方的希腊文明时期，哲学常常被用以泛称人类的全部知识内容，包括自然科学也是古代希腊哲学的一部分。在中国古代，文史哲从来是作为一种古代思想与知识体系结合在一起的。古代科学的整体性和统一性，一方面，反映了当时人类认识能力的局限，对事物的认识还处在比较直观整体的水平上；另一方面，当时社会分工处在一个较低的程度上，科学研究的专业化和分工受着当时生产力总体水平的制约，也不可能有过多过细的学科分化。不过，古代人文学科的这种整体性和统一性，也使当时的人文学者得以从宏观的角度来思考人类精神世界和自然世界的一些最基本的普遍的问题，尽管这种思考可能还是笼统的粗糙的。

到了近代以后，随着科学的进步与发展，学科的分化成为近代科学的一大突出特点。虽然这种学科分化的趋势最初是在自然科学领域发展起来的，但它也逐渐影响到了后来兴起的社会科学领域，并且通过社会科学领域进一步影响到了古典形态的人文学科的学科体系结构。一方面，传统形态下那种文史哲浑然一体的人文学科统一体被分割开了，文学、哲学、历史学相互分立成独立的学科；另一方面，在文学、哲学、历史学各学科内部，又再进一步分化成更细的众多分支学科。随着人文学科开始像自然科学那样被划分成越来越细的分支，17、18 世纪以后，古典时代那种对人文精神世界作"思辨式"、"整体性"把握的人文学科研究方式，也转变成近代时期那种分门别类的按学科类别进行的"分析性"、"专业性"研究，而古典时代那种在人类科学世界（包括自然科学和人文学科）的一切领域自由漫步的百科全书式"人文学者"，那种充满思想睿智与精神灵性的"人文思想家"，转变成了只在某个知识领域作专业性研究的职业化的"哲学教授"、"史学专家"、"文艺理论家"。这一切正是人文学科由传统的古典形态向现代的分析形态过渡的一个突出标志，同时也是现代人文学科被"自然科学化"改造的一个突出表现。人文学科的这种学科的高度分化与专业化演进趋势，对近代以后人类精神世界的各个方面都产生了复杂而广泛的影响。

今天，在世界上各个国家中，无论是大学教育里的专业构成、学科结构，还是科研机构里的学术研究，都已按照所谓"科学的"专业目录来进行。这个专业目录、学科目录，也就是各个时期流行的学科划分标准。人文学科各学科的划分标准在世界各国并不完全一样，但总的来说，一般都是把文学、哲学、历史学、美学、宗教学、伦理学等学科称为一级学科。在这些一级学科之下又分成众多的二级学科，在二级学科之下，再划分出更多的三级甚至四级学科。然后再在这些不同层面的学科间进行更复杂的双向多向渗透、交叉、结合，从而形成更多的新兴学科、边缘学科。

下面我们列出我国学术教育界目前比较通行的对哲学、文学、历史学、艺术学、美学、伦理学、宗教学等人文学科各主要学科的二级、三级学科的划分方法。

1. 哲学：在我国，哲学作为一级学科，大致被划成这样一些二级学科（括号内为该二级学科下属的三级学科，下同）：哲学原论或哲学导论、中国哲学史（先秦哲学、秦汉哲学、魏晋南北朝哲学、隋唐五代哲学、宋元明清哲学、中国近代哲学、中国现代哲学、中国少数民族哲学思想等等）、东方哲学史（印度哲学、伊斯兰哲学、日本哲学、非洲哲学、东南亚哲学等等）、西方哲学史（古希腊罗马哲学、中世纪哲学、文艺复兴时期哲学、17、18世纪欧洲哲学、德国古典哲学、俄国与东欧哲学等等）、现代外国哲学（19世纪末20世纪初西方哲学、当代哲学、分析哲学、欧洲大陆人文主义哲学、解释学、符号学、实用主义哲学等等）、逻辑学（逻辑史、形式逻辑、语言逻辑、归纳逻辑、辩证逻辑、数理逻辑等等）。

2．文学（语言文学）：在我国学术教育界，对文学的划分方法最常见的是首先将文学划分成文学与语言学两部分，而在文学和语言学中又分别划分成中国语言文学和外国语言文学两大部分。在此基础上将文学划分为如下一些二级学科：文学理论、文学批评、文艺美学、比较文学、外国文学理论与方法论、中国古代文学史（先秦文学、秦汉文学、魏晋文学、南北朝文学、隋唐五代文学、宋代文学、辽金文学、元代文学、明代文学、清代文学）、中国近代文学史、中国现代文学史、中国当代文学史、世界文学史（古代世界文学史、中世纪世界文学史、近代世界文学史、现代世界文学史、当代世界文学史）、东方文学（印度文学、日本文学、朝鲜文学）、俄国文学、英国文学、法国文学、德国文学、意大利文学、北欧文学、东欧文学、拉美文学、非洲文学、大洋洲文学等、各体文学（诗歌、戏剧、小说、散文等）、民间文学（中国民间文学、外国民间文学）、儿童文学、少数民族文学。在语言学方面，划分成为这样一些二级学科：普通语言学（语言学、语法学、语义学、词汇学、修辞学、文字学、方言学、语源学）、中国语言学（汉语学、少数民族语言学）、外国语言学（西语、东语、非洲语、世界语等）。

3．历史学：历史学通常划分成如下一些二级学科：历史哲学与史学理论、史学史（中国史学史、世界各国史学史）、历史文献学、中国通史、中国古代史（上古史或先秦史、秦汉史、魏晋南北朝史、隋唐五代史、宋史、辽金史、元史、明史、清史）、中国近代现代史（鸦片战争史、太平天国史、洋务运动史、戊戌变法史、辛亥革命史、五四运动史、中华民国史、中国共产党史、中国国民党史、抗日战争史、中华人民共和国史）、世界通史（人类起源与原始社会史、世界上古或古典文明史、世界中古或中世纪史、世界近代史、世界现代史、世界当代史等）、亚洲史（日本史、印度史、东南亚史、南亚史、西亚史、中亚史）、非洲史（北非史、西非史、东非史、中非史、埃及史、南非联邦史）、美洲史（美洲古代文明史、美国史、加拿大史、拉丁美洲史）、欧洲史（俄国与苏联史、英国与英联邦史、法国史、德国史、意大利史、西班牙史、东欧国家史、北欧国家史、南欧国家史）、澳洲大洋洲史、专门史（政治史、经济史、文化史、思想史、科技史、社会史、国际关系史、军事史、外交史、生态史、历史地理学、方志学、人物研究、谱牒学）、考古学（考古理论、考古技术、中国考古、世界各国考古）、史学特殊技术（金石学、铭刻学、甲骨文学、古钱学、世界各国古文字学）等等。

4.艺术学：艺术学二级学科包括：艺术哲学或艺术理论、艺术批评、艺术史（艺术通史、音乐史、舞蹈史、美术史、书法史、戏剧史、戏曲史、电影史、摄影史）、音乐学（音乐理论、音乐美学、比较音乐学、音乐批评、音乐心理学、音乐社会学、音乐人种学、音乐民俗学、音乐释义学等）、戏剧学（戏剧理论与批评、歌剧、话剧、民族戏剧学等）、舞蹈学（舞蹈理论、舞蹈美学、舞蹈社会学、舞蹈人种学等）、美术学（美术理论、绘画艺术、雕刻艺术、建筑艺术、工艺美术、现代设计艺术、园林艺术）、艺术人类学、艺术社会学、艺术心理学等等。

5.美学：美学二级学科包括：美学理论、美学史（中国美学史、西方美学史、东方美学史、西方现代美学史）、艺术美学、工艺美学、技术美学、环境美学等。

6.伦理学：伦理学二级学科包括：伦理学理论、伦理学史（中国伦理学史、世界各国伦理学史、伦理学思想史）、生命伦理学、科学伦理学、政治伦理学、经济伦理学、社会伦理学、生态伦理学、职业伦理学、医学伦理学、教育伦理学、家庭伦理学等。

7.宗教学：宗教学二级学科包括：宗教学理论(宗教史学、宗教哲学、宗教艺术学、宗教社会学、宗教心理学、宗教文献学、比较宗教学、神话学)、无神论、原始宗教学、古代宗教（中国古代宗教、外国古代宗教）、佛教学、基督教学、伊斯兰教学、犹太教学、道教学、印度教学、中国少数民族宗教学、当代宗教学等。

上述对人文学科的学科划分只是较为通用的标准，还存在其他的划分方式。

三、研究手段进步

人文学科进步与发展的另一个表现是新的研究方法与研究手段的出现、引入和运用。研究方法的多元化与现代化，正是现代人文学科区别于古代人文学科的一个重要标志。不同于自然科学的是，传统的研究方法与手段并没有因为现代新方法与新手段的出现而消失，而是与现代新方法新手段交织并存，从而使现代人文学科在继承传统的同时具有浓厚的现代色彩。

现代人文学科在研究方法与研究手段方面的进步与发展，一个重要的原因是它受到了现代自然科学和现代社会的广泛影响，自然科学和社会科学的新方法、新技术、新手段，以及新概念新词汇等等，都大量向古典形态的人文学科领域渗透，带来了古老的人文学科的巨大变革。传统人文学科的研究方法与手段有这样几个基本的特征，一是它的思辨性和笼统性，二是它的直观体验性与整体性，三是它的个体性和手工作坊性。现代人文学科却逐渐引入自然科学的实验方法、实证方法、数学方法，以及学者分工协作、群体合作研究的模式。一方面，自然科学中的一些基本概念与理论被运用于文学、历史学、哲学、艺术学、美学、伦理学研究中；另一方面，在工具与手段方面，近代以来在自然科学中发展起来的一些设备、技术、工具也出现在人文学科领域中。比如现代声像技术、信息技术、文字处理技术在人文学科领域的运用，使文学、历史学、哲学等学科的研究、创作、保存、传播方式与效能都有了重大的变化。由此还改变了人文学家传统时代的那种个体性手工劳动的方式，人文学家的相互交流、沟通、影响和合作已经大大超过以往时代。在人文学科研究中，人们可以借助自然科学的方法与手段，建立一些可以人工控制的环境，对人的心理、思维、情感和性格等精神现象进行类似于自然科学那样的观察、实验，使人文学科的确定性、数量化程度和实证性程度都大大提高了。将自然科学的方法运用于人文学科研究领域，在历史学领域最为突出，成效也最明显。比如，现代考古学将许多现代物理学、化学、生物学和符号学的技术运用于古代人类历史的研究，使过去建立在传说与神话基础上的古代历史认识发生了重大的变化。人们已经可以利用这些现代技术手段来非常准确地重建起人类远古历史的真实图景，使历史学的确定性和实证性大大提高了。这种情况，实际上在文学、哲学、美学、艺术学领域也是同样存在的。

在自然科学的新方法新手段引入人文学科领域的同时，人文学科自身也出现了许多现代的新方法与新手段。比如，在文学、哲学、诗歌、艺术和美学研究中出现的认识发生学方法，接受美学方法，精神分析与心理分析方法，现象学与符号学方法等等。现代工业化社会和信息社会的出现，使人文学科也发生一些重要的变化，文学、史学、艺术的体裁、样式、品种出现日益多元化多样性和通俗化的趋势。以文学为例，现代文学除了传统的文学体裁外，还出现了许多新的体裁与形式，如运用现代信息技术与传播技术的"电子小说"、"电影小说"、"摄影小说"等，由于社会生活与环境的变化而出现的"科幻小说"、"纪实小说"、"女性文学"、"消费文学"等。文学的流派、思潮、社团也呈现出纷繁复杂的演进局面。

值得关注的一个问题是，在今天的信息化数字化时代，古典主义的人文学科正受着高新科技，特别是网络技术的冲击与影响，而这种冲击与影响的后果也是很复杂的。我们说，人文学科作为一种古代主义的、历史积淀深厚的思想与精神领域，任何一个人如果要真正进入它的博大精深世界里，如果要真正感受到人类哲学思想、艺术灵魂、文学情感、历史观念的动人之处，必须通过长期而大量地直接阅读经典名著与原著，必须是一个渐进的、在与伟大作品对话交谈的过程中体验感悟伟大作家的心灵与情感的过程。它应该是在安静的图书馆里或是在静谧的灯光下，以一种非功利的平和的心态去慢慢接近伟大的作品。但是，今天人们却越来越失去这种平和安静的读书心态了。有人说，在信息爆炸的网络时代，人们对一本书的耐心已经从百年前的三天，变成了十年前的三小时，变成了现在的三分钟。许多人认为，书已经不再等同于知识，而今的知识三五年更换一次，网络提供了更便捷的阅读方式，网上的东西可以随时更新，可复制、存储、删除，一切都那样方便了。于是，不再有人再去静心地读那些伟大的著作，所有的阅读活动都是极为碎片化、功利化的，都是为了获得新的知识、信息、技术，一种浅薄、轻浮、实用的心态取代了读书人的平和心理。也许，现在到网上也可以读到一些古典主义或历史上的文史哲的作品，可是，从那闪烁的电脑显示器上你可以感受到在安静的图书馆里潜心阅读伟大作品对你心灵的滋润吗？那由滚动的鼠标拖出的文字可以传递出经典作品文字背后那要用心灵才可读到的精神、灵魂与情感吗？当你把一部伟大的古典作品、经典作品数字化处理，存储到芯片上去，搬到电脑显示器上去，那些伟大作品里包含着的无形的精神与灵魂是否会丢失呢？如果今后的中国人不再用自己的手来书写汉字，也不再用笔墨纸张，而使用了几千年的汉字，一旦被拆卸成"五笔符号"、"智能ABC"或任何诸如此类的数字化符号后，它所蕴藏的丰富的传统文化精神、审美情感和东方思维方式，还会保留多少？被技术化改造后的汉字，还会如古老的文字学、语言学、音韵学和修辞学那样，继续得以塑造我们的内在心灵世界吗？这一切，事实上都已对我们今天的人文学科教育、对我们培养文史哲方面的人才提出了新的挑战。

现代人文学科在方法论与认识论方面的进步与发展，还来自于世界各国各民族精神文化的相互影响与渗透。近代以来，世界各国各民族在文学、哲学、历史学、艺术领域的交流与沟通大大发展起来了。文学间相互影响的直接后果就是人类对文学现象认识领域的扩大与多元化，由此产生了比较文学研究的新方法和许多边缘性交叉性新学科。比较史学、比较哲学、比较美学、比较艺术也都同样迅速发展起来。比较方法的运用，扩大了人们对文学的理解和认识领域，加深了对文学特征与本质的理解。在比较过程中，各种文学风格、文学思潮、文学流派、文学体裁在各国各民族间相互交流借鉴，引起各国文学传统的多方面变革。比如，中国传统诗歌与西方诗歌的相互影响和渗透，使20世纪以后的中国诗歌发生了深刻的变化。在历史学领域，20世纪的中国历史学从西方引入了新的理论与方法，新的技术手段和工具，使中国古老的历史学出现了巨大的变革。

四、专业制度建立

作为一种教育体系，古代人文学科大体上是由上层社会中的少数人占有的。人文教育活动和人才培养，基本上是一种书院式的方式，以私人讲学、师徒传授的方式来培养人才。同时，古代也没有真正意义上的专业人文教育家，文学家、哲学家、历史学家相互之间也没有明确的专业划分与界限，文史哲实际上是作为一个整体为古代文人和知识分子所掌握的。古代人文学家往往是一种百科全书式的人文学家或人文思想家，汇集所谓的"传道、授业、解惑"诸职责为一体的古代学者。作为一种培养社会上层人物的精英教育，人文教育实际是一种素质教育而不是专业教育，尽管能够获得这种素质教育的只是社会中的很少一部分人。

近代以后，随着工业化社会的形成与教育文化的普及，传统的人文学科逐渐进入了现代教育体制中，在大学里纷纷建立了文学、哲学、历史学、艺术学专业，培养专门从事人文研究与教学的专门人才，现代人文学科专业化教育体制逐渐形成并日渐完备。精英式的古典学科教育，也逐渐通过越来越多的大学专业教育而进入国民教育的领域，成为国民教育体系中的一些专业与学科。今天，人文学科已经成为现代大学教育中一个十分专业化的学科教育类型，文学、哲学、史学、艺术学都成为学科形态完备的高等教育专业。人文学家正如同自然科学家和社会科学家一样，也需要经过严格、系统、专门化的训练，接受专门化的长期教育过程，这样才有可能涉足这个高度专业化了的、知识总量急剧膨胀的人文学科知识领域。现代人文学科的教育同自然科学和社会科学的教育一样，也形成了完整的教育体制，按专业、学科进行专业化教育，按班上课，统一培养，采用标准化的教科书。大学的人文学科各院系里，教育按学科和专业进行划分，每个教师各讲授一门或数门课程。

在这个过程中，人文学科的教育也和自然科学、社会科学一样形成了规范严谨的学位制度，包括从学士、硕士、博士甚至博士后的学位体制与培养体制，按部就班地培养各个层次的毕业生。今天，人文学科已经形成为一个庞大的知识领域，学科体系也随之演化得如此复杂，积累起来的知识数量已是如此巨大，要成为一个合格的人文学科专业工作者，非经过长期的专业教育与训练过程不可。20世纪以来，人文学科各学科在大学里的教育和研究工作都已经成为一个高度专业性、具有很强科学研究工作形式和特定要求的科学类型了，从这里可以看出，人文学科在20世纪的进步发展是十分明显的。随着人文学科日益成为一种专业性职业性很强的事业，在现代社会，以人文学科为职业的人数也增长起来，人文学科的从业队伍扩大，各种专业性的人文学科研究学会、组织、社团纷纷建立，专业学术刊物、文献检索、文摘期刊大量出现，各种模式的研究机构、科研中心、资助基金设置起来，这一切都显示出人文学科在现代条件下的重大进步与发展，使得人文学科的知识也可以像自然科学、社会科学那样系统化专业化地积累、传播。

五、知识普及提高

在古代，无论是东方还是西方，人文学科基本上是一种上流社会、贵族阶层或精英阶层的专利品。虽然在下层社会和广大民众中也有各种形式的民间文学、口头传说、谚语、神话、民间音乐和艺术，但作为真正意义上的哲学、文学、历史学和艺术，则主要还是为当时社会的上层所拥有。在中国这样的文明古国，古代的文学、历史学、哲学、艺术诗歌和音乐绘画较发达，其大众化程度也较高，但总体上来说，也还只是为进入士大夫阶层的少数人所掌握。

进入现代社会后，随着现代教育的普及，人文学科教育体制的建立与人文学科教育的发展，不仅出现了专业性的从事人文学科的知识分子群体，更重要的是人文学科知识的普及程度提高，人文学科知识的应用领域在扩大，对社会的作用和影响范围在增强。现代公共信息与新闻媒体的发达，图书出版事业的进步，特别是现代通信技术的革命性变革，使包括人文学科在内的科学知识与思想文化的传播及在大众中的普及程度都大大增强了。曾经被认为是"贵族性学科"，只有上层阶层才能接受的人文学科教育，人文素养塑造，也可能借助现代大众教育、义务教育、大众传媒体制的建立，逐渐成为大众文化的一部分。这使越来越多的普遍民众可以接触到人文学科方面的知识内容。

同时，近代以来，特别是在现代工业化、商业化社会，古老的人文学科走下了圣贤的殿堂而越来越与市场化的世俗生活发生对话。人文学科已不一定总是一种纯思想性精神性的严肃学问，不一定总是一种高深的纯理论学术探索，它也出现了通俗化、平民化的倾向，也在许多方面与现实的商品市场经济和物质技术生活发生一体化变动，并受后者的影响改造。这方面的突出表现，是由此出现了一些人文学科与技术科学综合衍生出的实用型应用型人文学科分支学科。比如在美学领域出现的现代实用美学、工艺美学，是在现代工业化时代出现的新的美学领域，它使古老的美学与现代科学技术和经济生活结合在一起，带来了美学这一古老人文学科的新格局，扩大了美学的领域与范围。传统的哲学思想与哲学智慧，也广泛运用于现代企业管理与行政管理中，历史学在现代工业化社会中也显示出它的经济价值与经济功能的一面，比如说在现代旅游文化产业部门对人文历史知识的商业性开发。借助于现代传媒技术，现代电影、电视、广播、电子信息技术的进步与普及，人文学科的知识得以通过现代技术成为一种具有商业性、消费性开发价值的资源。文学艺术和历史知识成为现代大众文化消费中的重要内容，各种形式的通俗性历史体裁影视作品、历史小说，以一种文化商品的方式被大量制作生产出来，有了文化经纪人、作品策划人等。这些都标志着古老的人文学科知识的普及和大众化程度的加强。人文学科的商业化与市场化成为现代人文学科发展进程中的一种值得关注的现象，它对人文学科的影响，应该说是复杂而多样性的，既有积极的一面，也有消极的一面。

第十章

人文学科与社会科学

　　大学校园里往往流传着一些故事。有则故事，说的是一对老教授夫妻，先生是经济学教授，从事就业与通货膨胀问题研究，夫人是文学院教授，是诗人和作家。一天晚上，学生相约去老师家里拜访，正值皓月当空，清辉如洗，老两口赏月之余各有所感，与学生聊起天来。老太太以诗性的语言吟赞美丽的月光，老先生看了一会，却有几分忧愁地说，晴了这么些日子还不下雨，今年怕是要闹旱灾了。这则故事，后来被作为一个象征性的例子，用来说明文学与经济学所关注的对象，诗人与经济学家看待世界和表达情感的方式是很不一样的。经济学家以理性看待这世界人生，诗人作家以浪漫情感感受这宇宙自然。

　　不过，我们又可以说，在这种不一样的背后，它们却又可以有一种共同的东西，那就是对人间万物的一份真情，对天地宇宙的一份关爱。如果说社会科学是一种立根大地的现实人生奋斗，那么人文科学就是一种超越现实的理想追求。但是这两方面应该是可以在一个更高的境界上统一在一起的，那就是一种追寻理想的现实奋斗，一种基于现实的理想追求。事实上我们可以这样认为，浪漫情怀与现实关注，都是我们人类的生命存在方式，它们各有不同，却又内在地统一在一起。伟大诗人杜甫，他其实就是这样一个既对宇宙万物充满赏析之意，又对人间万事充满关爱之情的诗人。他既曾写下"露从今夜白，月是故乡明"、"星垂平野阔，月涌大江流"

这样美好的诗文，去赞美那天地河山，也曾写下"朱门酒肉臭，路有冻死骨"这样震撼人心的诗文，去批判那不平的社会制度。

但是，在现实生活中，人们又常常不能将这理想追寻与现实奋斗很好地结合起来，甚至是对立起来，非此即彼，水火不容。结果理想成了乌托之邦，现实成了囹圄之地。这种状态延伸到学术领域，就是将人文学科与社会科学割裂开来，造成两大知识与思想领域的两极对立，相互否定。

那么，我们应该怎样看待人文学科与社会科学的相互关系呢？它们有什么相同与相异？正确把握这种相同与相异，又有何意义，有何价值呢？是否可以这样说，从最近几十年人文学科与社会科学发展的曲折历程来看，正确把握人文学科与社会科学的关系，将人文学科与社会科学做适当的区别并正确理解它们的差异，厘清人文学科与社会科学这两大学科类型在学科的本质、功能、作用、价值与意义等方面的相异与相同，使它们各司其职，各谋其位，并在此基础上，寻求人文学科与社会科学这两大学科之间的平等对话与建设性沟通，对于今日我国人文学科和社会科学的健康正常发展，对于人文学科和社会科学各自发挥它们独特的作用和功能，具有某种根本性的意义。

一、社会科学的兴起

长期以来，在学术界理论界和教育界，对于人文学科和社会科学的关系问题，人们的看法一直不是很明确，并有两种不太适当的看法。一种通常的看法，是将人文学科简单地归并到社会科学门下，否认人文学科是一种有别于社会科学的独立学科类型，认为社会科学完全可以取代或包容了人文学科。另一种看法，是将人文学科与社会科学完全割裂或对立起来，否定两者的相同之处与内在联系。这种做法，就社会科学本身来说，会使社会科学失去内在的灵魂精神和理想价值引导，而迷失在冰冷的技术操作与过于功利化的精神荒原上。经济学家、社会学家、政治学与法学家，因此可能成为一些回避价值评判和情感选择的工匠式"专家"。而就人文学科本身来说，则又会使人文学科失去必要的理性规范，使人文世界的主体意识与社会意识相分裂，审美价值意识与社会历史意识相对抗。在这种分裂与对抗下，人文学科被理解成一种完全个人化的和随意性的东西，人文理想也因此畸形化成一种人们无法相互对话沟通的个体幻想，一种类似于宗教世界里的原教旨主义式的人文狂想。

因此，正确把握人文学科与社会科学的关系问题，区别两者的相同与相异，是当代中国学术发展中的影响面很大也十分重要的理论与现实问题。为了更好地把握这一问题的性质与起源，我们需要先从现代社会科学的兴起及其他与传统人文学科分离说起。

我们知道，所谓社会科学，同人文学科一样，也是一个由众多学科构成的大学科群体。主要用来统称那些专门以社会为研究对象的学科，包括经济学、政治学、法学、社会学、教育学、管理学、人类学、民族学等等。这是一些主要研究人类社会在经济、政治、法律、军事、教育、对外关系等领域的各种活动、关系、结构和组织。诸如由社会的人所形成的各种国家、政府、企业、政党、组织、社团、社区、单位、家庭、村庄，它们的各种活动，政治的、经济的、文化的、教育的活动，它们的关系，它们的体制与结构、功能与作用、协调与冲突、变迁与稳定等。社会是一种客观存在的物质结构与制度结构，是一种交换与传播的网络，它有其内在的运行过程与方式，有其内在的结构与功能。认识和研究这些问题，显然是需要具备十分复杂而专业性的知识与理论才能胜任的。

虽然，在人类知识与思想发展的早期阶段上，就有了对于种种社会问题的认识，积累了关于人类社会的经济、政治、法律等领域的知识。但是，直到18、19世纪以前，对于社会问题的认识研究，主要是包含在古典性质的人文学科或思辨性的传统哲学的知识范畴内的，并未形成专门化的、以知识性和确定性为特征的社会科学学科体系。18、19世纪以后，随着西方现代化进程的发展、现代工业化社会的形成，现代意义上的社会科学逐渐在西方兴起。

考察现代社会科学的兴起和发展进程，及它与古老人文学科关系的变化过程，有几个基本的现象值得注意。第一，现代社会科学的最初胚胎是在传统人文学科的母体内孕育的，随后它从传统人文学科中分离出来并在19世纪以后得到了迅猛的发展，形成了更为庞大的现代社会科学体系结构。第二，将近代自然科学的研究方法移植到社会问题的研究中来，形成与自然科学相似的社会科学方法论和体系结构，是18、19世纪现代社会科学兴起的重要标志，也是现代社会科学在方法论和认识论方面摆脱思辨形态的传统人文学科而得以自立门户的重要原因。第三，随着现代社会科学的迅速兴起，新兴的社会科学反过来向古老的人文学科渗透，并试图以社会科学的新方法新工具来改造古老的人文科学，将文学、哲学、历史学、美学、艺术学等人文学科"社会科学化"。第四，在这个过程中，古老的人文学科曾一度面临一种两难的困境：它或者接受迅速崛起的社会科学的改造而使自己成为现代社会科学中一个不合格的边缘分子，或者固守自己的传统与个性但却必须因此而甘受被现代工业化社会冷落的处境。

事实上，古老的人文学科的地位和重要性在19世纪以后便一直呈逐渐下降的趋势，以至于它后来在许多时候已经不再被当作是一种相对独立的科学类型，而是被纳入到新兴的社会科学体系中了。曾经作为现代社会科学孕育母体的古老人文学科，现在反而要被新崛起的社会科学所同化。在这个过程中，广泛出现了将文学、史学、哲学、艺术学等古老的人文学科进行"社会科学化"改造的要求。只是到20世纪中期以后，现代工业化社会暴露出的种种"人的问题"，尤其是人在精神、价值、意义、情感与心灵方面的问题日益明显，而主要以知识性、实用性为特征的社会科学本身在解答人的生存价值与生存意义方面的内在不足，使古老的人文学科的重要意义和价值才重新为人们所关注，人文学科的独立自主地位才得以逐渐有所复兴。20世纪以来，现代化社会中人的危机的加重，带来了一度被弃之角落的古老人文学科重新走回到人类精神生活世界的前台而获得了新的发展空间，被过度"社会科学化"改造的古老人文学科也开始回归到真正属于它自己的位置上来，并重新建立它与社会科学相互关系的合理格局，以努力恢复人文学科作为"关于人的精神与价值的科学"的学科本质与特征，真正去发挥它探究解答人类生存价值与生存意义等终极性问题的学科功能。这时，古老的人文学科在重新获得自己的独立地位的同时，在一个更高的层面上开始与社会科学进行新的综合汇通，在主动地接受现代社会科学的一些方法与理论的同时，也以自己在价值方面的理想追求向社会科学渗透，使社会科学本身也去思考一些不应回避的价值理想问题。因此，在漫长的人类科学演进史上，人文学科与社会科学的关系经历了一种既分又合、既相互包容又相互分立的复杂变化过程。

现代社会科学的兴起并从古老的人文学科体系中分离出来，有着深刻的科学发展背景与时代条件，它既是人类知识积累与科学体系演进的结果，又是与现代社会的成长直接联系在一起的。

在传统社会里，人类社会生活的规模比较小，结构关系也都是比较简单的。随着现代工业化都市化社会的形成，人类的社会生活，无论是经济的、政治的、法律的、对外关系的等等，所谓的"社会化程度"越来越高，社会本身不仅结构规模越来越庞大，而且越来越复杂和多样化了。人类在社会生活方面面临着许多过去不曾有过的新的问题。这些现代社会的新问题，需要现代人类以新的思想智慧、科学理论和具有实际运用性、操作性的管理手段与管理方法去解决。科学、知识、思想与理论，在现代社会生活的方方面面已经显示出它的特殊价值与意义，成为一种日益重要的现代社会资源要素。制度的建立与创新，组织的变迁与优化，成为现代社会区别于传统社会的一个重要标志。这是现代社会科学兴起的重要背景。同时，现代社会的形成和发展，各种现代社会问题，诸如城市问题、就业问题、人口问题、移民问题、劳工问题、妇女问题、社区问题等等，日见显露，从而为现代社会科学的形成提供了条件和环境。

从科学发展的内在动力机制来说，现代社会科学的兴起和发展，是在自然科学的直接影响和刺激下形成和发展起来的。19世纪是科学的世纪，近代自然科学经过几百年的发展，到19世纪已经趋于成熟，形成了自然科学完整的体制结构和理论与方法，科学已经成为一种巨大的社会力量显示出它的社会功能和权威。当时，自然科学与技术的发展，特别是技术的广泛应用给人类带来的空前效用，使人类产生了从未有过的能力感。越来越多的人相信，运用科学的理论与方法，运用科学所能提供的技术手段，人类是可以掌握和控制自然世界的。这样一种对科学的信心和期待，也开始影响到人们对社会和对人自身的理解：如果人们运用科学的理论与认识方法，也应该是可以认识和把握社会和人自身的。人们对于古典人文科学在关于社会和人自身方面的那种思辨性、笼统性、非实用性的"形而上"特征越来越不满意，认为对社会问题的研究认识应该建立在尽可能精确、可靠、具体、实用的基础上，为人类提供具有技术上可操作功能的科学化的社会知识。经济学、政治学、法律学、社会学等不应该再是一些"形而上"的哲理式思辨与笼统模糊的个人精神体验，它应该是一种大众化的知识，一种可以用现代教育传授的十分具体的、确定的、规范且可实际运用的知识、工具与方法，它应该可以用于直接解决现实生活中具体而实际的问题。就像自然科学的纯理论研究应该可以转化成工艺和技术上的运用过程一样，社会科学的理论也应该转化成可直接运用的技术性工艺性知识，比如，一般经济学的理论应该可以转化成为金融、会计、贸易、财政、工商等方面的具体技术，政治学也不能再像古典时代的政治学那样沉湎于抽象思辨的诸如什么是"正义"、"公理"等古老命题，现代政治学必须可以对现代日益复杂的国家政府管理、社会行政事务的高效、国家公务员的考核、选拔等十分具体的行政事务提供有"实用"性的知识与手段。在这种现代社会成长的背景下，社会科学开始寻求像自然科学一样的地位与功能。当时，许多科学家们开始将自然科学的一些理论与方法移植到社会问题的研究中来，逐渐形成了以自然科学为范本的社会科学研究模式。这方面，以现代社会学的兴起最具典型意义。

早在文艺复兴和启蒙运动时期，欧洲的思想家、哲学家和历史学家已经开始对社会进行较为系统的研究探讨，试图从人文理性的视野而不是神学启示的角度来认识人类社会生活，应该说现代社会学的早期阶段是从这里开始的。不过，当时对社会的研究主要还是一种思辨形式的研究，属于当时欧洲哲学特别是社会历史哲学的一部分。哲学家和历史学家，以及那些从事启蒙思想和文化活动的思想家们，从历史哲学的角度，对社会发展的动因、进程，人类社会的性质和结构，人类社会的历史本质等基本问题进行探讨。这些研究，具有明显的近代思辨主义哲学的特征。但是，从 19 世纪中期起，一些思想家们不满足于这种"形而上"的思辨哲学的研究模式，认为社会学必须像自然科学一样具有客观、确定和实证的品格。必须像研究自然现象一样用实验的方法、计量的方法、统计的方法来研究社会，建立"科学的"的社会学，即与自然科学相一致的社会学。当时，主要是把现代生物学的研究方法和理论用于社会的研究，认为人类社会也是一个生物有机体，用生物学理论与方法是可以建立起具体的可操作性的社会学理论的。这方面，法国的实证主义哲学家孔德是最主要的代表人物。19 世纪 30 年代，孔德试图仿照天文学、物理学、化学和生物学等自然科学而创立一门关于社会的科学。最初，孔德把这门关于社会的科学称为"社会物理学"，后来改称"社会学"，并以物理学的思维方式将他的社会学分成所谓的"社会动力学"和"社会静力学"两大部分。当时，孔德把"社会学"与天文学、物理学、化学、生物学并列，试图将"社会学"置于与各门自然科学相等的位置上，他称天文学、物理学、化学、生物学和社会学为"五大理论科学"。由于孔德的努力，社会学开始从传统的社会历史哲学中分离出来形成一个相对独立的研究领域，即后来的社会学。这一社会学的基本特点，是将自然科学中研究自然物理和生物现象的理论与方法，移植到社会问题的研究领域中来，形成实证主义和经验主义的研究方法，用确切的而不是模糊的、实证的而不是思辨的、经验的而不是"形而上"的方法与事实来研究具体的社会问题，由此形成了现代社会学的基本模式。后来，这一实证主义的理论与方法影响了 19 世纪其他社会科学的发展进程，推动了各门社会科学的形成与发展。

　　19 世纪是各门具体的现代社会科学逐渐形成和初步发展的时期。按照丹尼尔·贝尔的观点，各门现代社会科学的创始人或其学科创立的时期大体是这样的：（1）创立现代经济学的祖辈人物是亚当·斯密、大卫·李嘉图、马尔萨斯，时间是从1776年到1810年，父辈人物是马歇尔和瓦尔拉，时间是从1870年到1890年。（2）创立现代社会学的祖辈人物是孔德、马克思、斯宾塞，时间是从1850年到1870年，父辈人物是杜尔凯姆，时间是从1890年到1915年。（3）创立现代人类学的祖辈人物是泰勒和弗雷泽，时间是从1879年到1900年，父辈人物是博阿斯和马林诺夫斯基，时间是从1910年到1920年。（4）创立现代心理学的祖辈人物是赫尔姆霍茨、维贝尔和费尔纳，时间是从1839年到1960年，父辈人物是冯特、詹姆斯和弗洛伊德，时间是从1879年到1910年。从丹尼尔·贝尔所列举的这些内容可以看出，各门现代社会科学大体上是在19世纪到20世纪初建立起来的（夏禹龙主编《社会科学学》，第39页）。除了贝尔上述所列的各门社会科学的创立情况外，我们还可以大体看出其他一些现代社会科学在19世纪兴起与发展的情况。

我们知道，人类对于社会政治、经济、法律、教育、国际关系问题的研究和关注，已经有了久远的历史了。在19世纪以前，人类在这些领域也已经积累了大量的知识和理论。但从严格的意义上讲，可以称之为独立学科的各门现代社会科学，比如经济学、政治学、法学、社会学、教育学、地理学、统计学、心理学、国际关系与国际政治学，以及其他一些以社会为研究中心的社会科学，都是在19世纪以后才真正建立起来，成为独立的科学类型的。从总的情况来看，19世纪以前人类获得的种种关于经济、政治、法律、社会等领域的思想与学说，还不能称作是独立的现代意义上的社会科学。这主要有这样几方面的原因。第一，这些关于社会问题的思想和论述，总体上属于当时人文学科的一部分。当时，人文学科具有包揽一切的百科全书式的特点，人文学者们涉及的领域都十分广泛，他们对于人类社会的各个领域都有不同程度的研究探讨，但他们又不是十分专业化的专家，而是一种通才式的学者与思想家。第二，19世纪以前学者们对社会的研究，无论是经济的，还是政治的、法律的、社会的，往往具有思辨的抽象的特征，总体上属于哲学或思想史的范畴，而缺乏对各个

第十章　人文学科与社会科学

213

具体的社会领域进行具体的实证性研究与调查分析。第三，无论是对于经济问题的研究，还是对于政治、法律问题的研究，人们并未形成专业化的相互有别的研究方法和研究理论，研究政治法律与研究经济文化或历史、哲学、宗教，基本上是一种研究模式与研究思维方式。因此，真正意义上的现代社会科学各学科，如经济学、政治学、法学、社会学等，都还没有从传统的人文科学领域中分化出来，还未形成为独立的学科体系，特别是独立的方法论与认识论体系，研究对象也往往是互相重叠模糊不清的。只是到了19世纪以后，随着现代社会的形成与发展，社会科学才真正从人文学科中分化出来，以不同的社会领域为特定研究对象而形成一种专业工作，学科的分化和独立性日益明显，社会科学与人文学科的分离成为一种基本的趋势，社会科学才真正开始独立发展起来。

这些新兴的现代社会科学，要求研究者在研究社会问题时，必须以具体的经验事实为依据，对经验事实的分析说明应该尽可能地排除研究者本人情感好恶和价值倾向的支配，做出客观性的事实真伪判断。研究过程和研究方法应该是普遍的、规范的，并尽可能以精确的、数量统计和逻辑推导的方式来提出可供科学家共同体交流对话的理论或结论。传统人文学科的那种个体精神体验、心灵直觉了悟的方式，应该从社会科学的研究领域中排除出去。在当时的许多思想家看来，所谓的社会科学（the Social Sciences）指的是"关于社会的科学"，它应该同自然科学（the Natural Sciences）即"关于自然的科学"一样，有规范的、定性的、量化和实证经验的品格。而传统的人文学科（the Liberal Arts 或 the Humanities）却是关于人的精神情感的学问，是学者们的一些"个人的意见"，是一些较为随意的个性化的感受、情绪、想法和体会，它带有自由的、想象的、艺术的特点。所以，这种传统性质的人文学科必须作改造才能成为科学。当时已有人提出，不仅经济学、政治学、法学、社会学这些关于社会的研究应该用自然科学的理论和方法来改造，而且关于文学的、哲学的、历史学的、艺术学的、美学的和伦理学的研究也应该"科学化"，使古老的人文学科（the Liberal Arts 或 the Humanities）改造成现代意义上的人文学科（the

Human Sciences），即"关于人的科学"。在这方面，尤以历史学、语言学、心理学、伦理学这些古老人文学科的"科学化"改造最为明显，后来，随着文史哲这些人文学科逐渐采用了一些自然科学中的量化的、实证的、经验的和逻辑的方法，而逐渐地被归入了"社会科学"的行列之中。

比如，政治学是在 20 世纪初才成为独立的社会科学的。1908 年美国政治学家阿瑟·F.本特利出版《政治的进程》一书，被认为是政治学作为一门独立的现代社会科学兴起的重要标志。在这本著作中，本特利首先明确提出，对于社会政治关系与政治现象的研究，必须改变以往那种思辨形态的传统思维与认知方式，摒弃"形而上"的抽象概念之演绎。他认为政治学要成为一门科学，就必须改造政治学的基础，他坚决主张研究政治的正确方向是要像自然科学那样来观察具体的经验性事实，让具体的经验性事实"自己来"表明观点。随后，美国学者、芝加哥学派的代表人物查尔斯·E.梅里安在《政治学新论》中进一步提出系统的政治学分析方法，他主张政治学不能以一些历史哲学式的抽象命题为基础，而应该去研究具体的政治行为、政治过程，应该具体地研究政治机构的职能与其实际存在的结构关系。而在研究方法上，则必须对政治现象和政治事实做实证性的经验观察，同时运用统计学的方法来对国家、政府和它们的行政机构的职能与运作情况进行确切的描述性说明与分析，以获得关于政治进程的具体知识和理论。总之，政治是一个可以进行观察、分析和说明的社会现象，是一个现实存在着的客观结构和体系，它由一系列可以统计量化和实证观察的政治事实关系构成。政治学的目的是要获得关于这些政治事实的具体而确定的知识，这些知识是可以用于现实政治生活的。

进入 20 世纪中期以后，政治学作为一个日益成熟的社会科学，其科学体系日渐完善，内容日益扩展，专业化程度也越来越高，政治学成为一门独立的体系严谨的社会科学。这一重大的变化表现在现代政治学在越来越大程度上不再对传统政治学中的关于政治哲学和政治信念那些价值论方面的问题感兴趣，政治学作为一种向技术型转向的科学，它的研究内容和课题的具体性、微观性、应用性显著增强。传统政治学中那些古老的主题，比如关于政治之公理、正义、价值和意义等问题都被认为是一些陈词滥调或无意义的"形而上"思辨而被弃之角落了。政治学在更大的范围内主要涉及具体的政党组织、宪法与政府功能、选举制度的安排，以及涉及诸如行政管理、文官选拔与公务员制度等专业化领域。政治学在相当的程度上已经成为一个国家提高它的管理效率和工作成绩的不可缺少的专业科学，成为现代公务员和国家政府官员的专业教育内容。过去，国家的治理主要表现为一种靠权力的"统治"，它主要靠国王和少数王公大臣的个人才能、素养、权威和魅力。但在现代工业化社会里，国家的治理更多地表现为一种靠制度和知识的"管理"，它更多地需要现代政治学的高度专业化职业化教育所提供的知识和专门人才。按照现代政治学家的理想说法，过去，国家政治与政府权力问题，只是统治者、国王、贵族和官吏的专利，但在现代条件下，已经有这样一些称为"政治学家"、"政治学者"的社会科学家们和教授们，从社会科学的角度来研究分析政治问题，并提供专业化的知识与教育产品。政治的专业性质、管理性质和科学性质日益明显。这种变化，还被认为是现代民主政治形成、现代社会的科学化走向的一个重要标志。这时，政治学已经远远离开传统的人文学科的思辨与"形而上"概念演绎领地，成为一门真正意义上的实证性社会科学了。

法学作为一门独立的现代社会科学的兴起，其历史背景与社会条件在许多方面同政治学的兴起是十分相同的。同政治学一样，法学也有着古老的人文学科传统，在东西方的历史上，对于法的本质、法的性质的思考与探讨是很多的。文艺复兴时期，法学也曾是人文学科的一个基本组成部分。应该说，无论是在政治学还是在法学领域，古希腊时期的著名学者和思想家们，比如苏格拉底、柏拉图、亚里士多德等人，都有许多著名的思想与论著，其对后世也影响很大。古代罗马时期，罗马人在法学理论与法典的编纂方面有特殊成就。中世纪时期，意大利人托马斯·阿奎那作为著名的神学家，不仅在经院哲学方面为集大成者，他在政治与法律方面也有许多著述或重要言论。而到了文艺复兴与宗教改革时期，意大利的著名学者如马西略、马基雅维利对于国家的性质、主权、政体和人性等问题的研究都达到了十分精深的程度。到了 17、18 世纪，欧洲理性主义的思想家和启蒙学者，斯宾诺莎、霍布斯、洛克、孟德斯鸠、伏尔泰、卢梭等人，对于近代的政治制度、法律体制和国家政体更有了大量的影响深远的论述。但与当时的政治学一样，对法学问题的研究从总体上属于当时的人文学科的范畴，学者所探讨的主要是关于法律的本质，法律与正义、理性、道德的关系，并用自然法、社会契约论等带有浓厚的法哲学、法理学思辨色彩的理论来进行法律问题的研究。到了 19 世纪以后，随着现代工业化社会的形成，法律关系日益复杂而具体，法律在社会生活中的实际功能与作用已经成为十分复杂、具体、普遍的现象，一些专门化的法律部门也逐渐形成，经济法、商法、民法、公务员法、国际公法与国际私法、国际经济法等，都已分离成为独立的法学学科。在法学问题的研究中，传统的带有思辨和哲学色彩的人文学科研究方法被逐渐淡化，而带有实证特征的现代法律研究理论与方法却逐渐成熟，法学由此也开始从传统的人文学科范畴中分离出来，成为一门独立的社会科学。

在经济学领域，人类从很早的时代便开始探索关于人类的经济活动的动因和方式。在西方，经济思想史的理论与学术研究的起源，可以追溯到古希腊时期。中世纪时期，基督教会的神学家们，特别是宗教改革时期的路德、加尔文等人，对经济思想和经济学说都有重要的阐述。而文艺复兴以后欧洲的思想家们对于当时的国家经济问题和经济政策的阐述更多，英国的威廉·配第被认为是西方现代经济学的理论先驱之一。相比较而言，经济学作为一门独立的社会科学从传统的人文学科的传统中分离出来，在各门现代社会科学中是比较早的。一般认为，现代经济学大体上是在 18 世纪的后期，在最先开始工业革命的英国发展起来。19 世纪，现代经济作为一门独立的社会科学获得了长足的发展，形成了以英国为中心的所谓"古典经济学"的基本理论体系和学科结构。进入 20 世纪以后，一些专门化的技术性经济学学科，如工业经济学、农业经济学、商业经济学、教育经济学、国际经济学等也成长起来。经济学与现代管理学相结合，以所谓的工商管理为核心的管理类学科的发展更为迅速，经济学对于现实经济活动的理论与政策指导意义日益明显。

　　20 世纪是社会科学从传统的人文学科中进一步分化出来，获得重大发展的时期。社会科学的重要意义和价值也受到了各国政府的高度重视，社会科学的研究机构迅速出现和增长起来，从事社会科学的专业科学家人数扩大，大学里有关社会科学的专业和学院也纷纷建立起来，社会科学已经成长为一个庞大的社会体制与结构。伴随着这个过程，社会科学日益占领了传统的人文学科研究的领域，一些古老的人文学科，比如历史学、伦理学、语言学、宗教学等，也深受新兴的社会科学的影响，采用或移植社会科学从自然科学那里汲取的理论与方法，从而日益具有社会科学的学科特征。比如，历史学这一古老的人文学科，在 18、19 世纪以后，新的研究理论与研究方法，实证的、计量的、统计的、田野调查与个案分析的方法进入历史学家的视野中，历史学深受实证主义哲学和现代自然科学的影响，日益向着客观化、确定化方向发展，而具有社会科学特征和运用性特点的一些新兴起的综合性学科，如经济史学、社会史学，越来越成为现代历史学中的"显学"，以至于越来越多的人认为历史学是一门社会科学而不是纯粹的人文学科。事实上，在 20 世纪，由于现代社会科学的迅速兴起和重要性的日益明显，使得人文学科的地位呈现下降的趋势，甚至出现了将人文学科并入社会科学的体系之中，或者不再将人文学科作为一种区别于社会科学的独立的科学类型的倾向。只是到了 20 世纪中期以后，在西方国家，随着工业化社会的完成，人文学科的地位和意义才又重新引起人们的重视，人文学科作为一种虽然与社会科学有着紧密联系但还是可以也应该将两者区别开来的观点才又得到更广泛的认同。

二、社会科学的路径

　　由于人文学科与社会科学有着十分紧密的关系，两者在许多方面存在相同或相似的特征，以至于在许多人的观念中，都轻易地将人文学科与社会科学等同起来，或是用社会科学取代人文学科的地位，不承认人文学科是一种与社会科学可以区别开来的独立的学科类型，认为只存在与自然科学相对应的社会科学，而不存在既区别于自然科学又区别于社会科学的独立的人文学科。更多的时候，人们是将人文学科视为社会科学的一部分，将文学、历史学、哲学、艺术学、宗教学、美学、伦理学等也归入社会科学的行列之中，与经济学、政治学、法律学、社会学学科一起统称为社会科学。这个时候，人们是采取自然科学—社会科学的两分法，将人文学科与社会科学混同起来，有些时候，人们将人文学科与社会科学一起统称为"文科"，以区别于"自然科学"的"理科"。也有一些比较模糊的概念，如"人文社会科学"，它既可以表示人文学科与社会科学是两大类型科学，也可以表示人文学科与社会科学是同一类型的科学，还有所谓的"哲学社会科学"，将"哲学"与"社会科学"并列在一起，却不清楚这一并列概念是指哲学与社会科学是并列的两大类型学科，还是表示哲学与社会科学是一回事，或者说哲学是高居于社会科学之上的领导者或指导者。总之，这些概念都是比较混乱和模糊的。

出现上述这些混同人文学科与社会科学的现象，具有复杂的原因。主要的是人文学科与社会科学在许多方面确实存在着紧密的联系，存在着相同相似的地方，要将它们明确地区别开来并不容易，因为社会科学与人文学科的界限并不像社会科学与自然科学的界限那样清晰，那样容易划定。人文学科与社会科学相同之处，至少可以从下述分析中得到说明。

第一，人文学科与社会科学在历史上曾经是一种母与子的关系，社会科学在作为一种独立的现代科学类型产生以前是被包容在人文学科之内的，只是到了19世纪以后，社会科学才逐渐成为独立的科学类型而从人文学科中分离出来，而这种分离的时间并不太长，分离在有些方面也是有限的。同时，社会科学在与人文学科发生分离以后，两者却又在许多方面发生了新的紧密联系，出现种种相互渗透融合的现象。

第二，社会科学与人文学科在研究对象和研究领域方面存在重叠或相同之处。社会科学研究的对象是社会，社会具有人的属性，是人的历史与现实活动的产物。社会与自然的区别就在于社会不是一个完全纯客观的世界，它是人的主体活动的结果。人是社会的主体，就此来说，社会科学与人文学科在研究对象上所面对的都是人。经济关系是人的经济关系，政治体制是人的政治体制。因此，人们是很容易将人文学科与社会科学等同起来，作为一种科学类型来看待的。

第三，社会科学和人文学科在研究方法、研究手段和研究过程方面存在着许多相同与相似的地方。比如，在社会科学也往往存在着与人文学科相似的研究者主体观念或价值渗透现象，社会科学家并不能像自然科学家那样会成为价值中心的研究者。

然而，尽管社会科学与人文学科有十分紧密的联系，在许多方面也很接近，两者有联系又有相似之处，但并不意味着就可以将两者等同起来，就可以将两者混为一谈。我们说，正确理解和把握人文学科与社会科学的差异，以及它们不同的功能与作用，将人文学科与社会科学作为两种不同的科学类型区别开来，既是可能的，更是十分必要的。因为这种区分，对于人文学科与社会科学的健康发展都具有十分重要的意义。人文学科与社会科学的区别与差异，至少也可以从下述方面得到说明。

第一，现代社会科学是随着现代工业化社会的形成而逐渐兴起的，而人文学科却是十分古老的学科，它虽然在近代以后发生了许多变化，现代人文学科与传统人文学科也已经有了很大的不同，但总体上来看，社会科学是一种年轻的学科类型，具有与现代化工业化社会的发展相适应的现代学科特征，而人文学科却具有更为古老的传统与历史积淀，它作为古老的人类知识体系与学科形态，具有更为浓厚的古典主义精神或古典学科的特征。尽管这种现代与古典的区别只具有相对的意义，但从总体上来说，现代社会科学的兴起是在现代自然科学兴起的大背景下，由自然科学所提供的知识、理论与方法作为现代社会科学的知识背景而得以发展起来的。没有现代自然科学所提供的科学理性、科学思维方式和科学精神，特别是实证形态的认识论与方法论，人类不可能产生如此强烈的用科学理性和科学方法去研究把握人类社会的信心。来自现代自然科学的理论与方法，特别是自然科学通过技术中介而在现代社会生活中产生的巨大功能，使人们相信人类的社会也是可以用科学来加以认识和控制的。在这种背景下兴起的现代社会科学，具有浓厚的理性分析和经验实证的特征，具有更突出的经验分析、数学、统计学、量化与通用化特征，从而与具有"形而上"思辨色彩、更多靠心性的领悟与直觉来感受人类精神与价值世界的古老人文学科形成很大的区别。

第二，与人文学科相比较而言，社会科学与自然科学的关系紧密的特征更为明显。社会科学与自然科学的研究对象并不一样，社会科学的研究对象是由人自身的主体行为构造起来的一个人的世界，社会的政治体制、经济结构、法律制度、社会关系及它们的功能和作用，都是一个由具有主体性的人的活动而形成的，它本质上是一个人为的世界，而与自然科学研究的外在于人的客观物质自然世界不同。从这一点上来说，社会科学与人文学科是一致的，它们都是对人的研究，而不是对物的研究。但是，社会科学所研究的社会，并不是一个纯观念形态的世界，它虽然是人的主体活动的产物，具有人的属性，但社会存在是一个具有自主性的实体，是一个具有内在发展过程和规定性的有机实体或有机形态。如果说社会科学与人文学科一样也研究人的话，那么社会科学则是把人作为群体的人、作为处在社会关系网络结构中的人来研究的。因此社会科学更多地是从社会结构、体制、关系等这些具有客观实在性的背景上来研究人的，更多地是从人的社会角色、社会属性的层面来理解人的本质、人的地位和人的生存状态的。因为从社会科学的观点来看，这个社会有机形态的运行机制，经济结构的形成和变化，经济生活中各种交换行为的发生，市场供需关系的成立，政治与法律生活中形成的各种权利和义务关系等，都是独立于个体的人的主观意志的一种客观存在，它们的形成和演变都有内在的自主性和规律性。社会形态与社会体制的这种自主性和规律性，与自然物质世界里的各种物理生物现象在某种程度上是具有相似性的。正因为这样，在某种程度上社会科学家们可以把社会形态或社会结构视为一个类似于自然物质世界一样的客观世界或物质世界来看待，来对社会进行研究分析或认识把握，这是社会科学与人文学科区别的一个重要方面。而人文学科所研究的人，则是从个体的、具体的人出发，并且关注的主要是人的精神与观念世界，是人的情感与心性世界，是一个形而上的超越性的理想王国，是社会的有形物质结构如经济体制政治结构背后的观念与意识、价值与意义。

第三，不同的认识对象或认识重点，使人文学科与社会科学的研究方法与研究手段也存在着许多不同之处。社会科学是在 19 世纪以后才从人文学科中分离出来成为独立的科学类型的，这使得社会科学实际上承继着许多人文学科的传统特征，包括在研究方法与研究手段方面，传统人文学科的许多研究方法与研究手段比如说思辨的、艺术的、体验与直觉的研究方法与研究手段等，在现代社会科学中也可以运用，传统人文学科的一些基本概念、思维模式与认识角度在现代社会科学中也具有重要的功能。经济学家对社会经济问题的研究与分析，就离不开人文学科的一些传统，比如，经济学家们不能回避关于人的经济行为和社会经济制度方面的价值评判与理想追求。社会学家们对社会结构与功能的分析，也不能总是价值中立的或只做客观的观察与分析而不介入自己的主观意志。但是总体上来说，现代社会科学的方法论体系与认识论体系是在逐渐摆脱传统人文学科的那种思辨和体验的特征，在移植自然科学的实证经验分析方法的基础上形成和发展起来的。将自然科学的概念、分析工具、研究手段引入到社会问题的研究中，形成实证形态的社会科学学科品格和特征，并使社会科学的研究日益摆脱传统的思辨哲学、直觉体验和非实证性的"形而上"的人文研究模式，形成精确化、定量化、数字化的学科品格，是现代社会科学形成和发展的一个基本历史特点。因此，现代社会科学比如经济学、社会学、政治学、统计学、人类学、民族学等等，在研究方法与思维方式等方面都与自然科学有更为相近之处。这些实证性的社会科学也力图对复杂的社会经验事实进行实证性的分析，运用统计的方法、定量的方法、社会调查与社会观察的方法，对社会的经济现象、政治现象、法律现象等客观事实进行实际观察与分析，在经验事实的基础上借助于科学的逻辑体系工具、借助于清晰而确定的概念网络，运用归纳、推导、演绎等方法提出社会科学的理论假设，比如，关于人的经济行为、理性选择、社会关系结构、行为动因等的社会科学理论与规律，再以经验性事实或社会实践来对这些科学假设或科学规律做实证检验，如果理论与实践相一致就会被认可而得到人们的尊奉，这些理论与假设或规律，对于现实的社会生活也就具有了理论的指导意义和运用价值。一般来说，社会科学并不重视个体的人，从经济学或经济统计学的意义上看，一个个体的人的经济学意义是无足轻重的。而从投资与资本的量化角度来看，一个身家百万的富翁与一个赤贫的穷人，自然是不相等的，他们在社会生活中的角度与作用，显然是由其地位规定的。

第四，相比较而言，社会科学比人文学科有着较为明显的直接应用价值与实际经济功能，能够更直接地带来经济利益或创造财富。在这方面，社会科学与自然科学更为接近。正如自然科学的应用价值表现为各类工程技术学科的建立一样，社会科学的应用价值则可以表现为各类管理技术学科的建立。近年来，在许多综合性大学和工程技术类大学里，工商管理、行政管理、社会管理、科学与教育管理、旅游、体育、文化艺术管理等各种管理学院或管理专业纷纷建立，这正是社会科学在应用教育方面发展的重要标志。这些管理类的学科以客观存在的社会事实为研究对象，其研究过程和研究结果都具有实证、确定的特点，它所提出的理论和知识，培养的专业性人才，对于现实生活有着运用或指导作用。人们把这些科学称为"软科学"，其工具理性特征与技术理性色彩都十分突出。它们与自然科学中的工程技术科学一样，从社会经验事实中抽象归纳出来的具有普遍性的理论与知识，可以用来指导人们的现实生活或预测未来，获得期待中的结果。正是由于社会科学具有对于现实生活较明显的指导意义和运用价值，具有较人文学科更为广泛和直接的实用性，从而使社会科学更容易得到现代社会的重视与支持，这是社会科学在 20 世纪以来迅速发展的重要原因。

第五，就社会科学与人文学科相比较而言，社会科学偏重知识而人文学科偏重观念，社会科学偏重事实而人文学科偏重价值，社会科学偏重物质上的实际而人文学科偏重精神上的理想，社会科学偏重理性而人文学科偏重情感，社会科学偏重实证性的分析说明而人文学科偏重直觉性的体验与领悟。因而也可以说，社会科学更多的是一个知识系统而人文学科更多的是一个价值系统，社会科学更多的是一个用于指导现实生活的工具性系统而人文学科更多的是一个指向理想彼岸世界的精神性系统。当然，这并不是说人文学科就没有实用的知识和客观事实，也不是说人文学科就不存在客观实证的研究过程和可用于现实生活的工具性作用。有许多人文学科知识和理论，比如说文学知识、历史知识、美学知识和伦理学知识，对于人们的现实生活也是有明显的实用意义或经济资源功用的，人文学科也可以为现代"文化产业"提供资源要素，可以开发出具有重要经济价值与市场价值的知识产品、文化消费品。同样，也不是说在社会科学领域里就只有知识而没有观念，只有事实而没有价值，只有现实而没有理想，只有客观分析而没有直觉体验。应该说，社会科学也离不开价值判断，也会带上社会科学家自己的情感与道德因素，社会科学中的意识形态成分也是不可完全避免的。但是，将人文学科与社会科学做比较来看的话，它们在上述这些方面的倾向性或偏重特征又是十分明显的，这正是将人文社会与社会科学分别开来的依据所在。准确区分人文学科与社会科学的这些特征是十分必要的，因为它可以使我们真正明白人文学科和社会科学的相同与相异，正确把握人文学科与社会科学的功能与作用，既不把它们混为一谈，也不把它们完全割裂对立起来。

三、社会科学的特点

从 19 世纪以来，科学发展的一大趋势不仅表现为自然科学与人文学科的分离，自然科学形成独立的科学类型，同时还表现为社会科学与人文学科的分离，社会科学从传统的人文学科中分化出来形成独立的科学类型。这两个分离，是科学发展的必由之路，是人类对自然物质世界、对人类社会和人内心精神世界进行深入研究并获得越来越全面而具体的知识与理论的必要过程。这种分离，突破了古代人类科学发展的那种笼统、直观、模糊的局限，而是根据世界的多样性和认识对象的性质特点，采取不同的认识方式与认识手段，人类的知识与科学体系由此逐渐走向了成熟和完善。

就人文学科与社会科学的分离来说，它对近代以来人文学科和社会科学的发展都产生了积极的意义，特别是对社会科学成为一种独立的知识形态产生了多方面的积极影响。首先，社会科学与人文学科的分离，使社会科学的规范性、确定性、独立性、应用性都大大增强了。人类对于近代工业化时代日益复杂的社会经济、政治、法律、社会、教育、国际关系、民族、商业、贸易等全新的社会现象有了越来越正确的认识，因为这种认识是建立在实证性的科学基础上的，人类逐渐获得越来越多的关于社会生活之运行发展的确定的、具体的知识与理论。这些知识与理论不再是一些抽象思辨的"形而上"的精神理念，而是具有现实运用价值的有用知识。社会科学由此日益成为一种重要的社会财富，一种可以推动社会经济发展，可以提高社会管理与运行效率的知识，从而才使社会科学在 19 世纪以来得到人们的重视而迅速发展。正如自然科学的工具性和实用性价值使它在近代以后得以迅速发展起来一样，社会科学的这种实用理性工具特征是现代社会科学进步发展的重要前提与根源。它使社会科学不再停留在"形而上"的思辨哲学的天地里只是为少数的知识精英所掌握，而是可以通过现代世俗教育体系的发展，通过大学里各门日益专业化的社会科学学科教育体制的建立与普及，成为一种大众化的知识产品，成为可以为越来越多的普通受教育者掌握的专业性知识，并广泛运用于社会生活中。

特别是 20 世纪以来，社会科学的应用性和职业性倾向进一步发展，一些社会科学中分化出许多具有更为明显的技术操作功能的新学科或二级学科，一些类似于工程技术的管理类学科。比如，经济学在 20 世纪以后的一般理论经济学之外形成了农业经济学、工业经济学、贸易与金融学、财政学、会计学、物价学、信息产业学等等。在社会学中，在一般的理论社会学之外，形成了针对具体的社会问题的具有实用价值的学科，比如社会工作学、社会保障学、社会心理学、老人学、妇女学、人口学、公共关系学，等等。同时，在各社会科学之间还形成了一些交叉性的学科，如经济学与法律学交叉形成的经济法学，经济学与社会学交叉形成的经济社会学、福利社会学，等等。这些应用型社会科学学科的形成和发展，使人类对于社会的结构、机制、功能、体系、关系以及它的运行、变迁等问题，对于社会各种力量和集团的冲突与矛盾，各种社会现象的本质与规律等，都有了越来越全面、具体而又规范的认识，人类对于社会的控制能力、管理能力、协调能力都大大增长起来了。正是在这种背景下，现代政府的行为越来越成为一种建立在知识、专业能力和科学决策基础上的管理行为。

社会科学与人文学科的分离是以社会科学的实证性科学品格的形成为重要标志的。实证特征的形成，实际上推进了现代经济学、政治学、法律学、社会学、教育学、管理学等各门现代社会科学的规范性进程。对于各门现代社会科学来说，从传统人文学科的领域中分化出来并形成实证形态的认识论与方法论，使其在学科体系结构、研究对象、研究方法、研究过程等方面都逐渐走向了成熟，获得了自己独特的学科个性。实证性认识论与方法论的形成，推动了社会科学研究的分化与专业化进程，使社会科学的知识性、专业性、职业性程度都大大提高了，社会科学逐渐成为一种具有更大确定性和规范性的知识领域。也就是说，社会科学各学科都逐渐成为一个高度专业化或职业化的知识领域，必须要有非常专业化的教育才有可能成为其中某一个领域中的专门人才，才能成为其中某个领域的专家。社会科学的研究不再是一种笼统的抽象思辨的"形而上"的议论，它的任何一个理论假设，任何一种观点和思想，都必须建立在可以支持它论证它的社会事实或经验事实之上，它也必须得到实践上的证实与运用。

因此，社会科学从人文学科中分化出来的一个积极的意义，是使现代社会科学得以告别传统人文学科那种主要是靠直觉、悟性来把握世界，靠"形而上"的思辨方式来认识世界的缺陷，而形成了具体的、客观的、规范的社会科学个性特征。因此这时的社会科学，无论是经济学、政治学，还是法律学、教育学或管理学，都追求以可观察、统计、分析的社会经验事实作为自己理论与学科体系构建的基础，都追求那种可以在社会科学家共同体内进行交流和讨论的规范知识、清晰的概念和确定的研究工具与手段。社会科学家追求以确定性的社会经验事实来构建自己的理论假说，并以经验事实来对这些理论假说加以验证，它所带来的社会科学的规范性改造，有可能使社会科学在某种程度上形成一种具有价值中立性的、尽可能具有经验客观性和理论实证性的科学，从而使社会科学的发展过程，使社会科学的研究过程，都尽可能摆脱不必要的外部因素如意识形态、宗教信仰及政治权力的干预，减少这种人为因素干预的随意性、主观性，同时也尽可能使社会科学摆脱那种主要基于宗教信仰、文化传统、价值观念和意识形态不同而产生的对研究者个体体验与直觉体验过多依赖所造成的局限性，从而形成具有普遍性和一般性的理论与知识，形成相对稳定的科学研究理论与方法。这时，社会科学才真正成为一种科学，成为一种专业性、职业性和规范性日益明显的科学事业，而不再被认为是一种从属于某种意识形态的宣传舆论或政治观念。对于现代社会科学而言，只有它们获得了独立于政治权力和意识形态的人为因素的随意性支配干预，它们才有可能独立地去追求真理、发现真理、获得真理。而科学只有发现真理，获得真理，它才能对社会有价值有作用。从这个意义上来说，现代社会科学的实证特征的形成，是具有重要而积极的意义的。在这样一种背景下，社会科学各学科，经济学、政治学、法律学、社会学等，在某种程度上都可以超越一些个体观念与情感道德方面的束缚，可以超越个别国家、民族、党派、文化传统和历史背景的差异，形成规范普遍的社会科学理论体系。特别是在一些具体的应用性的社会科学领域，在一些具有较强技术性特征的社会科学分支学科中，比如经济中的运用性学科，如工商管理、金融财政、物价税收、统计会计，政治学中的行政管理、公务员制度等学科领域，都可以用规范和实证的方法来从事价值中立的客观性研究，获得一般性的、普遍性的研究成果。就我国目前的社会科学发展现状来说，为了提高社会科学的水平，更好地发挥社会科学对于我国经济建设和社会发展的直接作用，有必要继续大力在社会科学研究中倡导实证性的研究方法与研究手段，倡导量化的、数学的、统计的方法，以进一步提升我国社会科学的精确性、客观性、实用性程度。

在当代中国，社会科学从传统思辨性的人文学科中分离并走向专业化、职业化的趋势，对现代社会科学的发展还具有一些特殊的积极意义。比如，它可以使社会科学家增强自己的职业独立意识和学术自主意识，强化社会科学家对自己学术研究活动的责任感、自信心和献身精神。专业性、职业性的社会科学家可以把自己的学术研究活动当成一种有独立价值和意义的社会活动，正如同社会经济、政治活动一样，也有它平等的地位，而不是服务于经济、政治目标的一种从属性活动。社会科学可以在学术研究中更多地追求"学以致知"的境界，以探寻到社会科学的真理为学术研究活动的最高目标或首要目标，而不必随时考虑自己的学术活动与结果是否可以"学以致用"、"为现实服务"，不必随时考虑学术研究有没有社会功能。因为在独立的学术研究意识那里，学术本身就是有价值和有意义的，而并不是用来达到某个外在目标的工具与手段。

有了这种独立的学术意识，社会科学家就会像自然科学家那样形成独立的科学家人格，形成对自己的学术研究工作的价值和意义的自信心，以坚定的学术献身精神去终身从事社会科学研究工作。如果一个社会科学家已经将他的学术活动作为一种高尚的职业，一种与"治国平天下"同等重要的职业，他就不会轻易放弃自己的学术研究工作，就不会时刻梦想着、准备着、盼望着背离学术生涯去为官为仕。这样，就可以在中国的知识分子中形成一个真正意义上的现代社会科学家阶层，形成人格独立的经济学家、政治学家、社会学家群体，使中国知识分子群体的社会人格和身份，实现由历史上那种依附于"道统"和"政统"，与政治难舍难分、实际上没有独立地位和自主人格的"士大夫"、"文化人"、"秀才"，向现代意义上的职业性专业性社会科学家群体的转换。这样的变化与发展，将大大有助于提升当代中国社会科学研究的学术性和专业性，形成规范、严谨、体制化的社会科学研究模式与管理运作机制，使社会科学方面的问题，包括它的组织管理、成果检验、选题评价，都更多地由社会科学家自己来解决，形成类似于自然科学领域那样的以科学家为主体的体制。

从人文学科的方面来说，人文学科与社会科学的分离，对于人文学科自身的发展，也有一些积极的意义和影响。首先，人文学科与社会科学的分离使它们可以在各自的范围内研究关注各自的核心问题。人文学科将自己的重点更多地放在关于人的精神、情感、观念的问题上，更多地去探究人的生存价值与生存意义的问题。在"形而上"的理念世界里追问世界的本质、人生的意义、生命的价值这样一些更为根本性的终极性的问题，从而使人类在追求经济增长与科技进步时也有相应的价值意义来做终极性引导，使社会科学和自然科学有精神价值方面的活水源泉来滋润。但是，如果我们在现实生活中，将人文学科与社会科学混为一谈，不承认人文学科是一种不同于社会科学的独特的知识领域和科学类型，那么在社会科学迅速发展的宏观背景上，便很容易抹杀了人文学科的个性特征与独特价值，导致人们以社会科学的标准来理解和要求人文学科，用社会科学的标准来衡量改造人文学科，让人文学科也同社会科学那样去发挥它实际上不能发挥的实用功能，这必然对人文学科造成危害。因此，如果我们能正确地将人文学科与社会科学区别开来，就会有助于人们正确认识人文学科与社会科学的不同的功能与作用，正确把握这两大类型科学对于人类的不同意义和价值。

社会科学中的经济学、政治学、社会学、管理学、统计学、人口学、法学，都是具有较明显的实用价值的，它们可以作为一种资源较直接地、较明显地推动社会经济的发展，提高社会管理的效率，带来明显而直接的"投资效果"。而人文学科中的文史哲、艺术、美学伦理学等却与这些社会科学有很大的不同，虽然人们习惯上都将它们统称为"文科"，或是作为与自然科学相区别的学科而泛称为"人文社会科学"，然而它们之间的差异与区别还是十分明显的。但是目前在许多人的心目中，却往往将人文学科与社会科学完全混为一谈，缺乏对人文学科与社会科学的学科差异性的基本认识。由于忽视了人文学科与社会科学的区别，忽视了人文学科具有不同于社会科学的功能与作用，结果人们常常要文学、哲学、历史学、美学、艺术学也去发挥同社会科学一样的功能，像社会科学那样去为经济的发展和社会的管理提供实用性的知识与技术。这样做的结果，导致人文学科丧失自己的学科特征、独特价值与功能，人文学科因此偏离了属于自己的特有领域而走向迷途，陷入不知所措的尴尬境地。一方面，人文学科本来是一种专门以人的精神、价值、意义世界为研究对象的科学，但现在它被从这个属于自己的特定领域中驱赶了出来，处于无家可归的流浪放逐状态。这时，人文学科就不能在真正属于自己的精神观念与价值领域发挥自己的特有功能与作用，为人类提供关于生存价值与生命意义的人文精神与人文关怀，不能为人类构建理想的精神家园和心灵故乡提供有价值的思想与观念。而另一方面，人文学科因为被当成了社会科学，被赶鸭子上架般地拖进了另一个自己陌生的领域，去扮演它自己并不能扮演的技术性管理性角色，去发挥它自己并不能发挥的类似经济学、社会学、政治学、管理学那样的功利性实用性作用。但人文学科却又因为自己本身固有的学科局限而难于在这些领域遂人心愿，于是人文学科被贬斥蔑视、被视为"无用"、"清谈"之学。不能真正把握自己学科之正确定位的人文学科，就在这样四处迎合、不知所措的境地中陷入了危机。因此我们可以看到，如果将人文学科混同于社会科学，或认为人文学科只不过是社会科学中的一部分，用社会科学的标准来理解或要求人文学科的功能与价值的话，人文学科必然要走向难以摆脱的困境。

长期以来，由于不能正确区分人文学科与社会科学的特征，将人文学科视为社会科学中的一部分，对人文学科的健康发展产生了多方面的消极影响。这种消极影响，可以概括为人文学科不恰当地被"社会科学化"，以及由此导致的人文学科丧失自身特性而陷入无所适从的尴尬困境。这种情况，在文学、历史学、艺术学中都不同程度地存在着。人们将人文学科混同于社会科学，忽视了人文学科的独特性，并以社会科学的标准来理解要求人文学科的价值、意义、功能和作用，并把社会科学的研究方法与认识模式简单地搬到人文学科研究领域中来。从方法论与认识论的角度来看，将人文学科混同于社会科学，一个直接的结果便是认为人文学科的任务，不过是如何以"实证的"、"科学的"、"客观的"，甚至应该是"精确量化的、数学统计的"方式来研究文学、哲学、艺术、历史。要求文学家、史学家、哲学家、美学艺术家放逐主体性而以"客观"的方式来"反映"社会存在，"忠实"地"描述"社会生活，"再现"社会现实。这样做的结果，是将人文学科的研究建立在一种机械的反映论基础上，忽视了人文学科研究的主体性原则和价值选择与价值判断原则，将人文学家对人类的文学、美学、艺术、历史、哲学的研究，简单地理解为机械式的决定与被决定、反映与被反映的对等关系。而人文学家本身的价值与情感因素，人文学家本人的主体选择与价值评判，人文作品与读者的复杂关系，人们接受人文学科作品的过程与特点等反映人文学科特征的因素，都被忽视了。人文学科陷入了"科学主义"或"实证主义"的泥沼而失去了自己的个性特征，失去了自己作为一种独立的学科类型而存在的可能性。

比如，如果忽视了文学研究、文艺理论的人文学科属性而将其当成一种社会科学活动，用社会科学的认识论与方法论（实际上是从自然科学中移植而来的实证性认识论方法论）来看待文学艺术的研究工作的话，就难免形成要文学研究"科学化"的科学主义片面倾向。这时，文学就会被简单地看成是一种机械地"反映社会生活的活动"，是对生活的一种镜式的"客观的"反映，并以反映社会生活的广度和深度之如何作为评价文学作品价值大小与水平高低的尺度。在这里，文学家与经济学家、政治学家、社会学家已经没有什么区别，如果说还有什么区别的话，那也不过是经济学家和社会学家是用理性的方式、分析的方式来反映社会生活，而文学家和诗人是用文学的方式、情感的方式来反映社会生活而已。我们说，文学家当然要反映社会生活，文学艺术家的文学观念和艺术审美意识也不是完全随意的，它也受着社会生活和历史条件的制约，但问题的关键不在于文学要不要反映社会生活，而在于文学反映社会生活的方式与特点。确认文学的人文学科属性，其意义就在于确认文学对生活世界的反映与自然科学

第十章　人文学科与社会科学

231

和社会科学是不一样的。文学艺术家对社会生活的反映是一种主体与客体双向互动、对话和影响的过程，是一种充分显示主体倾向和价值理想的对生活世界批判性认识的过程，其中还包含着文学艺术家对现实的超越性追求。他并不是一个局外人作价值中立的纯客观的被动的反映。如果我们把文学艺术研究简单地等同于实证性的社会科学，一部文学发展史也就成为了一部社会史、政治史、经济史的文学表现而已。文学自身的特性、文学的本质与精神，文学的审美价值与审美意义，则被忽视了遗弃了。与这种倾向相联系的是在文学批评或文学理论研究过程中出现的另一种"科学主义"倾向，即所谓的技术性"文本分析"。文本分析方法对于全面的认识文学现象有特殊的意义，是现代文论的重要方法，但却存在将其极端化运用的倾向。在这种技术性文本分析世界里，历史上一切伟大的文学作品，都只需从语法学、词源学、结构学、文体学、符号学的角度去作技术性分析，在这种规范化、实证化甚至数字化的文本分析那里，文学的问题变成了一个单纯的语言学问题，并且还进一步将语言学的问题当成一种可以脱离主体情感与价值因素的纯粹符号、形式、结构的问题来看待。而对于作家的研究，则运用专业心理学、生理学甚至医学的方法作"文本诊断"或"生理—心理分析"，这种简单化的倾向，是难以获得对文学艺术之本质的真正把握与认识的。

又比如，不能将人文学科与社会科学作适当的区分，将历史学完全理解为一种社会科学而否认了历史学的人文学科属性，便会简单地认为历史学不过是如何"客观地记载"或"忠实地反映"人类社会生活的历史，如何忠实地记录下历史上发生过的事件和过程，历史学家便只有研究的对象意识而无研究者主体的自我意识。在这种将历史学"社会科学化"的过程中，历史学家的任务便被理解为如何以价值中立的纯客观态度去发现人类历史发展运行的"客观规律"，正如同自然科学家的任务是去发现自然界中存在的物质运动的规律、经济学家是如何运用实证方法去发现社会经济运行的规律一样。因为在这种历史观看来，人类的历史过程已被机械地认为与自然物质过程没什么本质的不同，完全是可以让历史学家摆脱自己的价值倾向作"客观"分析认识的。这时，历史学作为一门人文学科的内在属性就被遗忘了。人类的历史被纳入到了纯物质的世界中，历史过程中人的主体性因素，历史学家对于历史的理解、体验、感受也都不在历史学考虑的范畴之内了。

正是在这个意义上，我们说，将文学、历史学、艺术学和哲学等人文学科"社会科学化"的结果，必然会导致人文学者在研究过程中的主体因素与情感因素的自我放逐或主体空缺。文学家、历史学家的主体性都被排除在了文学和历史学之外，我们在文学艺术作品、历史学著作中再也看不到文学艺术家和历史学家的个人身影，感受不到文学艺术家和历史学家个体的情感与个性。文学、历史学、艺术也就变成了众口一词、千人一面的僵死刻板的东西，不再具有人文学科特有的那种个体性精神气质与理想。应该说，这是使人文学科失去自己的独特性而最终陷于根本性生存危机的重要原因。

因此，将人文学科与社会科学区别开来，正确把握人文学科和社会科学在认识论、方法论方面的相同与相异，正确把握人文学科和社会科学对于人类的不同意义和作用，从而对人文学科与社会科学采取有所不同的建设方针与发展政策，是十分重要和必要的。在这方面，目前首先需要做的是要明确文学、哲学、历史学、美学、艺术学等人文学科的学科定位，使它们回归到作为人文学科的本来位置上来。只有首先做到这一点，才可以真正有效地来谈这些学科的价值、意义、功能和作用问题。我们现在的人文学科之所以常常陷入困境，是因为我们往往不能正确区别文学、哲学、历史学、美学这些人文学科，与经济学、政治学、法律学、社会学、管理学这些社会科学在学科特点、社会功能与作用方面的差异，而是把它们混为一谈，笼统地来谈人文社会科学的价值与功能，结果你可能是从社会科学的角度来谈人文学科，而他却又可能是从人文学科的角度来谈社会科学，结果往往各执一词，发生无谓的争议。比如，人们来谈论文学、哲学、历史学、美学的价值与功能，但却是站在社会科学的角度、用了社会科学的标准来谈的，他把文学、哲学、历史学、美学、艺术学都视为与经济学、社会学等社会科学一样的学科，以这样的眼光和标准来谈人文学科的价值与功能，自然难以得出正确的结果。

从总体上可以说，经济学、政治学、法律学、社会学、管理学等社会科学，根本的功能与作用是以社会科学的知识和理论使社会机体的运作更有效率，使社会经济结构、政治体制的建立、发展、变革更加有序，其机制更有效地发挥，即以更好的方式来管理社会。而文学、哲学、艺术学、美学、历史学等人文学科的根本功能与作用，则在于满足人类在精神世界方面的需要，提供关于生活意义、价值理想、人生目标方面的知识与思想，为人类提供一个精神的家园和心灵的故乡。可以说，相比较而言，社会科学的价值与意义是较为功利性的，直接作用于社会的，而人文学科的价值与意义是非功利性的，主要作用于人心的，它们两者在某些方面是不可等同或有不可比之处的。正确把握人文学科和社会科学在这方面的本质区别，对于这两大学科的健康正常发展是十分重要的。特别是在大学教育领域，区别人文学科教育与社会科学教育的功能与价值尤其必要。大学里的人文学科各专业，如历史学、文学、哲学、艺术学、美学与伦理学等，与大学里的社会科学各专业，如经济学、管理学、政治学、法律学、社会学等，对于一个国家和一个社会来讲应该是有不同的价值与作用的。当政府或是国家对高等教育提出它的要求，要求大学教育服务于社会服务于国家的时候，应该充分意识到这两大类科学具有不同的价值与意义，它们服务于社会服务于国家的方式和途径也有很大的差异。在强调高等教育为社会经济发展服务的时候，要看到人文学科对于社会经济发展的作用方式与作用范围是与社会科学不一样的。不能只从实用的角度、经济的角度来看待或要求人文学科。政府与国家需要在制定高等教育政策或要求高等教育发挥其职能时考虑到文史哲这些人文学科与经济学、法律学、政治学、社会学、管理学这些社会科学的不同的学科特征与学科价值，而不是采取同一种政策，或提出同样的要求。这样才能使人文学科在真正属于自己的范围内正常而健康的发展，为社会、为国家、为民众提供具有丰富精神价值的知识与理论，满足人们对于精神世界的追求与需要。

对于一个国家和民族来说，社会科学和人文学科都是必不可少的，我们很难说它们两者中谁更重要，或谁不太重要，它们的价值与功能具有不可比性。真正重要的，是让它们各司其职，发挥好各自的功能与作用，并在此基础上相互对话互补。只有让人文学科与社会科学同时得到重视与发展，让人文学科与社会科学一样发挥各自的功能，一个国家的经济发展与社会进步、物质昌盛与精神文明才能协调统一共同进步，才不会出现人类物质生活与精神生活的矛盾与冲突，才不会出现在获得经济进步与物质昌盛的时候却发生严重的精神危机与人性衰退，才不会在获得物质享受的时候失却精神的家园而沦为心灵空虚情感迷失的无家可归者，才不会因为人文精神世界的迷失而导致各种巫术邪教的泛滥。因为从总体上来说，社会科学虽然可以为人类提供越来越科学、完善、丰富的关于管理它的社会经济政治生活的知识与理论，但它却不能真正解答关于人类生存的终极意义和价值的问题。经济学可以使人类更有效率地来从事生产与经营，可以告诉人们怎样用更少的投入获得更大的收益，用更好的技术和管理方式来管理它的企业与员工，可以使人们更多地赚钱和获利，但经济学本身并不直接地讨论人生价值与生活意义等"形而上"的终极性的问题，并不更多地关注伦理与道德问题。也就是说，它并不回答人们赚钱和获得利益后的终极目的是什么这样的精神与理想的问题。如果说经济学有什么理想的话，那也就是怎样用更经济、更合理、更有效率的经济体制、经济模式或生产方式去产出最多最好的商品、劳务。虽然一种科学理性的、符合经济内在规律与要求的经济学理论与经济学思想本身所带来的人类在经济财富方面的进步，正是达到人类精神解放和个性自由的前提与可能，没有这个前提与可能，人性的解放与自由就只是一种侈谈，但前提与可能并不是结果本身，没有人类在精神领域的自觉思考与努力，没有人文学科对于人类经济行为终极意义的追问，财富的增长与技术的进步本身并不能自然地保证它就一定成为一种导致人类幸福的合理的因素。事实上，如果没有相应的价值精神与理想的引导，经济财富与技术也可能成为一种异化的力量把人类引向受物质奴役受技术支配的歧途上去。人类对于财富的追求如果没有一种合理的人文精神与理性意识去引导和规范的话，它最终的结果也许与人类的发展目标是完全相反的。

四、人文社科新综合

正是在这样的意义上，我们一方面主张并强调社会科学与人文学科分化的合理性与积极意义，另一方面我们同时又主张社会科学与人文学科在分化的基础上，在获得属于自己的学科特征和保持自身独立性的前提下，又需要推进双方在更高层面上的对话、沟通、渗透，在一个更高的层面上实现人文学科与社会科学现代新综合。这种现代新综合不是像过去那样用人文学科来代替社会科学，也不是要把人文学科改造成社会科学，而是这两大学科类型在保持自身特征，在属于自己的领域里各司其职，为人类提供社会科学和人文学科两方面的知识与理论的同时，也都从对方那里汲取必要的养分来弥补自己的缺陷，来突破各自的功能限度，使自己得到健康的发展。

我们说，我们强调将人文学科与社会科学区别开来，将它们视为两种有所不同的科学类型，这将有助于我们对它们的功能与意义做出正确的理解与把握，但这并不是说我们就认为这两种类型科学不存在相同相通之处，更不是说这种区别与差异就意味着它们必然是相互对立相互冲突的。事实上，强调并尊重这两大类型科学的差别，正确认识这两大类型科学的不同特征与社会意义，正是实现这两大科学相互沟通相互弥补的前提和必要环节。而人文学科与社会科学在保持各自独立性与个性特征的前提下实现新的汇通与综合，对于现代社会科学和人文学科的健康发展来说，却具有另外一种特殊的重要意义。

就人文学科来说，社会科学在其现代发展进程中形成的一些理论与方法，特别是它将自然科学的一些理论与方法引入社会问题研究的领域中而走向规范化、客观化的趋势，是值得人文学科有选择地加以借鉴和汲取的。人文学科作为一种主要靠人文学家自己个人的心性和情感去对人文世界做体验感受的精神活动，可以在以个体性、主体性、丰富性为特征的人的观念、情感、意义、价值等"形而上"的精神领域做出自己独特的探索，更敏感、更细腻地深入人的内心情感世界和变幻丰富的人的精神天地。这种靠心性的体验和领悟直觉去把握人的精神世界的无限丰富性、复杂性的人文学科研究模式和研究方式，以及由此形成的人文学科独特的思维方式与思维过程，是人文学科区别于社会科学的核心所在，也是人文学科作为一种不同于社会科学的科学类型得以独立存在的基础。但我们应该看到，人文学科在认识论和方法论方面的这种独特性，既是人文学科的优势与特色所在，也可能是人文学科的一大"硬伤"或内在局限所在。因为如果对人文学科的这种强调主体性意义的学科特征把握不当或强调过头，甚至走向极端，认为人文学科完全只是一种靠人文学家个人的主观意念的精神活动，是一种完全排除了理性、逻辑、实证的可随意性幻想的东西，那就可能使人文学科沦为一种完全非理性的、虚妄的主观臆想，一种不可理喻、不可相互沟通的原始巫术式观念或宗教偏执。高尚的人文理想由此而异化为压抑人性的极端主义，善良的情感追求由此而异化为专制主义偏执，这种情况在历史上并不少见，这方面人类是付出过惨重代价的。人文理想不是神迷主义，人文学科不是建立在信仰基础上的宗教神学，尽管宗教也关注人的精神与生存意义问题，而且人的宗教情感也可以进入人文学科研究的范畴。但我们说，人文学科是一种人类的理智与情感、科学与艺术相互汇通的世界，是人类理性思维与诗性体验相互平衡的天地。就人文学科的健康发展来说，只强调其中的任何一面而忽视否认另一面都是不恰当的。因此，如何在保持人文学科自身特色与个性优势的同时，也适当地借用或汲取社会科学的那种规范、客观、确定和实证的特点，使人文学科避免陷入过于主观性、个体性、随意性乃至偏执性的困境，是现代人文学科也需要认真加以考虑的问题。这样做并不是要人文学科放弃自己的特色而社会科学化，而是应该在保持自己特色的前提下向社会科学开放，与社会科学做主动的沟通与交汇。

事实上，在人文学科领域，有一些学科本身同时便具有较复杂的多维学科特征属性，在某种意义上还具有人文学科与社会科学的双重属性或学科特点。比如历史学、伦理学、宗教学这样的学科，它既是典型的人文学科，但同时又具有浓厚的社会科学的某些特点。我们说历史学是人类对于自身历史的一种反思，一种精神追寻，是现代人对于自身以往岁月的思考与重新体验，从这方面来说，历史学是一种观念性的、精神性的人文学科。但历史学的一个重要方面是要对人类以往的历史进程进行整理，要将人类以往所经历的历史事实加以记载，梳理清楚人类在历史上经历过、发生过的各种事件和过程，就这一方面来说，需要历史学在某种程度上也形成与社会科学相似的实证、客观、确定的品格。在历史学的领域中，关于社会史、经济史、政治史等较为具体实在的研究工作，更多地表现为一种知识性真伪判断而不是价值性善恶判断的活动，它为人类提供正确的符合历史原有情形的知识和事实，因而是一个具有相对客观性和实证性的研究过程。历史学在价值性判断方面的努力应该与历史学的知识性判断方面的工作相统一，或以后者为前者的基础。这与人们过去通常讲的历史研究中要史论并重史论结合的观点有相似之处。因此，将现代社会科学的一些理论与方法引入历史学中，对于现代历史学的发展是十分必要的，这也是近代以来历史学发展进程中一种重要的倾向。宗教学作为一门人文学科，研究对象的核心是宗教哲学、宗教艺术、宗教教义、宗教伦理、宗教经典和无神论、神话等，这些研究都属于人文学科的范畴，但对宗教组织、教会机构和教会寺院经济等问题的研究，以及对宗教与政治、社会、法律等关系的研究，则又具有了人文学科与社会科学的双重学科属性，由此形成宗教社会学、宗教政治学、宗教法律学等分支学科。

又比如伦理学，它作为一门人文学科，关注的是人的道德善恶与生活方式的问题，但人的伦理与道德问题是一个具有社会性的问题。人的伦理关系与道德关系既是一个人的精神与情感问题，又是一个人的社会关系与社会结构的问题，伦理学实际上具有人文学科与社会科学的双重品格。特别在现代社会中，伦理学的社会应用领域有了重要的扩展，出现了一系列新兴的应用伦理学分支学科，比如职业伦理学、医学伦理学、教育伦理学、家庭伦理学等。这些学科不仅具有明显的实用功能，而且在研究方法与研究手段上也大量地借用了社会科学中的实证方法、数学统计方法、社会调查与社会观察方法，从社会学和经济学的角度上来研究人的伦理道德问题，从而使这些学科带上了人文学科与社会科学交织共存的学科属性与特征。这样，在伦理学的研究中就需要将人文学科的方法与社会科学的方法同时加以综合运用，既从人的情感精神的角度来研究人的伦理与道德中的理想性问题，又从人的社会关系、社会角色的角度来研究人的伦理与道德中的现实性问题。或者说，在伦理学的世界里，既要看到人类追求伦理与道德的理想性与完美性的永恒价值与意义，又要从人的社会关系、社会利益的角度来理解人的伦理道德的现实性与功利性存在的合理性，将道德主义与历史主义适当地结合起来考察人类道德的进程，这样才能对人的伦理道德问题做出全面的认识把握。此外，近年来，随着全球生态问题和环境问题的日益严重，从近代以来形成的那种建立在人本主义基础上的自然观，已经暴露出它的缺陷和问题。在对待人与自然的相互关系上，只以人的利益和需要为标准，将人置于自然界至高无上的地位而随意地去开发、统治、征服自然的"人类中心主义"或"人类沙文主义"已经引起许多人文学科家的批评。怎样来正确处理人与自然的关系，建立人与自然和谐相处的新的人与自然关系，成为近些年来人文学科家关注的重要内容。在伦理学领域，出现了"生态伦理学"、"地球伦理学"等新学科，这些学科已经具有人文科学与自然科学相互结合渗透的学科属性，在这方面，文学家、历史学家、伦理学家需要与生物学家、植物学家、环境生态学家的相互结合，共同来探讨人类文化与技术的未来发展问题。

在某些领域，人文学科也不是与自然科学截然分开的。哲学实际上是一门兼有人文学科与自然科学双重学科属性的学科。在哲学中有一些重要的研究领域，如关于自然观的研究，关于科学哲学和技术哲学的研究，关于思维科学方面的研究，都具有人文学科与自然科学的双重品格。在哲学发展史上，特别是在西方现代哲学史上，许多人都将哲学分成人本主义哲学和科学主义哲学两大类，这种划分，实际上反映出哲学在人文精神世界与自然物质世界里扮演着一种中介或桥梁的身份。而作为哲学重要组成部分的逻辑学，一直是自然科学各学科建立其认识论与方法论体系的基础。如果说哲学世界的生命哲学和人本主义哲学更多的具有人文学科的属性的话，那么科学哲学、分析哲学、语言哲学和逻辑学则更多地带有自然科学的属性。当然将哲学划分为生命哲学和自然哲学，或是划分为人本主义哲学和科学主义哲学，并不是一种完全适当的划分方法，哲学本身是一个整体。

另一方面，就社会科学之得以健康合理的发展要求来说，它也需要用人文学科所追求的人文价值理想与人文情感关怀来作为自己健康发展的价值引导，以防止社会科学在实证化、技术化演变中滑向价值虚无或理想空缺的非人化倾向。

应该说，从现代人类在高科技经济发达社会中却面临着越来越严重的种种精神与意义危机的角度来看，将人文学科所追求的价值理想与人文情怀引入到经济学、政治学、社会学、人类学和法学的研究领域中来，从而给予这些学科一种内在的灵魂，亦是十分必要的。比如，法学作为一门社会科学，它以社会之法律制度的形成和发展为研究对象，追求一个建立在公民自由、政治民主、社会平等和公正基础上的法治社会，这应该是现代法学的基本目标。在这方面，法学有必要引入人文学科的价值与意义追问。因为法律制度与法治社会都是人的一种追求，法律由人制定，由人实施，由人解释，因而法律学家、立法者和执法者，都不能回避法律世界中必然要涉及的价值意义问题、法哲学与法理学问题，包括法与情、情与理的问题。一种法律制度和政策规范，不能只从效率的角度去理解，还必须从道义、正当与否的价值层面去把握。法学要解决生活中的实际问题，因而它不能只是哲学上的思考，不能没有法理学或法哲学的形而上的终极关怀与追求来探究法律之本质与精神。法律世界需要有人文价值与理想的精神引导，需要从人的情感与心灵的角度来考虑法律所追求的普遍秩序与规范的价值合理性。

又比如说，经济学家也不能只关注投入产出与效率问题，不能只从纯经济的眼光来认识人的经济问题，不能只见物不见人，因为经济问题是人的经济问题。经济学家对于所谓市场规律、经济理性、需求价格等经济问题的探究不可能完全规避伦理、道德与情感方面的人文价值理想与意义问题。尽管经济学家对伦理道德问题的解答方式会与人文学家不同，但他们至少不能不关注这样的问题。一个经济快速增长社会财富总量急速增长的时代，可能是一个经济学也十分辉煌的时代，但如果它同时也是一个社会不公正日益明显、贫富鸿沟越来越大的时代的话，那它在人文学科的视界里，就是一个不完美不合理的时代。

对人文学科的这种价值判断，经济学家们是不能完全置之不理的。一方面，我们强调经济学的社会科学学科本质，强调经济学不是人文学科，也不是"政治的"经济学和"道德的"经济学，不能以道德理想和人文情怀来取代经济学本身的理性追求与实证分析。经济学应该主要是以它所追求和提供的关于人类经济行为的真理性知识来改善人类经济行为的模式，提高社会资源的合理配置与利用效率，以理性的经济学知识和理论来造福人类的。如果经济学做不到这一点，而总是陷于意识形态或道德信仰的束缚中，它就会成为非理性的道德说教或"形而上"的纯思辨理念。但另一方面，我们也认为经济学不能不与人文学科相沟通，不能没有道德理想与人文情感的引导。经济学家如果失去了人文精神与人文理想，就可能成为"经济学匠"，成为只关注利润和收益的"计算师"、"会计师"、"统计师"。不是说社会不需要经济师、会计师、统计师，而是说经济学作为一门社会科学，它在本质上应该以人类的幸福为最高的价值追求，它应该以物见人，见到物和数字背后的人。经济学不能只在统计数字和计算报表中生存，它还应该有人文的情感与道德信念，有人文的精神追求与理想。在关于效率与公正、经济增长、社会发展、人文发展等问题上，经济学家也必须有自己的更开阔的选择与评判视野，尽管经济学家对这些问题的选择评判的方式和过程会与人文学家有所不同，但这种不同并不能成为经济学家躲避这些问题的理由。经济学家不能只以"经济人"的目光来理解人，还要以"文化人"、"情感人"的角度来理解人。现代社会的以人为本的经济发展目标，要求经济学不仅仅只是一些工具性的计算知识与管理技艺，它同时也应该是一门具有丰富而深沉的人类价值理想与道德情感、具有深厚文化精神蕴含的人的社会科学。

如果我们大学教育中的经济贸易和法律金融专业教育过于向技术性和工具性倾斜，而没有基本的人文价值理想与精神意义作文化底蕴的话，会产生种种消极的后果。比如前些年来在我国社会生活中呈泛滥之势的各种经济、财政、税务、工商、司法部门腐败与犯罪现象，与我国大学的社会科学各专业教育中人文精神与人文价值理想的日益淡化趋势不无关系。文史哲各专业的普遍受冷遇，是因为人们不再看重教育升华人生、培养人格良知和道德理想的内在意义，而完全从工具性功利性的角度来理解教育。经济学、法律学之所以成为热门的专业，是因为在许多大学生看来，掌握了经济学中的会计、商业、外贸、财经知识，有了这方面的文凭，就可以在毕业后用这些知识去赚钱。同样，之所以选择法律专业，往往是为了毕业后可以当律师。而之所以要当律师，是因为在他们的观念中，所谓的律师，不过是一个比较好赚钱的高收入职业而已，他们完全是从谋生之技的角度来理解法律学的性质与意义的。这时，作为经济学中所应该具有的造福社会、追求人类进步的人文道德意识，作为法律学根基的"铁肩担道义"、捍卫社会公正良知的天职与责任，却都轻易地从大学的经济学、法律学教育领域中淡出了。这实在是对作为科学的现代经济学和法律学内在精神与本质的漠视与庸俗化误解。一个经济学专业、法律学专业的大学生，在大学期间如果没有受到良好的人文精神熏陶，他实际上只是掌握了一些财经商贸和法律条文方面的技术性工具性知识，而这些知识性工具性知识并不足以作为他将来一生中安身立命的价值意义根基。对于大学这些技术性的社会科学学科与专业，大学生不能只有工具技术意识，还同时要有科学真理意识。我们说，这些知识与技术当然是十分有价值的，是对国家、对社会和对个人都有用处的知识财富。但一个大学生只有这些知识与技术还不行，他还应该有正确理解、运用这些知识与技术的人文价值理想与精神追求，他还要有把握生活意义和追求人生理想的道德良知。不仅有知识之知，还要有良知之知。这就需要在社会科学教育中导入人文学科的精神理想，赋予社会科学以真实的文化意义。一个社会如果失去了人文情感与人文精神对人生的规范，失去了对生活意义和目标的高尚理解，社会难免出现严重的价值失范和道德混乱，人们会不择手段地去追逐金钱与权利。这应该说是近年来国家的司法、工商、税务、金融、财政部门出现大量腐败与犯罪现象的重要原因。事实上，在社会科学各学科那里，包括法学、社会学、政治学、管理学那里，社会科学家们除了进行客观性经验事实的真伪判断和具体知识的积累外，总是很难完全躲避人文学者所涉及的价值理想与意义追问方面的问题。经济学、政治学、社会学、法学总难免带上时代与文化方面的色彩，带上社会科学家自己的道德与价值倾向。只不过人们往往并不会主动地意识到或追求这些东西。经济学家固然更多地是关注着如何生产、怎样生产和为谁而生产的经济学问题，但他还应该对什么样的经济制度才是真正符合人的本质要求、符合人的生命意义这样的价值性问题做出回应。

总之，我们强调人文学科与社会科学的区别，是因为正确划定人文学科与社会科学的界限，让它们在各自所属的范围内发挥各不相同的功能与作用，采用与自己的研究对象相吻合的研究方法与研究手段，人文学科与社会科学才能健康的发展。但另一方面，人文学科和社会科学在保持自己的学科特征和个性的同时，也需要相互沟通，相互渗透，从对方那里汲取有益的东西来弥补自己的局限，以防止人文学科和社会科学在相互分裂和对立中都走向片面性和绝对化。

人文学科与社会科学在近代以来经历了一个分离的过程，在未来的时代，正如人文学科将与自然科学实现新的综合一样，人文学科也将与社会科学在一个更高的层面上走向新的综合与一体化。而这，或许最终将圆了人文学科这一人类久远的精神追求中的一个古老梦想，而这一古老梦想的追寻与守护，对于现代人类困境之摆脱，对于人类文明在第三个千年里还能在这个地球上生存延续下去，可能是具有根本性意义的。

附录

追求有意义的生活[*]

锥　子

　　当刘鸿武先生说起自己的经历的时候，目光闪烁处，宛如一个孩子。从美丽的西双版纳到丽江古城，从梦幻般迷人的香格里拉到遥远热带尼日利亚，整个青年时期，他都不停地换地方，在时间和空间中来回穿梭。历史总是与私人强烈的记忆联系在一起的，就在刘先生着手研究"人文科学"的时候，他首先想起的就是那段经历。他是这样说的，"那段丰富的经历，使得一切抽象的、形而上学的命题变得如此鲜活和实在，就好像要让自己从心底去悟出有关文史哲艺术世界的某些真谛。"

　　在云大北院刘先生的家里，静听他的言说，很像回到了课堂，只是沙发取代了讲桌，黑板被装满了上万册的书遮盖。刘先生爽直开朗，思维敏捷，说话就像自己的著作一样，条理清晰、广征博引。但是与他的谈话并不怎么愉快，人很容易被他时不时流露出的忧虑意识所击中。作为一个历史学的研究者，他的一系列"黑非洲文化研究"使他早已成为学界权威人士。当他于 1997 年被评为云南大学历史系教授的时候，还不到 40 岁，是

　　* 原文载昆明《都市时报》2003 年 5 月 8 日，锥子系该报记者。

当时云大最年轻的教授和博导之一。另一方面，刘教授也是一位公共知识分子，近来跨领域的发言尤其是对"人文科学"的系统研究，也使他快成为了"守望精神家园"的代名词。的确，当你听到那些刚刚进入云南大学没有几天的新生，一个个都口口声声把"精神家园"挂在嘴边时，你不能不承认刘先生的深入人心。

他年轻时的志向是成为一名艺术家，而不是一个学者。刘鸿武说，后来尽管自己走上了纯理论的研究道路，但是心中从未放弃过对艺术的追求。是的，当他把深藏在抽屉里的 300 多首诗带到云大学生举办的诗会上时，引来的是阵阵称奇和惊讶的掌声，而他另外的几大本摄影图片，则使得许多自称专业的摄影爱好者汗颜。对他影响至深的是童年、青年时代的生活经历与各国历史文化的比较研究。前者来自强烈的个人记忆，而后者则提供了一个很大的文化背景。刘鸿武认为，正是有着年轻时的成长环境，才造就了他不偏执和狭隘的视野。而对欧美与非洲的历史与现状考察，则使他又一次回到当下中国的人文环境，重新寻找来自中国优秀传统的资源价值。

对人文科学在当下的缺席，刘鸿武不无痛心之处。他认为那些本来属于心灵教育的人文学科，今天却社会科学化，大学不应完全变成了技能培训学校。"难以理解和忍受，哲学被改造成政治学、管理学；艺术成为广告学；中文成为秘书学、传播学和公共关系学。"在刘先生眼里，各个学科回归到自己的位置是最理想的状态。

刘先生对别人说得最多的一句话是："守望精神家园，追问生命意义，拓展心灵空间，获得人生意义。"今天，也让我们来记住这句话。

问：你是什么时候开始研究人文科学的？

答：20 世纪 90 年代中期，当时还在探索性阶段。在云大开设课程"人文科学概念"的时候，只有提纲，现在出版的《人文科学引论》就是在提纲的基础上修改而成的。

问：你是国内较早一个对人文科学做系统阐释论述的人，为什么对这

门学科感兴趣呢?

答:过去 100 多年,中国人一直在追求科学与经济发展,力图改变落后的局面。然而等到经济上了台阶、物质生活有了很大进步后,又发现精神与情感生活方面被忽视了。而在一个发达的健全的现代社会,经济、情感和观念都应是同步发展的。

问:的确,过去的两个世纪,科学一直是人们依赖的中心。然而C.P.斯诺在《两种文化》中却提出了警告,科学知识与人文知识分化后带来的种种弊端,是现代人的不幸。

答:今天的情况有所不同,知识已形成三大学科:自然科学、人文科学和社会科学,它们发挥的功能并不一样。自然科学与社会科学从外部解决和改善发展问题,而人文科学则从内心入手,侧重的是人的精神和心灵世界。当代社会的一个核心问题是,在发展经济的同时,如何构建我们的精神家园,如何解决我们面临的心灵困境。

问:许多知识分子,其学术观点和学术理论都带有强烈的私人记忆,你的呢?

答:应该说人文科学知识分子更明显些,个人经历、学识、气质与研究兴趣有很大的关系。我祖上是广东人,而我却是在少数民族众多的西双版纳、丽江长大的。在滇西生活了 21 年,对不同民族间的文化差异感受很深。但那里各民族间相处得很融洽、都相互宽容。后来我到武汉上大学,学中国史和欧美史,上研究生时学的是阿拉伯史,90 年代初去了非洲考察。这些经历为我形成了一个跨文化研究的背景,对各个民族文化都有所了解,在对比的研究中开阔了视野,避免了偏执,在非洲,看到许多民族间的冲突还很严重。这与我青年时期的经历完全不一样。在开放式的对比研究中,我发现了儒家文化的独特价值,那就是通过心灵的完善、道德的自觉和人格的提升来建立一个健全的心灵世界。

问:从长远看,人文科学会扮演什么样的角色?

答:与自然科学、社会科学相互补充,共同解决人类未来面临的物质与精神问题。人文科学将在自身的领域里加强沟通与对话,在文化的多样性中找到内心丰富的途径。

问：那么，你是如何看待文化中心主义的，尤其是在"9·11"之后，是否真如塞缪尔·亨廷顿所说的那样，在文明冲突下会有秩序重建的可能？

答：西方有文化冲突的传统，与中国有差异；中国各种文化之间是融合的，五千年的文明史就是明证。"9·11"是一个转折点，值得每一个人文与科学知识分子去认真总结。为什么物质如此发达的美国还会发生这样的事，高速的经济发展并没有消除人与人间的隔阂。

问：你能谈谈你以后的研究方向吗？

答：在对欧美和亚非的历史文化对比中，重新对中国传统文化进行解读。具体一点说就是：第一，探索"9·11"之后，对西方文化呈现出来的弊端与优势进行思考；第二，思考在21世纪中国文化扮演的角色；第三，在全球化下，非西方世界在未来文化体系中的位置。

问：你是如何看待自己的研究工作的？

答：每个人都有自己的精神追求，人生最重要的是照看好自己的心灵。未经思考的人生是无意义的，当你思考人生意义的时候，你已获得了意义。

刘鸿武：做有情怀有灵魂的学问 *

张佩娜　孙　竹

　　刘鸿武，我校非洲研究院院长、博士生导师，教育部"长江学者特聘教授"。打开互联网随便百度一下，便可以看到"刘鸿武"名字下面洋洋洒洒的著作、文章、头衔与荣誉。从文史哲基础学科理论到非洲历史与文化，从非洲国家建构与政治发展到中非关系的战略与政策……自1990年第一次去非洲，刘鸿武教授跟非洲结缘已25年，在中非关系日益紧密的今天，他人眼中的刘鸿武做着最"潮"最火的专业研究，他却说，即使今天的非洲研究仍是冷门，他的心和学问，也仍然在非洲，一如二十几年前。

　　2007年，刘鸿武受聘为省高校"钱江高级人才"特聘教授，正式加盟我校。"超常规的热情、超常规的努力、超常规的举措"，在学校的全力支持下，刘鸿武很快开启了学术事业的新篇章，逐渐实现了"从一份情怀到一项事业，从一名学者到一个团队，从一所研究院到一个智库"的治学目标。

　　2013年，刘鸿武教授入选教育部"长江学者特聘教授"，成为首位在非洲研究领域获此殊荣的学者。非洲研究日益受到国家重视，刘鸿武也获

　　* 原文载《浙江师范大学校报》2016年4月25日，张佩娜、孙竹系该报记者。

得越来越多的认可——多少年坚持扎根非洲，用独到的眼光去观察非洲，用宏大的视野去面对非洲问题，并以认真的学术态度做出系列具有国家战略高度，又充满人文情怀的研究成果——这是刘鸿武的传奇，却也成为他人对他最大的好奇。

学者之养成：海纳百川与安顿灵魂

一个"非洲研究"，涵盖了非洲的自然、艺术、政治、经济、外交、文化、生活等方方面面的研究与学问，仅非洲研究院现有研究人员的研究领域，就涉及近十个一级学科。若只是一个专家，何以担当整个研究院的领头人，并指导年轻学者的研究方向？若是一个杂家，又得拥有如何庞杂的知识储备和学术视野，得以让一个学科不仅只是一个学科，而是积淀成学术史，让其源远流长？

说起自己的经历，刘鸿武不提坐得十年冷板凳的科研努力，而是娓娓讲起云南大山里遥远的故事。"我从小在边疆少数民族地区长大，云南的大自然壮阔雄奇"。从美丽的西双版纳到丽江，从梦幻的香格里拉再到陌生的尼日利亚几内亚湾，听起来像是一场风花雪月的旅行。刘鸿武说，放弃去欧洲、美国的留学机会，带着诗人和艺术家的梦想远走非洲，是为了寻找"一种感觉"。

或许是 20 年云南大山生活赋予他对大自然的热爱，或许是他青少年时期就开始学习的音乐与绘画赋予他对艺术的痴迷，或许是中国史的专业学习让他对历史开始有自己的理解，或许是喜欢诗歌阅读文学让他像每个文艺小青年一样拥有追寻生命感觉的梦想，从家乡到非洲，不仅没有精神的"背井离乡"，反而他说，他找到了那个"能安顿自己灵魂的地方"。

几百首深藏抽屉的诗歌，还有那些行走非洲 20 多个国家地区的摄影图集，是刘鸿武让人艳羡的诗意生活，这个非洲研究学者的艺术梦仍在生活里开着花。如果说通过家乡看非洲，发现人类文化间相异又相通的内容，是非洲研究的开始与契机，而真正的学术研究，不能仅是梦与花。

从本科中国史跨到研究生中东史专业，非洲留学归来又开始关注非洲文化，广泛的阅读与学习为非洲研究打下基础，但在刘鸿武看来，学生时代的跨学科学习还是远远不够的。"大学教师这个职业要求你终生都要学习"，刘鸿武坦言自己热爱上课。在云南大学任教时，他常同时为本科生和硕士、博士生开设五六门课程，从《西方政治制度史》《国际关系理论》到《西方文化史》《人文科学概论》，"天天备课、年年备课，永远都可以备课，课堂就是一个无底洞"。从助教到教授，20 年的课堂为日后刘鸿武做非洲研究提供了充分的给养。

在浙师大，刘鸿武每周会给本科生上一门课，与他的一本著作同名：《文史哲与人生》。他说这是他每周一次的放松与休息。学生们听讲台上的他讲文史哲与人生，或会忘记他就是那个登上中非智库论坛、英国皇家国际事务研究所、牛津大学等大大小小演讲台的非洲研究学者，他多年的积累与学习，成为他非洲研究的无尽营养和视野；同时，也成为他生活的一部分。

学者之情怀：生命体贴与家国担当

走进非洲研究院，非洲气息就扑面而来。从装修到装饰，一切与非洲有关。"希望在这里工作的每一个人，都不仅把研究院当成一个工作的场所。"刘鸿武说，每一位做非洲研究的学者，都应该到非洲的大地上去走走看看，所谓"非洲研究"便不再仅仅是一份稻粱谋的职业，它将与个人的生命与情感，甚至使命感相关。

2007 年，非洲研究院在浙师大创建，刘鸿武任院长。研究院从无到有，刘鸿武在非洲研究领域 20 年的积淀与心血，就此也成为浙师大非洲研究的底蕴与传承。他把自己对非洲研究的理解，凝聚在一句院训上：
"非洲情怀，中国特色，全球视野。"遑论野心与眼光，只一句"情怀"，
刘鸿武在非洲研究领域冷冷热热二十几年的坚持便不再是谜。

"从云南少数民族到阿拉伯民族，再到非洲各个民族，对比研究开阔
了我的视野，让我避免了偏执，我越发发现儒家文化的独特价值，那就是
通过心灵的完善、道德的自觉和人格的提升来建立一个健全的心灵世界"。
"情怀"从"关怀"始，故乡大江、大山、大峡谷的记忆，让他走进非洲，
然而一个艺术神秘的非洲与一个真实贫瘠的非洲，同时呈现在刘鸿武的面
前。"我游走在两个世界之间，一个是诗意的个人世界，另一个世界则是
知识分子的家国情怀与社会担当。"他把两种学术的归一，称作"心性之学"
与"治平之学"的融合，融合心灵的自由与学术的使命感。

"我现在主要做两个领域的非洲研究，一是自己所热爱的非洲，涉及
非洲的艺术文化；二是与国家战略结合，着力于当代非洲国家政治经济发
展，让研究院成为国家智库，让学术研究服务中非关系。"刘鸿武坦言，
看到那么多贫穷、疾病与战乱，作为一个读书人，总会有自己的思考，会
自问能否做些什么，"这是一件值得去做的事情"。

在 2009 年"感动非洲的十位中国人"的颁奖词中这样写道："他有着
独特的视角，充满了个人的心灵体验与感悟"——这或许就是对刘鸿武治
学理念与个人精神世界最直接的诠释。

后　记

心性之学与治平之学

在中国学术传统的世界，学术研究在总体上都不是一个自外于人生的纯抽象理论世界，它都是人生的一部分，是一个研究者自己精神生命体验与远行的过程。学问需出自机杼，发自心灵，因情而造文，文章必写得有情有意，优美而感人，这些都是古人治学的优良传统。特别是文史哲、人文领域的著作，关注的本就是人的心灵与情感，因而无论它采取了什么样的理论形态，使用什么样的专业术语，都需要感动人心，优美亲切，富于人性的温暖与情感。

作为支撑自己学术人生的基础，我做人文研究的过程伴随着我的整个学术生涯过程，并早在二十多年前就形成了比较成形的体系结构。这些"心性之学"支撑我从开阔境界上理解学术的意义并长期扎根非洲，并最终能构起关乎非洲发展问题的"治平之学"。

在此领域，我最早一本书是1998年完成，2000年在云南大学出版社出版的《守望精神家园——人文科学论纲》。这是我在云南大学从1992年开设的《人文科学概论》课程讲稿的基础上，结合读书思考与人生经历写成的。作为一本有个性的著作，本书与当时国内通行的一些教科书有很大的不同，出版后获得各方关注好评，并于2002年获得国家教育部"全国高等学校优秀教材奖"二等奖、云南省高等学校自编优秀教材奖。

随后，我于2002年在中国社会科学出版社出版了《人文科学引论》

一书，此书在原有成果的基础上做了较为学理性的演化与拓展，在国内学术界产生了一定的影响，引用和评论颇多。

2003 年年中，我从非洲东海岸游学回来，接到国家教育部相关部门文件，希望我在原有成果的基础上，编写一本为全国高等学校开设人文素质通识课使用的教材，并表示清华大学出版社希望出版本教材。于是，便有了 2004 年由清华大学出版社出版发行的《故乡回归之路——大学人文科学教程》一书，这可以看作是本书的第三个修订本。它有了更广泛的读者与影响，在国内许多高校作为大学生人文素质教育的通用教材广为使用。

2005 年，我主讲了十多年的《人文科学概论》课入选为"教育部全国高等学校国家级精品课程"，及云南省高校省级精品课程，本课程出版的前述几部教材已经在国内一些大学使用。同时，我也开发出了本课程的网络课堂教学录像和多媒体课件资源，并上传国家精品课程网络平台（http：//rwkxgl.col.ynu.edu.cn/index.html），供各高校师生和普通读者学习使用。随后，清华大学出版社两次重印本书，但教材时时不敷其用。

2010 年，笔者对本书的体系与结构做了进一步的完善，增加了部分内容，取名《文史哲与人生——大学人文科学论纲》，由云南大学出版社出版。这本书的装帧设计很有特点，内中附了不少我多年行走中国边疆和非洲大陆的图片，具有很强的可读可赏性。

2012 年，本书的清华大学版收入"云南省百人百部著作"，沿用《故乡回归之路——大学人文科学教程》，并由云南人民出版社、云南大学出版社联合再版。作为一部通识类著作，且在我已经离开云南后入选"云南省百人百部著作"出版，也算是我对自己家乡的一种思念感恩的报答，而这些年我在浙江师范大学创办非洲研究院，繁忙的工作之余，我也给本科生和研究生开设一门研究性课程——《文史哲与人生》，每周晚上一次课，就如同我回到故乡一次，这本书在江南也开始传播开来，为许多人所喜爱。

至 2018 年，本书从初次完成出版已经过去将近二十年，也经历了多个版本的修订变化，但这些版本的书，每次出版印刷数量都有限，目前图书市场上也不易见到此书，时有读者向我询问是否有再版考虑，而今日快速发展变化并走向世界的中国，也比以往任何时候都面临着重建国人精神生活的需要，尤其是年轻一代学子，更需要一个简明而清晰的读本来解答一些学术与人生相互关系的基本问题，我这本书虽不是大家之作，但也可以称为一家之言，尤其是在简明扼要地说清楚我们为什么需要学习文史哲等人文学科这样的基本问题方面，可供普通读者参考。

为此，我在以往各个版本的基础上做了较大的改写，删繁就简，形成一个适合更多读者阅读的精细版，删去一些繁复的内容，也增加了一些新的思考，包括我这些年出云南入浙江创办非洲研究院、服务国家外交战略工作中的一些人生新体验新感受，并与《非洲学发凡——实践与思考六十问》一起出版，算是"心性之学"与"治平之学"的联袂合集。

古人云："取舍由时，行藏在我"，人生就是这样，行走的过程尽力而为，思考的过程尽心而为。这本书近二十年的写作与修订过程，也是我对亲人、对遥远故乡和生命往事的一份永久怀念追忆。同时，我也想借此机会表达我对这些年来一直给予我关心的亲友和同学的感谢之意。

但愿人间长有蓝天白云，故乡依然青山绿水。

刘鸿武

2018 年 6 月 28 日　尼日利亚阿布贾